# Musikalische Mythen und Fakten,

## Band 1

Carl Engel

Writat

Diese Ausgabe erschien im Jahr 2024

ISBN: 9789359943480

Herausgegeben von
Writat
E-Mail: info@writat.com

# Inhalt


VORWORT. ....................................................- 1 -

EINE MUSIKBIBLIOTHEK. ........................- 3 -

ELSASS-LOTHRINGEN. .........................- 8 -

MUSIK UND ETHNOLOGIE. .................- 20 -

SAMMLUNGEN VON MUSIKINSTRUMENTEN. .........- 29 -

MUSIKALISCHE MYTHEN UND VOLKSKUNDEN. ....- 62 -

DIE STUDIEN UNSERER GROSSEN KOMPONISTEN. - 77 -

Aberglaube über Glocken. ...............................- 111 -

Kuriositäten in der Musikliteratur. ........................- 120 -

DIE ENGLISCHEN INSTRUMENTALISTEN. .............- 140 -

MUSIKALISCHE FEEN UND IHRE VERWANDTEN. - 156 -

Heilige Lieder christlicher Sekten. .....................- 173 -

Fußnoten ...................................................- 187 -

# VORWORT.

Ein idealisiertes Porträt Beethovens, das ihn nach Meinung vieler seiner Bewunderer so darstellt, wie er in seinen Momenten der Inspiration ausgesehen haben muss, hätte diesem kleinen Werk zweifellos ein schöneres Frontispiz verliehen als seine von einem Künstler grob skizzierte Figur Zufällig sah ich den Komponisten durch die Felder in der Nähe von Wien wandern.

Die getreue Skizze aus dem Leben zeigt jedoch genau das Hauptziel des vorliegenden Beitrags zur Musikliteratur, der lediglich darin besteht, die Wahrheit darzulegen.

Was auch immer die Mängel der Aufsätze sein mögen, sie werden von einigem Nutzen sein, wenn sie den Musikpädagogen die Wahrheit von Göthes Diktum klarmachen:

„Grau, theurer Freund, ist alle Theorie,
Und grün des Lebens goldener Baum."

Der Richtigkeit halber bedürfen ein oder zwei Aussagen in diesem Band einer Erläuterung.

Auf Seite 5 hätte die umfassende „Encyclopædia of Music" von JW Moore, Boston, USA, 1854, vielleicht nicht unbemerkt bleiben dürfen; Es handelt sich jedoch um eine zu oberflächliche Zusammenstellung, als dass sie als Referenz nützlich wäre. Dr. Stainers „Dictionary of Musical Terms" wurde erst veröffentlicht, als das Blatt mit Seite 5 im Druck war.

Das Gedicht auf Seite 175 , das Shakespeare zugeschrieben wird: „Wenn Musik und süße Poesie übereinstimmen", wird von einigen neueren Forschern für Richard Barnfield, einen Zeitgenossen Shakespeares, behauptet.

Auf Seite 218 ist *Sovter Liedekens* , der Titel eines niederländischen Buches aus dem Jahr 1556, falsch übersetzt. *Sovter*, ein veraltetes niederländisches Wort, bedeutet „Psalter", genau wie das englische *Sauter* , das in Halliwells „Dictionary of Archaic and Provincial Words" erwähnt wird. *Liedekens* hätte als „Little Songs" wiedergegeben werden sollen.

In Band II. Die auf Seite 202 aufgeführten Kompositionen von Henry Purcell bilden nur einen kleinen Teil der Werke dieses angesehenen englischen Musikers. Der von der „Purcell Society", die kürzlich zum Zweck der Veröffentlichung aller seiner Werke gegründet wurde, herausgegebene Prospekt listet neben vielen Oden, Hymnen, Hymnen und anderen geistlichen Musikstücken, Instrumentalstücken usw. 45 Opern und Dramen auf. , von denen die meisten nur in Manuskripten existieren und die längst in den Händen der Musikliebhaber hätten sein sollen.

Sollte der Leser den einfachen Ton, in dem die Mythen erzählt werden, missbilligen, wird er vielleicht eine gewisse Befriedigung aus der Sorgfalt ziehen, mit der ich mich bemüht habe, die Fakten darzulegen.

CARL ENGEL.

*Kensington.*

# EINE MUSIKBIBLIOTHEK.

Wenn wir einen Rückblick auf die Musikkultivierung in England während der letzten zwanzig oder dreißig Jahre werfen, werden wir von den außergewöhnlichen Fortschritten beeindruckt sein, die in dieser kurzen Zeit bei der Verbreitung musikalischen Wissens erzielt wurden. Der Wohlstand Englands ermöglicht großartige und kostspielige Aufführungen der besten Musikwerke und zieht ständig die erfolgreichsten Künstler aus allen Teilen der Welt in dieses Land. Die ausländischen Musiker haben in Kombination mit einigen herausragenden einheimischen Talenten so viel erreicht, dass es heute in England vielleicht mehr hervorragende Aufführungen exzellenter Musik zu hören gibt als in jedem anderen Land.

Wenn man diese Tatsachen in Betracht zieht, erscheint es überraschend, dass England noch keine Musikbibliothek besitzt, die dem Reichtum und der Liebe zur Musik der Nation angemessen wäre. Zwar gibt es im British Museum eine Musikbibliothek, deren Katalog über einhundert dicke Foliobände umfasst; wer jedoch erwartet, in dieser Bibliothek die notwendigen Hilfsmittel zum Studium eines bestimmten Musikzweigs zu finden, wird mit ziemlicher Sicherheit enttäuscht werden. Der Plan, der bei der Erstellung des Katalogs befolgt wurde, ist derselbe wie bei dem neuen Gesamtkatalog der Bibliothek im British Museum. Die Titel der Werke sind auf dünne Papierstreifen geschrieben und in beträchtlichem Abstand voneinander an den Seiten befestigt, so dass Platz für künftige Einträge bleibt. Der Musikkatalog enthält nur zwei Einträge auf der einen Seite eines Blattes und drei auf der anderen. Jeder Band hat etwa einhundertzehn Blätter. Der gesamte Katalog enthält etwa 60.000 Titel musikalischer Kompositionen und literarischer Werke zum Thema Musik. Das British Museum besitzt außerdem eine Sammlung musikalischer Kompositionen und Abhandlungen in Handschrift, von der im Jahr 1842 ein kleiner Katalog gedruckt wurde. Er enthält etwa 250 verschiedene, zum Teil wertvolle Werke.

Selbst eine übereilte Durchsicht des schriftlichen Katalogs muss den Studenten davon überzeugen, dass er hauptsächlich Einträge von Kompositionen enthält, die überhaupt keinen Wert haben. Jede Quadrille, Ballade und Polka, die in den letzten fünfzig Jahren in England veröffentlicht wurde, scheint hier ihren Platz zu haben und nimmt ebenso großen Raum ein wie Glucks „Alceste" oder Burneys „History of Music". Das ist vielleicht unvermeidbar. Wenn nur Verdienste zugelassen würden, wer wäre dann in der Lage, die Grenze zwischen diesen und solchen zu ziehen, die abgelehnt werden sollten? In keiner anderen Kunst gehen die Meinungen der Kenner über den Wert eines Werkes vielleicht so weit auseinander wie in der Musik. Da Musik das Herz direkter und exklusiver anspricht als andere Künste, sind ihre Schönheiten weniger demonstrierbar und für diejenigen, die kein Gefühl für sie haben, tatsächlich nicht vorhanden. Auch heute noch gibt es Musiker, die die Kompositionen von J. Sebastian Bach nicht schätzen können. Forkel, der bekannte Musikhistoriker, hat eine lange Dissertation geschrieben, in der er zu beweisen versucht, dass Glucks Opern abscheulich sind. [1] Auch hier gibt es unter den Anhängern einer bestimmten modernen Schule, die die Klarheit von Form und Melodie verachtet, Männer, die mit Begeisterung von den Werken Händels, Glucks, Mozarts und anderer klassischer Komponisten sprechen, obwohl diese Werke sich besonders durch Klarheit auszeichnen von Form und melodischem Ausdruck. Außerdem muss man bedenken, dass auch unsere klassischen Komponisten hin und wieder Werke von minderwertigem Wert geschaffen haben, die dennoch interessant sind, weil sie uns einen Einblick in die allmähliche Entwicklung ihrer Kräfte gewähren.

Kurz gesagt, in einer Musikbibliothek für den Gebrauch einer Nation sollte zwangsläufig jede veröffentlichte Musikkomposition enthalten sein. In der Musikbibliothek des British Museum fehlen jedoch leider viele jener Werke, deren Bedeutung fast allgemein anerkannt ist. Tatsächlich würde es weit weniger Platz erfordern, die Werke dieser Art aufzuzählen, die sie enthält, als diejenigen, die sie nicht enthält, aber enthalten sollte.

Auch hier muss der Student mit Enttäuschungen rechnen, wenn er eine unserer wissenschaftlichen Abhandlungen über Musik zu Rate ziehen muss. Möglicherweise befinden sich in der Bibliothek des British Museum jedoch mehr Werke zur Musikwissenschaft, als aus dem Musikkatalog hervorgeht. Mehrere wurden offenbar in den neuen Gesamtkatalog aufgenommen. Wäre es nicht ratsam, alle Bücher zum Thema Musik in den Musikkatalog einzutragen? Selbst die wichtigsten Dissertationen zu musikalischen Themen, die in verschiedenen wissenschaftlichen Werken zu finden sind, können in diesem Katalog mit Vorteil berücksichtigt werden. Nehmen Sie zum Beispiel die Aufsätze in den „Asiatic Researches", in den Werken von Sir W. Jones und Sir W. Ouseley, in „Description de l'Egypte" und in den „Philosophical Transactions".

So viel Respekt vor der Musikbibliothek im British Museum. Betrachten wir nun, wie eine nationale Musikbibliothek beschaffen sein sollte. Unter der Annahme, dass es sowohl für Musiker gedacht ist, die es als Referenz nutzen, als auch für diejenigen, die sich mit dem Studium eines bestimmten Zweigs der Kunst beschäftigen, sollten sich offenbar folgende Arten von Werken ergeben , die Grundlage seiner Verfassung.

1. *Die Partituren klassischer Opern, Oratorien und ähnlicher Vokalkompositionen mit Orchesterbegleitung.* —Viele dieser Partituren sind nicht im Druck erschienen, sondern sind in sorgfältig überarbeiteten Manuskriptexemplaren erhältlich.

2. *Die Partituren von Sinfonien, Ouvertüren und ähnlichen Orchesterkompositionen.* — Am begehrtesten sind die von den Komponisten selbst überarbeiteten Ausgaben. Die gleiche Bemerkung gilt für die Partituren von Opern, Oratorien usw.

3. *Vokalmusik in Partitur.* – Die geistlichen Kompositionen *Alla Cappella* und die Madrigale der alten flämischen, italienischen und anderen kontinentalen Schulen sowie die der berühmten alten englischen Komponisten. Die Chöre der griechischen Kirche in Russland usw.

4. *Quartette, Quintette und ähnliche Kompositionen in Partituren.* — Das Studium dieser Werke unserer großen Meister ist für den Musiker so wichtig, dass man besonders darauf achten sollte, sich die besten Ausgaben zu sichern. Die klassischen Trios für Klavier, Violine und Violoncello und einige andere Kompositionen dieser Art, die ursprünglich in Stimmen veröffentlicht wurden, wurden in jüngerer Zeit in Partituren herausgegeben. Letztere Ausgaben sind jenen weit vorzuziehen, in denen die Stimmen für jedes Instrument nur separat gedruckt sind. Dasselbe gilt für die Konzerte von Mozart, Beethoven und anderen Meistern, die mit der Orchesterbegleitung in Partituren sowie mit der Orchesterbegleitung in Arrangements für das Klavier oder andere Instrumente veröffentlicht wurden.

5. *Sonaten, Fantasien, Fugen usw.* – Von allen klassischen Werken, die für ein einzelnes Instrument komponiert wurden, sind die Originalausgaben, die im Allgemeinen von den Komponisten selbst überarbeitet wurden, unverzichtbar. Darüber hinaus wären die wichtigsten späteren Ausgaben derselben Werke erforderlich. Beethovens Klaviersonaten beispielsweise wurden von mehreren bedeutenden Pianisten neu herausgegeben. Es ist aufschlussreich, die Interpretationen dieser Musiker zu untersuchen, die sich in vielen Punkten voneinander unterscheiden.

6. *Arrangements.* — Arrangements von Opern, Oratorien, Messen und anderen aufwändigen Kompositionen mit Orchesterbegleitung müssen sich zwangsläufig auf den Instrumentalteil beschränken, da sie sonst weder zum Studium noch zum Nachschlagen nutzlos sind. Arrangements, die von den Komponisten selbst oder unter ihrer Aufsicht angefertigt wurden, sind weitaus vorzuziehen.

7. *Nationale Musik.* —Alle Sammlungen nationaler Lieder und Tänze, die in verschiedenen Ländern veröffentlicht wurden. Der Vorteil, den der Musiker aus einem sorgfältigen Studium ziehen könnte, wird noch nicht so vollständig gewürdigt, wie er verdient; aber es würde wahrscheinlich bald besser verstanden werden, wenn diese Schätze leichter zugänglich gemacht würden.

8. *Lehrbücher für die Gesangs- und Instrumentalpraxis.* —Die besten Bücher für jedes Instrument sowie für die Stimme, die in verschiedenen Ländern und Sprachen veröffentlicht wurden.

9. *Werke zur Theorie und Geschichte der Musik.* — Alle Standardwerke sollten in der Bibliothek zu finden sein, nicht nur in den Sprachen, in denen sie ursprünglich geschrieben wurden, sondern auch in Übersetzungen, falls solche vorhanden sind. Viele der letzteren sind aufgrund der Erklärungen und anderer Zusätze der Übersetzer wertvoll. Dies ist zum Beispiel bei einigen englischen Büchern der Fall, die ins Deutsche übersetzt wurden, wie Browns „Dissertation on the Rise, Union, and Power of Music", übersetzt von Eschenburg; „Handel's Life" von Mainwaring, übersetzt von Mattheson usw. Es muss kaum hinzugefügt werden, dass auch die Biographien berühmter Musiker zu den wünschenswerten Requisiten gehören sollten.

10. *Werke über Wissenschaften, die eng mit der Musiktheorie verbunden sind.* – Abhandlungen über Akustik, den Bau von Musikinstrumenten, Ästhetik usw.

11. *Musikalische Zeitschriften.* — Alle wichtigen Zeitschriften, die in verschiedenen Ländern und Sprachen veröffentlicht werden. Dazu könnten vorteilhafterweise die wichtigsten literarischen Zeitschriften hinzugefügt werden, die kritische und andere Abhandlungen über Musik enthalten.

12. *Wörterbücher, Kataloge usw.* – Die englische Sprache besitzt kein musikalisches Wörterbuch, weder technisches noch biographisches oder bibliographisches, wie es die französischen und deutschen Werke von Fétis, Schilling, Gerber, Koch, Rousseau und anderen darstellen, die für eine Bibliothek unverzichtbar sind. Hierzu zählen die nützlichen Werke zur Musikliteratur, die von Forkel, Lichtenthal und Becker zusammengestellt wurden, sowie Hofmeisters umfassendes „Handbuch der musikalischen Literatur". Die Katalogsammlung sollte alle Kataloge der wichtigsten öffentlichen Musikbibliotheken auf dem Kontinent und in England umfassen; die Kataloge großer und wertvoller Privatbibliotheken, von denen einige im Druck erschienen sind – wie zum Beispiel Kiesewetters „Sammlung alter Musik", Beckers „Tonwerke des XVI. und XVII. Jahrhunderts" und andere; die der wichtigsten Musikverleger und die Kataloge wichtiger Musikbibliotheken, die bei öffentlichen Auktionen veräußert wurden.

Es besteht keine Notwendigkeit, diese Liste noch weiter zu erweitern, da sie ausreicht, um den Plan aufzuzeigen, der meiner Meinung nach bei der Bildung einer nationalen Musikbibliothek verfolgt werden sollte. Ich möchte daher nur weiter darauf hinweisen, dass es neben den oben genannten noch einige Arten von Werken gibt, die kaum als zweitrangig angesehen werden können, wie musikalische Reisen, Romane und unterhaltsame sowie lehrreiche musikalische Essays; Libretti von Opern und die Poesie anderer aufwändiger Vokalkompositionen; Zeichnungen, die den Bau von

Musikinstrumenten veranschaulichen, beispielsweise der berühmtesten Orgeln, der verschiedenen Verbesserungen am Pianoforte usw.; Stiche aus den besten Porträts berühmter Musiker; originalgetreue Skizzen von Skulpturen und Gemälden antiker Nationen, in denen Musikinstrumente und Darbietungen dargestellt sind usw.

Es bleibt noch ein weiterer Punkt, der einer kurzen Überlegung bedarf, nämlich die von Tag zu Tag zunehmende Schwierigkeit, eine solche Bibliothek aufzubauen, wie sie gerade geplant wurde. Das Interesse am Studium klassischer Werke mit Bezug zur Musik beschränkt sich nicht mehr nur auf professionelle Musiker, sondern breitet sich auch unter Amateuren und Wissenschaftlern aus. Ihre Bibliotheken enthalten heute viele der alten und seltenen Werke, die sich früher fast ausschließlich in den Händen von Musikern befanden. Darüber hinaus haben die englischen Kolonien bereits auf unseren begrenzten Vorrat an alten Standardwerken zurückgegriffen , und es gibt allen Grund zu der Annahme, dass die Nachfrage danach weiter zunehmen wird. Viele dieser Werke sind offenbar in einer Auflage von nur wenigen Exemplaren erschienen. Dennoch ist es unwahrscheinlich, dass sie erneut veröffentlicht werden. In einigen wenigen Fällen, in denen eine Neuausgabe erstellt wurde, hatte dies offensichtlich keinen Einfluss auf den Preis der Originalausgabe, da letztere zu Recht als vorzuziehen angesehen wird. Um ein Beispiel zu nennen: Die Neuausgabe von Hawkins' „History of Music" hat den Wert der Erstausgabe nicht gemindert, deren Preis nach wie vor auf dem gleichen Niveau liegt wie der Preis von Burneys „History of Music". von dem keine Neuauflage erschienen ist. Vor etwa zehn Jahren war es möglich, die Originalpartituren unserer alten klassischen Opern und anderer Werke dieser Art zum halben Preis zu bekommen, den sie heute erzielen, und es besteht die Wahrscheinlichkeit, dass sie jedes Jahr teurer werden. Was auch immer der eigentliche Wert eines solchen Werkes sein mag, der Umstand, dass es alt und selten ist, scheint zumindest in England ausreichend zu sein, um ihm einen hohen Preis zu sichern.

Wenn daher der Erwerb einer derartigen nationalen Musikbibliothek, wie ich sie zu skizzieren versucht habe, für wünschenswert erachtet wird, sollte mit ihrem Aufbau keine Zeit verloren werden.

# ELSASS-LOTHRINGEN.

Was auch immer man vom Wert des bekannten Aphorismus halten mag: „ *Lass mich die Balladen einer Nation machen; wer will, kann ihre Gesetze machen* ", es lässt sich kaum leugnen, dass wir durch die populären Lieder eines Landes in hohem Maße die charakteristischen Ansichten und Gefühle der Einwohner erfahren.

Die Dorfbewohner des Elsass waren in letzter Zeit vielleicht nicht in der Stimmung, ihre alten, geliebten Lieder zu singen; andernfalls muss es den deutschen Soldaten aufgefallen sein, dass sie in den Liedern alte, vertraute Freunde wiedererkannten, die durch den eigentümlichen Dialekt der Gegend leicht getarnt waren. Nehmen wir zum Beispiel die Wiegenlieder oder Initiationslektionen, wie man sie nennen könnte. Hier ist eines, wie es von den Landfrauen des Elsass gesungen wurde:

„Schlof, Kindele, Schlof!
Dien Vadder hied die Schof, Dien Muedder hied die Lämmele, Drum schlof du guldi's Engele; Schlof, Kindele, Schlof!"

(Schlaf, Liebling, schlaf!
Dein Vater hütet die Schafe, Deine Mutter hütet die Lämmer, Liebling, Schlaf dann, mein kostbarer Engel, hier; Schlaf, Liebling, schlaf!)

Und ein anderer:-

„Aie Bubbaie was rasselt im Stroh?
D'Gänsle gehn baarfuesz, sie han keen Schueh;Der Schuester het's Leder, keen Leiste derzue."

(Still, Baby, was raschelt im Stroh?
Die armen Gänseküken laufen barfuß, sie haben keine Schuhe. Der Schuh hat Leder, kein Leisten, der taugt.)

Abgesehen von der für norddeutsche Ohren seltsam klingenden Aussprache der Worte sind dies die gleichen Schlaflieder, mit denen die Mütter in den Dörfern nahe Hannover ihre Babys in den Schlaf singen. Einige der alten Balladen, Legenden, Märchen und Sprichwörter, die im Elsass beliebt sind, sind in fast ganz Deutschland verbreitet. Dann haben wir die altmodische Einladung zum Hochzeitsfest, steif und formell, wie sie insbesondere im Unterelsass und ebenso in den Dörfern Hannovers und anderen Gebieten Norddeutschlands eingehalten wird. Im Elsass finden die Hochzeiten an einem Dienstag statt, weil wir, so heißt es, in der Bibel lesen: „Und am dritten Tag war eine Hochzeit zu Kana in Galiläa." In der geistlichen Poesie kann das Elsass stolz darauf sein, einige der bedeutendsten deutschen Schriftsteller hervorgebracht zu haben. Der älteste bekannte von ihnen ist Ottfried von Weißenburg, der etwa in der Mitte des 9. Jahrhunderts lebte. Gottfried von Straßburg war zu Beginn des 13. Jahrhunderts als Autor von Hymnen und *Minneliedern bekannt* . Die ersten im Elsass aufgezeichneten geistlichen Lieder mit volkstümlichem Charakter stammen aus der Mitte des 14. Jahrhunderts. Doch besonders seit der Zeit der Reformation wurde dieser Zweig der geistlichen Dichtung hier wie auch in anderen Teilen Deutschlands stark gepflegt. Die Autoren der geistlichen Dichtung waren im Allgemeinen entweder Theologen oder Musiker. Letztere komponierten oft sowohl die Texte als auch die Melodien. Musik und Dichtung wurden nicht so getrennt gepflegt wie heute. Unter den Musikern verdient Wolfgang Dachstein Erwähnung, der zu Beginn des 16. Jahrhunderts Organist in Straßburg war, zunächst am Dom und später, als er Protestant wurde, an der Thomaskirche. Sein Kirchenlied *An Wasserflüssen Babylon* findet sich noch heute in den meisten Choralbüchern der deutschen Protestanten.

Die weltlichen Lieder der Dorfbewohner sind nicht alle im eigentümlichen Dialekt der Provinz gehalten. Einige sind auf Hochdeutsch, und es gibt mehrere, in denen Hochdeutsch mit dem Dialekt vermischt ist. Gelegentlich stößt man auf ein Wort, das in anderen deutschen Kreisen überholt ist; zum Beispiel *Pfiffholder* für „Schmetterling", Plattdeutsch „Buttervogel", Englisch „Butterfly"; *Irten* (altdeutsch *Urt* , *Uirthe* ) für „Zeche", englisch „Partitur". Von den Lyrikern des heutigen Jahrhunderts ist Hebel vielleicht der beliebteste im Elsass. Seine „Allemannischen Gedichte" wurden früher vor allem im südlichen Bezirk gesungen, der bis vor kurzem das französische Département Haut-Rhin bildete. Die Menschen in diesem Bezirk haben eine weniger weiche Aussprache als die im Bas-Rhin.

Was die Volkslieder Lothringens betrifft, so stammen die gesammelten und veröffentlichten Lieder fast alle aus den französischen Bezirken der Provinz.

Die Société d'Archéologie Lorraine hat eine Sammlung mit dem Titel „Poésies populaires de la Lorraine, Nancy, 1854" veröffentlicht; und R. Grosjean, Organist der Kathedrale von Saint-Dié-des-Vosges, hat eine Reihe alter Weihnachtslieder herausgegeben, für Orgel oder Harmonium arrangiert und unter dem Titel „Air des Noëls Lorrains, Saint-Dié, 1862.' In den deutschen Dörfern treffen wir auf Lieder in einem eigentümlichen Dialekt, nicht selten durchsetzt mit französischen Wörtern. Das folgende Beispiel stammt aus der Umgebung von Saarlouis:

„Of de Bam senge de Viglen bei Daa ond Naat,
D'Männtcher peife hibsch on rufe: ti-ti-pi-pi,On d'Weibcher saan: pi-pi-zi-
zi.Se senge luschtig on peife *du haut en* Dat mer
saan
kann *am grine* Bam

; Dat

*esch wohr*

scharfer Dram.

(Auf dem Baum singen die Vögel Tag und Nacht,
Sie pfeifen und rufen: ti-ti-pi-pi; Ihre Gefährten antworten: pi-pi-zi-zi. Sie
zwitschern fröhlich *du haut en bas* ,
High Life und Low Life von überall her,
*Placent* sich ganz *à leur aise* .
Sie singen *gemeinsam* süß und fein.
Kein größeres *Vergnügen* kann die Erde bieten
als den Anblick eines grünen Baumes; Das ist die Wahrheit, kein müßiger
Traum.)

So viel zu den Texten der populären Lieder. Was die Melodien betrifft, so
weisen diejenigen, die traditionell von den Dorfbewohnern des Elsass
bewahrt wurden, die Merkmale der deutschen Nationalmusik auf. Dass sich
die Konstruktion der Arien im Laufe eines Jahrhunderts kaum verändert hat,
geht aus den Beispielen von Liedern und Tanzmelodien hervor, die Laborde
in seinem im Jahr 1780 veröffentlichten „Essai sur la Musique" liefert. Noch
früher, etwa zwei Vor hundert Jahren übernahmen französische
Komponisten aus dem Elsass eine deutsche Melodie mit eigenartiger
Konstruktion, die *Allemande* . Dies geschah zur Zeit der Erfindung der *Suite*
, einer Komposition, die aus einer Reihe kurzer Stücke besteht, die im Stil
populärer Melodien verschiedener Länder geschrieben sind. Die Allemande,
die im Allgemeinen den Einleitungssatz der Serie bildete, ist würdevoller als
die lebhaften Courante, Gavotte und Bourrée, die ursprünglich aus
verschiedenen Provinzen Frankreichs stammen.

Besonders interessant ist die Musik der Bauern vom Kochersberg. Der Berg
namens Kochersberg liegt in der Nähe der Stadt Zabern im Oberelsass. Der
Bezirk, der den Berg unmittelbar umgibt, wird ebenfalls Kochersberg
genannt. Die Dorfbewohner dieses Bezirks gelten bei den Franzosen als eher
roh im Benehmen, aber als ehrlich, aufrichtig und vertrauenswürdig. Sie
haben mehrere alte Lieblingstänze, wie zum Beispiel *Der Scharrer* („Der
Schaber"), *Der Zäuner* („Der Zauntanz"), *Der Morisken* (offensichtlich der
„Morrice" oder maurische Tanz, der früher auch in England beliebt war und
ursprünglich von den Mauren in Spanien abstammt), *Der Hahnentanz* („Der
Hahnentanz"). Der letztgenannte Tanz, der auch in anderen Bezirken des
Elsass und, mit einigen Modifikationen, im deutschen Schwarzwald beliebt
ist, wird im Allgemeinen in einer großen Scheune aufgeführt. Auf einem
Querbalken ist eine Schale befestigt, in der ein schöner großer Hahn ( *Guller
genannt* ) platziert ist. Der Hahn ist mit Bändern in verschiedenen Farben
verziert. Neben der Schale hängt eine Talgkerze, durch die eine Schnur
waagerecht gezogen ist. An einem Ende der Schnur ist eine Bleikugel

befestigt. Die Tänzer stellen sich paarweise hintereinander auf. Sobald die Musiker zu spielen beginnen, wird die Kerze angezündet und das erste Paar erhält einen Blumenstrauß, den es halten muss, solange es weitertanzt. Wenn es müde ist und eine Pause einlegt, muss es den Blumenstrauß an das nächste Paar weitergeben und so weiter. Das Paar, das den Blumenstrauß in dem Moment besitzt, in dem die Kerze die Schnur verbrennt und die Kugel in die Schale fällt, gewinnt den Hahn. Der Hammeltanz *der* Kochersberger Bauern ist ebenfalls in Baden bekannt. Bei diesem Tanz ist ein fetter Hammel der Preis für das glückliche Paar, das gerade tanzt, als sich ein an einer brennenden Streichholzschnur aufgehängtes Glas löst und zu Boden fällt. Einige der Tänzer werden von Gesang begleitet, zum Beispiel der *Bloue Storken* , bei dem das Lied mit den Worten beginnt:

„Hon err de bloue Storken nit g'sähn?"
(Hast du die blauen Störche nicht gesehen?)

Der *Bloue Storken* ist einer der ältesten Nationaltänze der elsässischen Bauern. Er wird nur von einer Person getanzt. Zu Beginn ähnelt seine Darbietung dem langsamen und ernsten Menuett; nach einer Weile wird sie lebhafter.

Aus musikalischer Sicht ist jedoch der *Kochersberger Tanz der interessanteste dieser Tänze* , der von Reicha und anderen Musiktheoretikern wegen seines besonderen Rhythmus erwähnt wird. Nach Reichas Notation ist er im 5/8-Takt. Vielleicht wäre er genauso richtig abwechselnd im 3/8- und 2/8-Takt geschrieben worden, wie *Der Zwiefache* oder *Gerad und Ungerad* der Dorfbewohner in der bayerischen Oberpfalz, mit denen er insgesamt eine starke Ähnlichkeit aufweist. Die Musikkapellen, die die Dorfbewohner bei Tänzen und anderen ländlichen Freizeitbeschäftigungen begleiten, sind, wie zu erwarten, sehr einfach – eine Klarinette und ein oder zwei Blechblasinstrumente bilden im Allgemeinen das gesamte Orchester.

Im Elsass findet man noch immer ein bestimmtes Musikinstrument, das vor etwa drei Jahrhunderten in Deutschland weit verbreitet war. Einige der zu Beginn des 17. Jahrhunderts veröffentlichten Musikwerke enthalten Zeichnungen davon. Sein deutscher Name lautet *Scheidholt* , sein französischer Name *bûche* . Es besteht aus einem länglichen, quadratischen Holzkasten, über den etwa ein halbes Dutzend Drahtsaiten gespannt sind. Einige dieser Saiten verlaufen über ein mit Eisenbünden versehenes Griffbrett. Mit diesen Saiten wird die Melodie gespielt. Die anderen befinden sich seitlich des Griffbretts und dienen der Begleitung. Die Saiten werden mit einem Plektrum angeschlagen. Die *Scheidholt* kann als Prototyp der Horizontalzither angesehen werden, die im heutigen Jahrhundert in Bayern und Österreich sehr in Mode gekommen ist und vor kurzem auch in England eingeführt wurde.

Früher bildeten die Berufsmusikanten des Elsass eine Zunft, deren Ursprung auf die Zeit der *Minnesänger zurückgeht* , als Musiker auf Musikinstrumenten von Burg zu Burg zogen, um die Ritter mit ihrem Spielmannsgesang zu unterhalten. Im Jahr 1400 wurde dem Grafen Rappoltstein ein römisches Kaiserdiplom verliehen, das ihn zum Protektor der Zunft ernannte. Die Musiker hießen *Pfeiffer* , Graf Rappoltstein und seine Nachfolger trugen den Titel *Pfeiffer-König* . Im 17. Jahrhundert veranstalteten die *Pfeiffer* jährlich ein Musikfest in Bischweiler, einer kleinen Stadt in der Nähe von Straßburg. Nach und nach verfiel diese alte Zunft im Jahr 1789.

In Anbetracht des Einflusses, den die Hauptstadt eines Landes gewöhnlich auf den Geschmack der Landbevölkerung ausübt, mögen hier einige Bemerkungen zur Musikpflege in Straßburg angebracht sein. Tatsächlich besitzt Straßburg wertvolle Relikte, die sowohl die Geschichte der Musik als auch der anderen schönen Künste veranschaulichen. Leider wurden bei der jüngsten Bombardierung mehrere dieser Schätze beschädigt. Die verbrannte Stadtbibliothek enthielt einige wertvolle Musikmanuskripte; zum Beispiel das *Gesellschaftsbuch der Meistersänger* aus den Jahren 1490 bis 1768 und eine historische Abhandlung über die Musik und die *Meistersänger* von Straßburg aus dem Jahr 1598 von M. Cyriacus Spangenberg. Für Antiquare, die den Verlust dieser Reliquien bedauern, mag es ein Trost sein zu wissen, dass die Stadtbibliothek von Colmar im Elsass eine Manuskriptsammlung von mehr als 1.000 alten Minne- und Meisterliedern besitzt, die ursprünglich der Zunft der Schuhmacher gehörten von Colmar. Es muss daran erinnert werden, dass zu Beginn des 14. Jahrhunderts, nachdem die *Minnesänger* des Mittelalters ebenso wie das alte Rittertum, mit dem sie verbunden waren, überholt waren, in Deutschland eine Vereinigung von Dichtern und Sängern entstand, die sich aus Bürgern zusammensetzte. und als Meistersänger bekannt. Straßburg war eine der ersten deutschen Städte, in der die Meistersänger blühten. Eine alte Skulptur eines Meistersängers in Lebensgröße, die unter der berühmten Orgel des Doms aufgestellt ist, zeugt von der öffentlichen Wertschätzung, die dieses Unternehmen genießt. Die Stadtbibliothek besaß zwei merkwürdige Ölgemälde auf Tafel aus der Zeit um 1600, die den Meistersängern von Straßburg gehörten und die sie jeweils an beiden Seiten des Eingangs zu ihrem Versammlungssaal anbrachten. Eine Sammlung veralteter Musikinstrumente, die ursprünglich wahrscheinlich den Meistersängern gehörte, befand sich früher in einem öffentlichen Gebäude namens Pfenningthurm, aus dem sie im Jahr 1745 in die Stadtbibliothek verbracht und dort in Asche gelegt wurde.

Das interessanteste Musikinstrument in Straßburg ist jedoch die Orgel des Doms, die von Andreas Silbermann gebaut wurde. Trotz aller Sorgfalt der Belagerer, um Schäden am Dom zu vermeiden, drang eine Granate mitten durch die Orgel und muss dieses Kunstwerk schwer beschädigt haben.

Andreas Silbermann war kein einfacher Handwerker, sondern ein Künstler wie Amati oder Stradivari. Er wurde in Sachsen geboren, ließ sich im Jahr 1701 in Straßburg nieder und baute 1715 die Orgel des Doms. Sein Bruder, Gottfried Silbermann aus Sachsen, war ebenfalls ein bedeutender Hersteller nicht nur von Orgeln, sondern auch von Clavichorden und ein Verbesserer des Pianofortes kurz nach seiner Erfindung zu Beginn des 18. Jahrhunderts. Fast alle im 18. Jahrhundert für die Kirchen in Straßburg gebauten Orgeln stammen von Andreas Silbermann und seinen Söhnen. Unter den letzteren ist Johann Andreas aufgrund seiner antiquarischen Aktivitäten bemerkenswert. Er schrieb neben anderen Werken eine „Geschichte der Stadt Straßburg", die im Jahr 1775 in Folio mit Kupferstichen veröffentlicht wurde. Seine Sammlung von Skizzen, die er selbst von den bemerkenswertesten Landschaften und alten Burgen und anderen interessanten Gebäuden des Elsass angefertigt hatte, sowie seine Sammlung der alten Münzen von Straßburg wurden in der Stadtbibliothek aufbewahrt und sind, wie zu befürchten ist, jetzt verloren. Da sogar der Katalog der Bibliothek verbrannt sein soll, lohnt es sich vielleicht, einige der Verluste zu erwähnen. Zu den irreparablen Verlusten gehört eine Kopie des ersten Gesangbuchs der protestantischen Kirche, von dem kein anderes Exemplar bekannt ist. Es wurde im Jahr 1524 in Erfurt veröffentlicht und enthält 25 Lieder, von denen 18 von Luther stammen. Der Titel lautet „*Enchiridion, oder eyn Handbuchlein eynem yetzlichen Christen fast nutzlich bey sich zu haben, zur stetter übung und trachtung geystlicher gesenge und Psalmen, Rechtschaffen und Kunstlich vertheutscht*" . („Enchiridion oder ein kleines Handbuch, sehr nützlich für einen Christen heutzutage, um es bei sich zu haben zur beständigen Übung und Betrachtung geistlicher Lieder und Psalmen, wohlüberlegt und sorgfältig ins Deutsche übersetzt.") Die Notenschrift ist mit dem Text angegeben. Man nimmt an, dass Luther das Manuskript seiner eigenen Lieder und höchstwahrscheinlich auch der anderen Lieder und die Notenschrift in die Hände des Verlegers gab; dass das „Enchiridion" tatsächlich direkt von Luther stammte. Ein *Faksimile* dieses Buches wurde im Jahre 1848 in Erfurt veröffentlicht. Nur drei Choräle stammen mit Sicherheit von Luther.

Zu den in Straßburg erhaltenen musikalischen Relikten vergangener Zeiten gehört die sogenannte Astronomische Uhr. Dieser merkwürdige Mechanismus, der sich in der Kathedrale befindet, wurde im Jahr 1570 durch einen aus dem Jahr 1354 ersetzt. Da er seit dem Jahr 1789 außer Betrieb war, wurde er vor etwa dreißig Jahren restauriert. Die Zylinder des alten Mechanismus von 1354, die auf ein Glockenspiel mit zehn Glocken wirken, wurden beibehalten. Das alte Tonsystem, das sich in der Anordnung der Zylinder zeigt, die Hymnenmelodien erzeugen, ist für Musikantiquare von großem Interesse. Auch der wunderbare mechanische Hahn, der am Ende einer Melodie mit den Flügeln schlug, den Hals ausstreckte und zweimal krähte – ein Relikt aus dem Werk von 1354 – ist noch erhalten; aber ob es weiterhin seine Funktionen erfüllt, kann ich nicht sagen.

Lassen Sie uns nun einen Moment auf die Theateraufführungen eingehen, die von der Bürgerschaft besucht wurden. Einige interessante Aufzeichnungen zur Geschichte der Oper in Straßburg wurden von GF Lobstein in seinen „Beiträge zur Geschichte der Musik im Elsass, Straßburg, 1840" veröffentlicht. Die ältesten Theateraufführungen in Straßburg stammen aus dem 16. Jahrhundert. Sie bestanden aus geistlichen und historischen Stücken sowie Dramen der griechischen und lateinischen Klassiker. Die Schauspieler waren Gelehrte oder Akademiker, und die Aufführungen wurden *Dramata theatralia* , *Actiones comicae* oder *tragicae* , *Comoediae academicae genannt* . Um das Jahr 1600 führten auch die Meistersänger gelegentlich dramatische Aufführungen auf, oder, wie sie es nannten, *Comödien von Glück und Unglück* („Komödien über Glück und Unglück"), und führten solche Stücke bis zum Ende des 17. Jahrhunderts weiterhin öffentlich auf das siebzehnte Jahrhundert. Im Jahr 1601 finden wir erstmals eine Erwähnung der englischen Komödianten, die wie die Meistersänger offenbar Musik in ihre dramatischen Darbietungen einbrachten. Shakespeare-Forscher haben viel über die Scharen englischer Komiker geschrieben, die zur Zeit Shakespeares Deutschland besuchten; Den musikalischen Leistungen dieser Spaziergänger wurde von ihnen jedoch wenig Beachtung geschenkt. Die alten Aufzeichnungen, die kürzlich in Deutschland ans Licht kamen und sich auf die Geschichte der Theater der wichtigsten deutschen Städte beziehen, enthalten einige interessante Hinweise auf „englische Instrumentalisten", die Teil der Kompanien englischer Komiker waren. Tatsächlich scheinen die meisten der sogenannten englischen Komiker neben Schauspielern auch Musiker und Tänzer (oder vielmehr Tänzer) gewesen zu sein. Wahrscheinlich war es eher die Neuheit ihrer Darbietungen als irgendeine Überlegenheit ihres Könnens, die diese seltsamen Ausländer vorübergehend in Deutschland attraktiv machte. Für den Musikhistoriker sind sie jedoch interessant.

Man muss sich erinnern, dass die Erfindung der Oper auf das Jahr 1580 zurückgeht, als der Graf von Vernio in Florenz in seinem Palast eine Gesellschaft zur Wiederbelebung der antiken griechischen musikalischen Deklamation im Drama gründete. Dieses Unterfangen führte zur Produktion der Opern „Dafne" und „Orfeo ed Euridice", komponiert von Peri und Caccini. Die erste deutsche Oper wurde im Jahr 1627 in Dresden aufgeführt. Es handelte sich um das von Rinuccini verfasste Libretto der eben erwähnten „Dafne", das ins Deutsche übersetzt und von Heinrich von Schütz, Kapellmeister des Kurfürstentums, neu vertont wurde von Sachsen. In Frankreich war Robert Cambert im Jahr 1647 der erste Komponist einer Oper. Er nannte seine Inszenierung „La Pastorale, première comédie française en musique". Diese Komposition wurde jedoch nur am Hof aufgeführt. Die erste öffentliche Aufführung einer Oper in Frankreich fand erst im Jahr 1671 statt. [2] Allerdings wurden vor der Erfindung der Oper Flanierschauspieler wie die englischen Komiker und die in Straßburg beliebten italienischen Kompanien eingesetzt ihre Aufführungen mit Liedern zu durchsetzen, begleitet von Musikinstrumenten wie Laute, Theorbe, Gambe usw. Die ersten eigentlichen Opernaufführungen in Straßburg fanden im Jahr 1701 statt, und die Opern waren deutsch und wurden von Deutschen aufgeführt Firmen. Später kamen italienische und noch später französische Unternehmen hinzu. Im Jahr 1750 erfreute sich die französische komische Oper „Le Devin du Village" von JJ Rousseau großer Bewunderung. Doch selbst im 18. Jahrhundert erfreuten sich die deutschen Opern und Dramen in Straßburg größerer Beliebtheit als die französischen, ungeachtet des Schutzes, den die französischen Unternehmen durch die Regierungsbeamten der Stadt erhielten. Tatsächlich ist der Theatergeschmack der Bürger nie durch und durch französisch geworden, wenn wir uns auf GF Lobstein verlassen dürfen, der sagt: „Das verminderte Interesse, das die Einwohner von Straßburg heute" [um das Jahr 1840] „an Theateraufführungen zeigen." stammt aus der Zeit, als die französischen Melodramen und Varietés aufkamen. Die abscheulichen melodramatischen Darbietungen und die frivolen Themen, die für unsere Stadt ungeeignet und für uns oft unverständlich waren und die nicht selten höchst unanständige Pariser Alltagsereignisse darstellten Die Einführung auf unserer Bühne hat jene Familien abgeschreckt, die früher regelmäßig das Theater besuchten. Sie kommen jetzt nur noch gelegentlich, wenn etwas Besseres geboten wird.

Was die Musikinstitutionen und regelmäßigen Konzerte in Straßburg betrifft, genügt es festzustellen, dass die Stadtverwaltung die Pflege der Musik immer gefördert hat. Angesichts der Liebe der Elsässer zur Musik ist es daher nicht überraschend, dass Straßburg in den letzten drei Jahrhunderten eine der wichtigsten Brutstätten dieser Kunst auf dem Kontinent war. Bis zum Jahr 1681, als Straßburg an Frankreich abgetreten wurde, besaß es eine Institution namens Collegium Musicum, die die besondere Schirmherrschaft der Stadtverwaltung genoss. Eine Académie de Musique, die im Jahr 1731 vom französischen Gouverneur der Stadt gegründet wurde, wurde nach zwanzigjährigem Bestehen im Jahr 1751 aufgelöst. Heutzutage gibt es in Straßburg nicht weniger Musikvereine als in den meisten großen Städten Deutschlands. Eine Aufzählung der verschiedenen Arten von Konzerten würde vielleicht nur einige Musiker interessieren.

Aber Pleyels Republikanische Hymne aus dem Jahr 1792 ist zu charakteristisch für den französischen Geschmack zur Zeit der großen Ereignisse, die sie feiern sollte, als dass sie unbeachtet bliebe. Ignaz Pleyel, der bekannte Musiker, wurde im Jahr 1757 in einem Dorf in der Nähe von

Wien geboren. Als er im Jahr 1789 nach einem Aufenthalt in Italien Straßburg besuchte, wurde er zum Domkapellmeister ernannt. Zu seinem Unglück wurden seine politischen Ansichten bald von der Nationalversammlung mit Misstrauen betrachtet, insbesondere weil er gebürtiger Österreicher war. Er befand sich in der Gefahr, seine Freiheit, wenn nicht sogar sein Leben zu verlieren. Um sich selbst zu retten, kam ihm die glückliche Idee, eine brillante Musikkomposition zur Verherrlichung der Revolution zu schreiben. Er teilte der Nationalversammlung seine Absicht mit; es fand Zustimmung, und ihm wurde befohlen, unter der Aufsicht eines Gendarmen ein großes Gesangs- und Orchesterstück mit dem Titel „La Révolution du 10 Août (1792) ou le Tocsin allégorique" zu schreiben. Die handschriftliche Partitur dieser einzigartigen Komposition wurde bis vor Kurzem in Straßburg aufbewahrt, ist heute aber vermutlich verloren gegangen. Eine kurze Analyse seiner Konstruktion wird den Leser davon überzeugen, dass das Monsterorchester, das Hector Berlioz für die Musik der Zukunft geplant hat und von dem er in prophetischem Schwärmen sagt: „Seine Ruhe wäre majestätisch wie der Schlaf des Ozeans; seine Aufregung." würde an den Sturm der Tropen erinnern; seine Explosionen, die Ausbrüche von Vulkanen", hatte Pleyel bereits vor fast hundert Jahren vorhergesehen. Pleyel benötigte für sein Orchester nicht nur eine Reihe großer Feldgeschütze, sondern auch mehrere Alarmglocken. Die finanzielle Lage Frankreichs zu dieser Zeit und die Abschaffung des Gottesdienstes veranlassten die Nationalversammlung, die Herausgabe aller Kirchenglocken im Elsass anzuordnen. Daraufhin wurden etwa 900 Glocken nach Straßburg geschickt. Pleyel wählte von ihnen sieben für die Aufführung seines Werkes aus; und alle anderen wurden entweder in Kanonen umgewandelt oder in Geld geprägt – hauptsächlich Ein-Sol- und Zwei-Sol-Stücke.

Die *Introduzione* von Pleyels Komposition soll den Aufstand des Volkes darstellen. Die Streichinstrumente beginnen *piano* . Nach kurzer Zeit mischt sich ein leises Murmeln unter die sanften Töne, das zunächst wie aus großer Ferne ertönt und allmählich immer näher kommt. Jetzt setzen die Blasinstrumente ein, und bald ist das Blasen so wütend, als solle es einen schrecklichen Sturm darstellen. Es soll jedoch die Erstürmung der Tuilerien darstellen. Glücklicherweise legt sich der fürchterliche Lärm bald, und nur gelegentlich sind einige heftige Scharmützel zu hören. Nach etwa hundert Takten dieses anschaulichen Geigen- und Blasens beginnen die Alarmglocken zu läuten – erst eine, dann eine andere und nun alle in schneller Folge. Plötzlich werden sie durch ein lautes Trompetensignal zum Schweigen gebracht, auf das eine Anzahl Trommeln und Querpfeifen antworten. Die Fanfare führt zu neuer Verwirrung, durch die hindurch man schwach die Melodie eines alten französischen Militärmarsches heraushört. Die Aufregung lässt allmählich nach, und nach einer Weile werden nur noch die Streichinstrumente eingesetzt, die leise die Seufzer der Verwundeten und

Sterbenden zum Ausdruck bringen. Bald darauf machen sich die Royalisten mit dem Lied „ *O Richard, ô mon roi* " (aus „Richard Löwenherz") bemerkbar, dem nach weiterer Verwirrung die Arie „ *Où peut-on être mieux?* " folgt, an deren Ende Kanonenschüsse beginnen. Eine weitere allgemeine Verwirrung, dargestellt durch das ganze Orchester mit zusätzlichen Kanonen und Alarmglocken. Plötzlich verkündet ein Trompetenstoß mit Pauken den Sieg und leitet einen jubelnden Refrain mit voller Orchesterbegleitung ein: „ *La victoire est à nous, le peuple est sauvé!* " Auch hierauf folgt nach einigen weiteren instrumentalen Zwischenspielen ein Refrain mit Orchesterbegleitung, der auf der Melodie „ *Ça ira, ça ira* " basiert, einem patriotischen Lied, das während der Revolution bei den französischen Soldaten sehr beliebt war. Der verbleibende Teil der Komposition besteht aus einigen Liedern für Einzelstimmen, die sich mit Refrains abwechseln. Da die Worte nicht nur musikalisch, sondern auch historisch interessant sind, könnten sie hier ihren Platz finden.

" Chor.

„Wir t'offrons les débris d'un trône,
Sur ces autels, ô Sainte Liberté!De l'éternelle vérité.Ce jour
enfin, qui nous environne,Rend tout ce people à la félicité;Par
sa vertu, par sa fierté, Il conquiert l'égalité.Parmis nos héros la
foudre qui tonnenL'annonce au loin à l'humanité.


„ Eine Frau. ( Solo. )

„Mon fils vient d'expirer,
Mais je n'ai plus de rois!"


„ Romantik.

„Il fut à son pays avant que d'être à moi,
Et j'étais citoyenne avant que d'être mère.Mon fils! par tes vertus
j'ehre ta poussière.


" Chor.

„Nous t'offrons les débris d'un trône usw. usw.


" Solo. ( Sopran. )

"Ach! Verdammt die Abgötterei!
Wer ist zum König geworden? Das Land ist nicht wie ein
Vaterland, Wer ist nur ein Tempel der Menschheit? Wer wird          *Chor*
sich rächen, wenn er verletzt wird? Brise, tapfer, der Fehltritt,     *wiederholt .*
Und der Sockel der Macht. Und die Rache der Betrüger.                {

Könige, Päpste! es ist unreine Liga
In deiner unmächtigen Verzweiflung Betrachte die Füße der
Natur
Das Diadem und die Erleuchtung!
Versailles und das Rom der Vier. Ihre Verehrer sind ihnen           *Chor*
verloren gegangen. Die Tugend bleibt die Größe, die Paläste          *wiederholt .*
sind die Totengötter.                                                {


*„ Solo. ( Tenore. )*

„Les Français qu'on forme à la guerre
Appellent contre les tyransLes représailles de la terre,Du haut
des palais fumans.Des bords du Gange à ceux du TibreDieu!          *Chor*
rends bientôt selon nos vœuxTout homme un citoyen                    *wiederholt .*
heureux,Le genre humain un peuple libre .                           {


*„ Solorezit. ( Basso. )*

„Nous finirons son esclavage
Ce grand day en est le presage!“

*„ Chor ( abschließend mit einer brillanten Orchester-Coda ).*

„Nous t'offrons les débris d'un trône“ usw. usw.

Diese merkwürdige Komposition wurde im Straßburger Dom aufgeführt
und erregte großes Aufsehen. Alle erklärten, dass nur ein glühender Patriot
ein so bewegendes Werk hätte schaffen können. Dennoch hielt es Pleyel
nach seiner Freilassung für ratsam, Straßburg so schnell wie möglich nach
London zu verlassen.

Neben den bereits erwähnten sind noch einige weitere bedeutende Musiker
zu nennen, die in Straßburg geboren wurden oder dort lebten. Ottomarus
Luscinius, ein Priester, dessen richtiger deutscher Name Nachtigall war,
veröffentlichte im Jahr 1536 in Straßburg seine „Musurgia, seu Musicæ“, ein
bei Musikantiquaren sehr begehrtes Werk. Sebastian Brossard, der um das

Jahr 1700 Kapellmeister am Straßburger Dom war, ist der Autor eines bekannten musikalischen Wörterbuchs. Sebastian Erard, der Erfinder der Repetition und anderer Verbesserungen am Klavier sowie der Doppeltraktur an der Harfe, wurde im Jahr 1752 in Straßburg geboren.

Kurz gesagt, Elsass-Lothringen war die Wiege vieler herausragender Männer in Kunst und Wissenschaft. Das herausragende Merkmal des Nationalcharakters der Einwohner, der sich in ihren Volksliedern und Gebräuchen zeigt, ist eine Seriosität, die unter den angenehmen Eigenschaften der Franzosen nicht auffällt. Diese angeborene Seriösität ist der Grund für die Abneigung, die sie in jüngster Zeit gegenüber einer Trennung von Frankreich an den Tag gelegt haben, ebenso wie für ihre frühere Abneigung, französische Untertanen zu werden. Darüber hinaus wird es sie wahrscheinlich, nachdem sie nun wieder mit ihren Verwandten vereint sind, nach und nach zu denselben patriotischen Deutschen machen, wie sie ursprünglich waren. Dass sie Zeit brauchen, um ihre Bindung zu übertragen, kommt ihrer Ehre zugute.

# MUSIK UND ETHNOLOGIE.

Das folgende Schema, das entwickelt wurde, um genaue Informationen über die Musik verschiedener Nationen zu erhalten, ist wahrscheinlich beispiellos.

Im Jahr 1874 beschloss die British Association for the Advancement of Science, ein Buch mit Anweisungen zur Orientierung für Reisende und Einwohner in unzivilisierten Ländern herauszugeben, um ihnen die Sammlung von Informationen zu ermöglichen, die für diejenigen von Nutzen sein könnten, die sich speziell mit der Wissenschaft befassen verschiedene im Buch aufgezählte Themen. [3] Die Themen beziehen sich auf Sitten und Gebräuche, Künste, Wissenschaften, Religion, Krieg, soziales Leben – eigentlich auf alles, was Aufschluss über den von den Menschen erreichten Zivilisationsstand gibt und was der Ethnologe möglicherweise feststellen möchte. Zu diesem Zweck ist das Buch in mehrere Abschnitte zu jeweils einem bestimmten Thema unterteilt, zu denen es eine Reihe von Fragen enthält. Diesen wird eine kurze Erläuterung des Themas vorangestellt. Um die Fragen so effektiv wie möglich zu gestalten, wurde besonders darauf geachtet, dass sie alle notwendigen Details enthalten. [4]

Nachdem ich gebeten wurde, den Abschnitt mit der Überschrift „Musik" zu bearbeiten und eine Liste nummerierter Fragen gemäß dem vom Ausschuss angenommenen Plan zu erstellen, habe ich mich bemüht, die Aufmerksamkeit derjenigen, für die das Buch bestimmt ist, auf die musikalischen Untersuchungen zu lenken die meiner Meinung nach besonders wünschenswert sind; und ich habe gelegentlich zwischen den Fragen einen Hinweis eingestreut, der dem Ermittler helfen könnte. Es erschien mir unnötig, Definitionen der in den Fragen verwendeten musikalischen Begriffe – wie *Intervall*, *Melodie*, *Harmonie* usw. – anzugeben, die in jedem Wörterbuch der englischen Sprache zu finden sind. Einige Begriffe bedurften jedoch einer Erklärung, um sie für Reisende, die sich mit Musik nur wenig auskennen, vollständig verständlich zu machen. Hierzu gehören beispielsweise die Namen der verschiedenen Tonleitern. Die englischen Missionare, Händler, Kaufleute, Konsuln und andere Bewohner fremder Länder verfügen selten über ausreichende Kenntnisse der Musik. Dennoch gibt es unter den ihnen hier vorgelegten Fragen viele, die sie möglicherweise zufriedenstellend beantworten können; Andererseits muss jedoch zugegeben werden, dass nicht wenige nur von Männern mit musikalischer Bildung und Erfahrung angemessen beantwortet werden können. Was jedoch eine Person nicht untersuchen kann, kann eine andere tun; und so können wir vielleicht hoffen, im Laufe der Zeit zuverlässige und lehrreiche Antworten auf die meisten Fragen aus verschiedenen Teilen der Welt zu erhalten.

Einige dieser Fragen scheinen auf den ersten Blick nur von geringer Bedeutung zu sein; es sind jedoch gerade die Fakten, auf die sie sich beziehen, die klar ermittelt werden müssen, bevor wir erwarten können, die Merkmale der Musik einer Nation oder eines Stammes genau zu erkennen.

Man wird feststellen, dass bestimmte Fragen einen etwas fortgeschrittenen Zivilisationsstand voraussetzen - wie zum Beispiel jene, die sich auf musikalische Notation, Unterricht, Literatur usw. beziehen. Es gibt mehrere außereuropäische Nationen - wie die Japaner, Chinesen, Hindus usw. - die in der Pflege der Musik so weit fortgeschritten sind, dass diese Fragen notwendig werden; und es wäre sehr wünschenswert, über detailliertere Informationen über die von diesen Nationen bei der Pflege der Kunst verfolgten Methoden zu verfügen, als gegenwärtig verfügbar sind.

Das vorliegende Schema ist für den Musiker genauso interessant oder sogar noch interessanter als für den Ethnologen. Professionelle Musiker im Allgemeinen werden jedoch wahrscheinlich nicht mit den Anweisungen für Musikforschung vertraut gemacht, die zusammen mit verschiedenen anderen wissenschaftlichen Untersuchungen von der British Association veröffentlicht werden. Aus diesem Grund werden sie hier eingefügt, da das vorliegende Werk bessere Chancen hat, in die Hände professioneller Musiker zu gelangen, als die anthropologische Publikation. Allerdings müssen Jahre vergehen, bis es zu einem praktischen Ergebnis kommt. Der Verfasser der Fragen wird möglicherweise nie den Vorteil genießen, die Antworten zu erhalten; aber er hat zumindest das Vergnügen, den Weg für eine Anhäufung wohlgewisser Fakten zu bereiten, die intelligente Musiker einer zukünftigen Generation sinnvoll nutzen können.

„( Abschnitt LXVIII. ) Musik.

„Die Musik jeder Nation hat bestimmte Eigenheiten. Die Abläufe der Intervalle, die Modulationen, Verzierungen, rhythmischen Effekte usw., die in der Musik außereuropäischer Nationen auftreten, sind nicht selten zu eigenartig, als dass sie durch Mittel genau angegeben werden könnten Daher bedarf es einiger zusätzlicher Erklärungen zur Notation, wenn man die populären Melodien fremder Länder aufschreibt, wenn man sie von Einheimischen hört oder hört, was falsch erscheint Je getreuer die offensichtlichen Mängel erhalten bleiben, desto wertvoller sind Sammlungen populärer Melodien (mit den Worten der Arien). Ebenso sind Zeichnungen von Musikinstrumenten mit Erläuterungen zu Konstruktion, Abmessungen und Fähigkeiten sehr wünschenswert , und Einsatz der dargestellten Instrumente.

" Vokalmusik: -

1. Sind die Menschen musikbegeistert?

„2. Ist ihr Ohr so scharf, dass sie kleine musikalische Intervalle erkennen können?

3. Können sie einen Ton, der ihnen vorgesungen oder vorgespielt wird, problemlos treffen?

4. Ist ihre Stimme flexibel?

„5. Wie ist die Qualität der Stimme? Ist sie laut oder leise, klar oder rau, fest oder zitternd?

„6. Was ist der übliche Tonumfang der Stimme?

7. Welche männliche Stimme überwiegt: Tenor, Bariton oder Bass?

8. Welche Frauenstimme überwiegt: Sopran oder Alt?

9. Singen die Leute im Allgemeinen ohne instrumentale Begleitung?

„10. Wurden die Lieder im Chor nur von Männern oder nur von Frauen oder von beiden Geschlechtern gemeinsam vorgetragen?

„11. Wenn sie zusammen singen, singen sie im Einklang oder im Gleichklang oder mit der gelegentlichen Hinzufügung einer Bordunbegleitung der Stimme?

„12. Erfolgt ihr Gesang im regulären Takt oder hat er den Charakter eines Rezitativs?

„13. Gibt es Lieder für Solo und Chor oder mit einer Arie für eine einzelne Stimme und einem Refrain für mehrere Stimmen?

„14. Beschreiben Sie die verschiedenen Arten von Liedern, die sie haben (wie geistliche Lieder, Kriegslieder, Liebeslieder, Kinderlieder usw.), mit Bemerkungen zur Poesie.

" *Instrumente:* -

„15. Was sind ihre Schlaginstrumente (wie Trommeln, Kastagnetten, Rasseln, Becken, Gongs, Glocken usw.)?

„16. Besitzen sie Schlaginstrumente mit klangvollen Platten aus Holz, Glas, Stein, Metall usw., auf denen Melodien gespielt werden können? Und wenn ja, dann notieren Sie die von den Platten erzeugten Töne in Notenschrift oder in Buchstaben.

„17. Haben sie Trommeln mit Schnüren oder andere Vorrichtungen, mit denen das Pergament nach Belieben gespannt oder gelockert werden kann?

„18. Haben sie Trommeln mit bestimmten Tönen (wie unsere Pauken)? Und wenn ja, auf welche Töne werden sie gestimmt, wenn zwei oder mehr davon zusammen gespielt werden?

"19. Gibt es offene Handtrommeln mit nur einem Pergament (wie unser Tamburin)?

„20. Werden die Trommeln mit Stöcken oder mit den Händen geschlagen?

21. Welche Blasinstrumente (Trompeten, Flöten usw.) haben sie?

"22. Gibt es Trompeten mit Gleitrohren (wie die Posaune)?

"23. Wie klingen die Flöten? Ist im Mundloch ein Stopfen?

„24. Irgendwelche Nasenflöten?

„25. Wie ist die Anzahl und die Position der Grifflöcher auf den Flöten?

„26. Welche Töne erzeugen die Flöten, wenn die Grifflöcher regelmäßig nach oben oder unten geschlossen werden?

„27. Wenn die Menschen die Syrinx (oder Pandean-Pfeife) haben, ermitteln Sie die Reihe der musikalischen Intervalle, die ihre Röhren ergeben.

„28. Bauen die Leute Blasinstrumente mit einem vibrierenden Rohrblatt oder einer ähnlichen Vorrichtung, die in das Mundloch eingesetzt wird?

„29. Wenn sie ein Blasinstrument mit Rohrblatt haben, achten Sie darauf, ob das Rohrblatt *einfach* (wie das der Klarionette) oder *doppelt* (wie das der Oboe) ist.)

„30. Haben sie eine Art Dudelsack?

„31. Welche Musikinstrumente haben sie, die von ihnen nicht für musikalische Darbietungen, sondern lediglich zur Signalübermittlung und für ähnliche Zwecke verwendet werden?

„32. Gibt es Saiteninstrumente, deren Saiten durch Anschlagen mit den Fingern zum Klingen gebracht werden?

„33. Gibt es Saiteninstrumente, die mit einem Plektrum erklingen?

„34. Gibt es Saiteninstrumente, die mit Stöcken oder Hämmern geschlagen werden (wie das Hackbrett)?

„35. Gibt es Saiteninstrumente, die mit einem Bogen gespielt werden?

„36. Wenn es Saiteninstrumente mit Bünden am Hals gibt (wie es bei unserer Gitarre der Fall ist), notieren Sie die von den Bünden erzeugten Intervalle in regelmäßiger Folge.

„37. Aus welchen Stoffen bestehen die Saiten?

„38. Gibt es bei einigen Instrumenten eine besondere Vorrichtung hinsichtlich der Anordnung und Position der Saiten?

"39. Gibt es Saiteninstrumente mit Resonanzsaiten ( *d. h.* Saiten, die unter den Saiten liegen, auf denen gespielt wird. Die Resonanzsaiten dienen lediglich dazu, den Klang zu erhöhen)?

„40. In welchen musikalischen Intervallen werden die Saiteninstrumente gestimmt?

„41. Besitzen die Menschen ein Musikinstrument von ganz besonderer Bauart? Wenn ja, beschreiben Sie es genau.

„42. Geben Sie den Namen jedes Instruments in der Landessprache an.

„43. Beschreiben Sie jedes Instrument und geben Sie, wenn möglich, Abbildungen an.

„44. Geben Sie einen Bericht über die Hersteller von Musikinstrumenten, über die Hölzer, Metalle, Häute, Därme, Haare und anderen Materialien, die sie verwenden, über ihre Werkzeuge usw.

„45. Was sind die üblichen Verzierungen und Beigaben der Musikinstrumente?

„ Kompositionen: —

"46. Auf welcher Intervallordnung beruht die Musik des Volkes? Ist es die diatonische Dur-Tonleiter (wie *c* , *d* , *e* , *f* , *g* , *a* , *h* , *c* )? Oder die diatonische Moll-Tonleiter (bei der die Terz verkleinert ist; wie *c* , *d* , *es* , *f* , *g* , *a* , *h* , *c* )? Oder die pentatonische Tonleiter (bei der die Quarte und die Septime weggelassen werden, also *c* , *d* , *e* , *g* , *a* , *c* )? Oder eine andere Intervallordnung?

"47. Wird die Septime mit einem Kreuz ( *c* - *b* ) oder einem B ( *c* - *b b* ) verwendet?

48. Kommt die überflüssige Sekunde in der Tonleiter vor?

(Im Beispiel *c* , *d* , *es* , *fis* , *g* , *as* , *h* , *c* ,

Die Schritte vom dritten zum vierten und vom sechsten zum siebten sind überflüssige Sekunden.)

„49. Enthält die Musik Abfolgen in Halbtönen oder chromatische Intervalle?

„50. Gibt es kleinere Intervalle als Halbtöne, etwa 1/3 Töne, 1/4 Töne?

„51. Gibt es in bestimmten Intervallen besondere Abläufe, die in den Melodien häufig vorkommen? Wenn ja, welche?

„52. Schließen die Melodien normalerweise auf der Tonika (dem Grundton oder dem ersten Intervall der Tonleiter) oder, wenn nicht, auf welchem anderen Intervall?

"53. Enthalten die Melodien Modulationen von einer Tonart in eine andere? Wenn ja, beschreiben Sie die üblichen Modulationen.

„54. Gibt es bestimmte rhythmische Besonderheiten, die in der Musik vorherrschen? Wenn ja, welche?

„55. Ist der Takt der Musik im Allgemeinen normaler Takt, dreifacher Takt oder unregelmäßig?

„56. Gibt es Phrasen oder Passagen in den Melodien, die häufig wiederkehren?

„57. Kommen in den Melodien der Lieder musikalische Phrasen wieder, die auf die Form der Poesie zurückzuführen sind?

„58. Verfügen die Menschen über musikalische Kompositionen, die sie für sehr alt halten? Und weisen diese Kompositionen dieselben Merkmale auf, die auch in den modernen Kompositionen zu finden sind?

„59. Sind die Kompositionen im Allgemeinen lebhaft oder ernst?

"60. Beschreiben Sie die Form der verschiedenen Arten von Musikkompositionen.

„ Aufführungen: —

„61. Hat das Volk Musikkapellen oder Orchester?

„62. Welche Instrumente werden im Allgemeinen in Kombination verwendet?

„63. Welche Instrumente werden üblicherweise einzeln verwendet?

„64. Wie viele Interpreten hat eine ordnungsgemäß zusammengestellte Band?

„65. Gibt es einen Anführer der Band? Wie leitet er die Künstler?

„66. Spielt die Band im Einklang oder im Einklang?

„67. Wenn Vokalmusik mit Instrumentalmusik der Band kombiniert wird, ist die Instrumentalbegleitung im Einklang (oder in Oktaven) mit der Stimme oder hat sie etwas Eigenes?

„68. Ist das Tempo generell schnell oder langsam?

"69. Gibt es plötzliche oder allmähliche Änderungen im Tempo ?

„70. Gibt es Veränderungen im Lautstärkegrad?

„71. Führen die Musiker bei der Wiederholung eines Stücks Änderungen oder Variationen des Themas ein?

72. Führen sie Verschönerungen *nach Belieben ein* ?

„73. Erwähnen Sie die Anlässe (religiöse Zeremonien, gesellschaftliche und öffentliche Vergnügungen, Feste, Prozessionen usw.), bei denen musikalische Darbietungen stattfinden.

74. Gibt es Militärkapellen? Und wie sind sie aufgebaut?

„75. Wird Musik eingesetzt, um körperliche Arbeit zu erleichtern?

„76. Gibt es Lieder oder Instrumentalkompositionen, die zu bestimmten Berufen oder Gewerben gehören?

"77. Gibt es im Volk eine Nationalhymne oder eine Instrumentalkomposition, die es zu Ehren seines Herrschers oder zur Erinnerung an ein politisches Ereignis aufführt?

„78. Beschreiben Sie genau die musikalischen Darbietungen im Rahmen religiöser Gottesdienste, falls es welche gibt.

„79. Werden bei religiösen Zeremonien, bei Beerdigungen usw. heilige Tänze aufgeführt?

„80. Irgendwelche Kriegstänze, Trotztänze usw.?

„81. Irgendwelche Tänze, bei denen sie die besonderen Bewegungen und Gewohnheiten bestimmter Tiere nachahmen?

„82. Gibt es Tänze, die von Musikinstrumenten, von Gesang oder nur von rhythmischen Klängen wie Händeklatschen, Fingerschnippen, wiederholtem Geschrei usw. begleitet werden?

„83. Geben Sie eine Liste aller Tänze an.

„84. Versuchen Sie herauszufinden, ob der Rhythmus der den Tanz begleitenden Musik durch die Schritte der Tänzer angedeutet wird oder *umgekehrt* .

" *Anbau: —*

„85. Lernen die Menschen leicht eine Melodie nach Gehör?

„86. Haben sie ein gutes musikalisches Gedächtnis?

„87. Wird den Kindern Musik beigebracht? Und wenn ja, wie wird das gemacht?

„88. Gibt es professionelle Musiker?

„89. Gibt es Künstler, die viel Talent an den Tag legen?

„90. Irgendwelche Minnesänger, Barden, Rezitatoren alter Balladen?

„91. Irgendwelche professionellen Improvisatoren?

„92. Gibt es professionelle Musiker unterschiedlichen Niveaus?

„93. Wer komponiert die Musik?

„94. Gehen die Musiker neben der Musik noch anderen Berufen nach?

„95. Sind die Geistlichen der Religion auch Musiker und Mediziner?

„96. Haben die Leute irgendeine Art von Notenschrift?

„97. Haben sie Zeichen zum Anheben oder Absenken der Stimme beim Singen, zum Hervorheben bestimmter Wörter oder Phrasen oder zu ähnlichen Zwecken geschrieben? Wenn ja, beschreiben Sie die Zeichen.

„98. Verfügen sie über Abhandlungen zur Geschichte, Theorie usw. der Musik, Lehrbücher zum Singen und zum Spielen von Musikinstrumenten usw.? Wenn ja, geben Sie einen detaillierten Bericht über ihre Musikliteratur.

"99. Gibt es Musikinstitutionen? Erzählen Sie uns von ihnen.

„100. Wie schätzen die Menschen ihre eigene Musik ein?

„101. Welchen Eindruck macht die Musik fremder Nationen auf sie?

" *Traditionen: —*

„102. Gibt es populäre Traditionen bezüglich des Ursprungs der Musik?

„103. Irgendwelche Mythen über eine musikalische Gottheit oder einen übermenschlichen Musiker?

„104. Gibt es Legenden oder Märchen, in denen auf Musik angespielt wird? Wenn ja, welche sind das?

„105. Gibt es irgendeine Überlieferung über die Erfindung bestimmter beliebter Musikinstrumente?

„106. Gibt es irgendeine Tradition oder historische Aufzeichnung über die Antike von Saiteninstrumenten, die mit einem Bogen gespielt wurden?

„107. Gibt es Aufzeichnungen über ihre geistliche Musik?

„108. Wird angenommen, dass Musik die Kraft besitzt, bestimmte Krankheiten zu heilen?

„109. Die Macht, wilde Tiere anzulocken und zu zähmen?

„110. Gibt es volkstümliche Melodien oder bestimmte rhythmische Figuren in den Melodien, die der Überlieferung zufolge durch Vogelgesänge angeregt wurden?

„111. Wenn es irgendetwas Bemerkenswertes an der Musik gibt, das in den vorhergehenden Fragen nicht erwähnt wurde, achten Sie darauf."

# SAMMLUNGEN VON MUSIKINSTRUMENTEN.

In Thibet und anderen asiatischen Ländern, in denen die buddhistische Religion ihren Ursprung hat, werden Musikinstrumente unterschiedlicher Bauart im Allgemeinen in einem bestimmten Teil des Tempels deponiert, damit sie den Priestern zur Verfügung stehen, wenn sie bei Zeremonien und Prozessionen benötigt werden. Bei der Untersuchung der assyrischen Flachreliefs im British Museum kommen wir zu der Vermutung, dass in Westasien vor der christlichen Ära ein ähnlicher Brauch vorherrschte. Auf jeden Fall erscheint es wahrscheinlich, dass die verschiedenen Instrumente, die in den Händen von Musikern dargestellt wurden, die bei den vom König eingehaltenen religiösen Riten mitwirkten, normalerweise in einem für ihren Empfang vorgesehenen Raum deponiert wurden. Dasselbe scheint auch im Tempel von Jerusalem der Fall gewesen zu sein. Es wird berichtet, dass König David Musikinstrumente aus einem Holz namens *Berosh anfertigen ließ*, die später, unter der Herrschaft Salomos, aus *Algum* oder *Almug hergestellt wurden*, einem wertvolleren Holz, das aus fremden Gebieten importiert wurde. König Salomo, der über erstklassige Instrumente verfügte, bewahrte wahrscheinlich die minderwertigen seines Vaters als verehrte Denkmäler auf; und der *Kinnor*, auf dem David vor Saul spielte, könnte von König Salomo ebenso sorgfältig bewacht worden sein wie der Kaiser von Deutschland in seinem Kuriositätenkabinett die Flöte Friedrichs des Großen.

Josephus berichtet jedoch, dass Salomon für die musikalischen Darbietungen bei der Tempelweihe eine große Anzahl Saiteninstrumente und Trompeten anfertigen ließ, die alle zusammen mit den Schätzen im Tempel aufbewahrt wurden. Es ist unwahrscheinlich, dass zu einem so frühen Zeitpunkt Sammlungen alter Instrumente für wissenschaftliche Zwecke angelegt wurden; die Kunst der Musik steckte noch zu sehr in den Kinderschuhen, als dass man an die Erhaltung von Beweisen denken könnte, die ihre allmähliche Entwicklung verdeutlichen.

Die in der Neuzeit in mehreren europäischen Ländern angelegten Sammlungen antiker und seltener Musikinstrumente sind für Musikliebhaber sehr interessant, obwohl sie in den meisten Fällen offensichtlich weniger mit dem Ziel angelegt wurden, die Geschichte der Musikkunst zu illustrieren, als vielmehr mit dem Ziel, kuriose und geschmackvolle Relikte vergangener Zeiten zu bewahren oder charakteristische Vorrichtungen fremder Nationen auszustellen.

In Italien besitzen einige Musikkonservatorien veraltete Instrumente von großer Seltenheit. Kuriose alte Spinette, Lauten, Mandolinen und Gitarren sollen verstreut bei Privatfamilien und in Klöstern zu finden sein, insbesondere in Neapel und Umgebung. Im Liceo Comunale di Musica in

Bologna sind über fünfzig Instrumente aufbewahrt, darunter eine italienische Zither ( *cetera* ) vom Anfang des 16. Jahrhunderts, eine Archlaute von „Hieronymus Brensius, Bonon" (Bologna), eine Chitarrone von „Matteo Selles, alla Corona in Venetia, 1639", eine Chitarrone mit der Inschrift „In Padova Uvendelio Veneto, 1609", eine Theorbe von „Hans Frei in Bologna, 1597", eine Laute von „Magno Stegher in Venetia", eine Laute von „Magno Dieffopruchar a Venetia, 1612". Diese Laute hat vierzehn Saiten, die in sieben Paaren angeordnet sind, wobei jedes Paar im Gleichklang gestimmt ist. Mehrere Marinetrompeten, von denen eine die Inschrift „Pieter Rombouts, Amsterdam, 17" trägt. Eine Viola da Gamba mit der Inschrift „Antonius Bononiensis". Ein Sordino oder Pochette von „Baptista Bressano", vermutlich aus dem Ende des 15. Jahrhunderts. Seine Form ist eigenartig und ähnelt ein wenig der portugiesischen *Machête* , die einen Fisch darstellt. Eine Viola d'amore mit der Inschrift „Mattias Grieser, Lauten und Geigenmacher in Innsbruck, Anno 1727"; zwei merkwürdige alte Harfen; eine alte Tenorflöte mit einer Länge von etwa drei Fuß; einige merkwürdige Doppelflöten; Cornetti oder Zinken in verschiedenen Größen. Ein Archicembalo. Dies ist eine Art Cembalo mit vier Tastenreihen, das nach der Erfindung von Nicolo Vicentino hergestellt und in seinem Werk „L'Antica Musica ridotta alla moderna prattica. Rom, 1555" beschrieben wurde. Der Tonumfang dieses Archicembalo umfasst nur vier Oktaven; jede Oktave ist jedoch in einunddreißig Intervalle unterteilt, die insgesamt einhundertfünfundzwanzig Tasten bilden. Es wurde von Vito Trasuntino hergestellt, einem Venezianer, der gegen Ende des 16. Jahrhunderts lebte und ihm ein *Tetracordo hinzufügte* , um die Stimmung seiner winzigen Intervalle zu erleichtern. Das Archicembalo war jedoch wahrscheinlich nicht das erste Instrument dieser Art von Cembalo, das eine enharmonische Anordnung der Intervalle enthielt. Das Clavicymbalum perfectum oder Universal-clavicymbel, das Prætorius in Prag gesehen haben soll und das ebenfalls im 16. Jahrhundert hergestellt wurde, hatte eine ähnliche Konstruktion. Eines der außergewöhnlichsten Instrumente in der Sammlung des Liceo Comunale de Musica in Bologna ist die *Cornamusa* , die aus fünf Pfeifen besteht, die in ein Querrohr eingesetzt sind, durch das sie erklingen. Vier der Pfeifen dienen als Bordunpfeifen, und die fünfte, die größte, ist mit Grifflöchern versehen, wie die Spielpfeife eines Dudelsacks. Das Instrument hat allerdings keinen Sack, obwohl es wahrscheinlich der Vorgänger der *Cornamusa genannten Dudelsackart ist* .

Mit einem Bogen der berühmten Cremonaer Hersteller gespielte Instrumente sind heute eher in England als in Italien anzutreffen. Zu Beginn unseres Jahrhunderts jagte Luigi Tarisio, ein gebürtiger Italiener und großer Kenner und Sammler alter Geigen, in ganz Italien und anderen europäischen Ländern nach alten Geigen. Um die hohen Zollgebühren zu vermeiden, die er für die alten Instrumente hätte zahlen müssen, zerlegte er sie alle in möglichst kleine Stücke und trug die Teile in seinen Taschen und in einer Tasche unter dem Arm bei sich. Er war mit seinen Erwerbungen so gut vertraut, dass er sie am Bestimmungsort bald wieder in ihren ursprünglichen Zustand versetzte und jedem Fragment seine ursprüngliche Position zuordnete. Tarisio erschien zum ersten Mal im Jahr 1827 in Paris, mit einer Tasche voller wertvoller *Trümmer* aus Italien; und er setzte seine Suche fast dreißig Jahre lang fort. Während dieser Zeit importierte er die meisten der wunderschönen Geigen von Antonius Stradiuarius, Joseph Guarnerius, Bergonzi, Montagnana und Ruggeri nach Frankreich, die von höchstem Ruf sind und von denen die meisten später ihren Weg nach England fanden.

In Deutschland treffen wir auf mehrere interessante Sammlungen. Das Antikenmuseum in Berlin enthält neben anderen musikalischen Kuriositäten gut erhaltene Lyren, die in Gräbern der alten Ägypter gefunden wurden. Die Gesellschaft der Musikfreunde in Wien besitzt eine Sammlung antiquierter Instrumente, darunter bemerkenswert: eine Viola di Bardone von Jacobus Stainer, 1660; eine Viola di Bardone von Magnus Feldlen, Wien, 1556; eine Viola di Bardone von H. Kramer, Wien, 1717; eine Viola d'amore von Weigert, Linz, 1721; eine Viola d'amore von Joannes Schorn, Salzburg, 1699; eine Tromba Marina (Marinetrompete) von J. Fischer, Landshut, 1722; eine Laute von Leonardo Tieffenbrucker, Padua, 1587; eine Theorbe von Wenger, Padua, 1622; eine Theorbe von Bassiano, Rom, 1666; eine polnische Zither von J. Schorn, Salzburg, 1696; eine große Flöte aus dem Jahr 1501; ein altdeutscher Schalmey (englisch *shalm* oder *shawm* ) von Sebastian Koch; eine alte deutsche Trompete von Schnitzer, Nürnberg, 1598; eine Oboe d'amore, hergestellt um das Jahr 1770 usw.

Eine merkwürdige Ansammlung seltener Reliquien dieser Art findet sich auch im Museum der Germanischen Gesellschaft in Nürnberg. Die bemerkenswertesten Stücke dieser Sammlung sind: zwei Marinetrompeten aus dem 15. Jahrhundert; eine deutsche Zither mit Doppelhals (Bijuga-Zither) aus dem 16. Jahrhundert; ein deutsches Hackbret aus dem *16.* Jahrhundert; eine Laute von Michael Harton, Padua, 1602; eine Viola da gamba von Paul Hiltz, Nürnberg, 1656; eine Viola d'amore mit fünf Darmsaiten und acht Resonanzsaiten aus Draht, 17. Jahrhundert; eine Arpanetta ( *Harpanetta* , deutsch *Spitzharfe* ), auf der einen Seite mit Messingdraht und auf der anderen Seite mit Stahldraht bespannt, 16. Jahrhundert; ein Clavecin mit schön bemaltem Deckel von Martinus van der Biest, Antwerpen, 1580; zwei deutsche Zinken ( *Cornetti* ) aus dem 16. Jahrhundert; zwei Exemplare des Bombardos, nämlich ein deutscher Alt-Pommer und ein Tenor-Pommer, von JC Denner, 17. Jahrhundert; einige Exemplare der Cormorne (deutsches *Krummhorn* ) aus dem 16. und 17. Jahrhundert; eine Trompete von JC Kodisch, Nürnberg, anno 1690; eine herrliche Posaune aus Messing (deutsche Bass-Posaune), verziert mit dem deutschen Adler und der Kaiserkrone, von Friedrich Ehe, in Nürnberg, anno 1612; ein polnischer Dudelsack, 17. Jahrhundert; eine mit schwarzem Leder überzogene Syrinx aus Rohrblättern, 16. Jahrhundert; acht Militärpfeifen, hergestellt von HF Kynsker, in Nürnberg, 17. Jahrhundert; eine kleine tragbare Orgel ( *Regal* ) mit zwei Tastenreihen, 16. Jahrhundert. Das Regal ist sehr selten geworden. Es sind nur wenige Exemplare bekannt, die noch existieren. Eines aus dem 16. Jahrhundert befindet sich im Besitz der Chanoinesses de Berlaimont in Brüssel; ein anderes, das etwa Mitte des 17. Jahrhunderts angefertigt wurde, gehört dem Herzog von Athol und befindet sich in Blair Athol in Schottland; ein weiteres, das Mr. Wyndham S. Portal, Malshanger, Basingstoke, gehört, hat die Form eines Buches und seine Pfeifen haben Rohrblätter oder vibrierende Zungen aus Metall. Dieses Regal, das wahrscheinlich aus dem 16. Jahrhundert stammt, ist von der Art, die auf Deutsch *Bibelregal* genannt wurde , weil es in seinem Aussehen einer Bibel ähnelt.

Alte Musikinstrumente sind im Allgemeinen so zerbrechlich und man hat früher so wenig Wert auf sie gelegt, als sie außer Gebrauch kamen, dass es vielleicht nicht verwunderlich ist, von Instrumenten aus einer Zeit vor dem 16. Jahrhundert nur sehr wenige Exemplare zu finden, und das war im Allgemeinen der Fall verändert, und es kommt selten vor, dass sie ordnungsgemäß in ihren ursprünglichen Zustand zurückversetzt werden. Als Beispiel dafür, wie wertvolle Exemplare nach und nach immer knapper werden, sei die interessante Sammlung veralteter deutscher Harfen, Pfeifen und Trompeten aus der Zeit vor 1600 genannt, die in der Stadtbibliothek von Straßburg aufbewahrt wird. und das bei der jüngsten Bombardierung der Stadt in Schutt und Asche gelegt wurde. Es enthielt unter anderem: ein Cornetto Curvo; einige Exemplare des Cornetto dritto; ein flauto dolce. Mehrere Exemplare des Bombardon, dem Vorgänger des Fagotts; ein Dulcinum fagotto; zwei Exemplare der Cormorne, eines seltsam geformten Blasinstruments aus der Familie der Schalm- oder Oboen. Eine Arpanetta. Dieses Instrument, auf Deutsch *Spitzharfe* oder *Drathharfe genannt* , ist insofern besonders interessant, als es der alten irischen Harfe namens *Keirnine ähnelt* , die eine ähnliche Form hatte und ebenfalls mit Draht anstelle von Darmsaiten bespannt war. Eine solche Harfe befindet sich im bereits erwähnten Museum der Gesellschaft der Musikliebhaber in Wien.

Wenn die Rumpelkammern alter Schlösser und Herrenhäuser in Deutschland zu diesem Zweck durchsucht würden, würden wahrscheinlich einige interessante Relikte dieser Art ans Licht kommen. Im Jahr 1872 wurde Dr. E. Schebeck aus Prag von Fürst Moriz Lobkowitz gebeten, die in Eisenberg, einer Burg des Fürsten am Fuße des Erzgebirges in Böhmen, aufbewahrten Musikinstrumente zu untersuchen. Die meisten davon waren früher im Privatorchester von Fürst Josef Franz Maximilian Lobkowitz, dem bekannten Förderer Beethovens, dem der Komponist einige seiner großen Werke gewidmet hat, im Einsatz. Der jetzige Fürst Lobkowitz, der offenbar die Liebe seiner Eltern zur Musik geerbt hat, wünschte eine Untersuchung der Instrumente mit dem Ziel, eine Auswahl der interessantesten für die große Wiener Ausstellung im Jahr 1873 zu treffen. Dr. Schebeck stellte fest: unter anderem Violinen von Gaspar di Salo, Amati, Grancino, Techler, Stainer und Albani; ein Violoncello von Andreas Guarnerius; ein seltenes Exemplar eines Kontrabasses von Jacobus Stainer; zwei kostbare alte Lauten von Laux Maler, der in der ersten Hälfte des 15. Jahrhunderts in Bologna lebte; eine hochbearbeitete Laute, offenbar so alt wie die von Laux Maler, mit der Inschrift „Marx Unverdorben a Venetia" im Inneren; eine Laute mit der Aufschrift „Magno Dieffoprukhar a Venetia, 1607". Es besteht kein Zweifel, dass es sich hier um den italienisierten Namen des Deutschen Magnus Tieffenbrucker handelt, der in Italien lebte. [5]

Zum Glück für Musikantiquare ist die Sammlung seltener Instrumente im Conservatoire de Musique in Paris während der jüngsten Katastrophen in dieser Stadt unversehrt geblieben. Unter den Instrumenten ist eine kleine und schöne Musette mit Bordüren aus Elfenbein und Gold zu sehen, die Ludwig XIII. gehörte; eine deutsche königliche oder tragbare Orgel aus dem 16. Jahrhundert; eine Pochette von Stradiuarius; ein *Courtaud*, ein frühes Fagott aus dem 15. Jahrhundert; mehrere Bassflöten und andere seltene alte Blasinstrumente; Boïeldieus Pianoforte; Grétrys Clavichord; eine „Ehrentrompete", die im Auftrag Napoleons I. angefertigt wurde und auf deren silbernem Rand der Name „T. Harper" eingraviert ist. M. Victor Schœlcher hat dem Conservatoire de Musique etwa zwanzig eher primitive Instrumente unzivilisierter Nationen geschenkt, die er auf seinen Reisen in Westafrika und Südamerika erworben hatte, darunter mehrere Negergeräte der Harfen- und Gitarrenart.

Ein interessanter Katalog der Instrumente im Musée du Conservatoire National de Musique wurde kürzlich von Gustave Chouquet, dem Kurator des Museums, veröffentlicht. Es umfasst 630 Instrumente oder Instrumententeile, wobei jeder Geigenbogen, Dämpfer usw. separat nummeriert ist. Insgesamt ist die Pariser Sammlung zwar groß, aber weitaus weniger wertvoll als die des South Kensington Museum.

Eine der wertvollsten Privatsammlungen antiker Musikinstrumente aller Zeiten war die von M. Louis Clapisson in Paris. Im Laufe von mehr als zwanzig Jahren gelang es M. Louis Clapisson, eine beträchtliche Anzahl seltener und hochdekorierter Exemplare von Instrumenten des Mittelalters und der Renaissance zu beschaffen. Die Sammlung ist seit dem Tod ihres Besitzers verstreut; Ein großer Teil davon ist heute Teil der Sammlung des Conservatoire de Musique in Paris, und einige seiner wertvollsten Exemplare wurden für das South Kensington Museum gesichert. Es war jedoch so einzigartig, dass der folgende kurze Überblick über seinen Inhalt dem archäologischen Musiker wahrscheinlich willkommen sein wird.

Clapissons Sammlung umfasste (laut dem in französischer Sprache erschienenen, heute seltenen Inhaltskatalog) 167 Instrumente. Unter ihnen sind besonders hervorzuheben: – Ein Clavecin (oder Cembalo) mit zwei Tastenreihen, datiert 1612; verziert mit Gemälden aus der Zeit Ludwigs XIV. Vorne ist ein Gemälde von Teniers und im Inneren sind einige schöne Gemälde von Paul Brill zu sehen. Ein italienisches Spinett aus der Zeit Ludwigs XIV., verziert mit Gemälden von Blumengirlanden, Amoretten usw., die Poussin zugeschrieben werden. Die feine Schnitzerei und die Verzierung aus graviertem Bernstein auf diesem Spinett verleihen ihm einen Stempel der Originalität. Ein italienisches Spinett mit der Inschrift „Francisci di Portalvpis Veronen opus, 1523" aus Ebenholz mit Elfenbeineinlagen. Ein italienisches Spinett aus dem 16. Jahrhundert, verziert mit Intarsien aus verschiedenfarbigen Hölzern. Die Ecken der Tastatur sind mit fein geschnitzten Karyatiden aus Buchsbaumholz verziert. Ein reisendes Spinett in Form einer Posttruhe aus der Zeit Heinrichs II. Es ist mit „Marins" signiert, dem Namen eines berühmten Herstellers dieser Zeit. Ein im Jahr 1657 in Frankreich hergestelltes Clavecin, verziert mit Gemälden und Intarsien aus Elfenbein, mit dem Wappen der Familie von Pierre di Dreux (genannt Mauclere), Herzog der Bretagne, der um das Jahr 1250 lebte. Ein italienisches Hackbrett aus Holz geschnitzt und vergoldet, aus dem 17. Jahrhundert. Es ist geschmackvoll mit versilberten Glasstücken eingelegt. Ein französisches Hackbrett aus der Zeit Ludwigs XIV. mit gedrehten, geschnitzten und vergoldeten Holzsäulen und Gemälden von Blumen und Vögeln. Ein französisches Hackbrett oder Pauke aus der Zeit Ludwigs XIII., verziert mit sorgfältig in Holz geschnitzten Rosen. Das Instrument befindet sich in einem Gehäuse, das mit Gemälden und eingelegten Streifen aus versilbertem Glas verziert ist. Ein französisches Hackbrett aus geschnitztem Holz, verziert mit gravierten venezianischen Glasstücken, mit Türkisen und mit Gemälden auf *Vernis Martin* . Ein klangvoller Stein aus China in Form eines Fisches. Eine französische Harfe aus der Zeit Ludwigs XV., vergoldet und mit Blumen und Reliefmalereien geschnitzt. Eine Harfe aus der Zeit Ludwigs XVI., die der Prinzessin von Lamballe gehörte, deren Name darauf eingraviert ist. Es ist fein mit Medaillons auf *Vernis Martin* bemalt . Eine Theorbe aus der Zeit Ludwigs XIII., mit Intarsien aus Elfenbein. Darauf ist das Wappen des Hauses Österreich eingraviert; auch ein Porträt und das Gerät *Non omnes* . Eine französische Gitarre, die einer Inschrift zufolge von Voboam, einem berühmten Lautenbauer am Hofe Ludwigs XIV., hergestellt wurde. Es ist in Form einer Schildkröte gefertigt, der Körper besteht aus Schildpatt und der Kopf, die Füße und der Schwanz sind aus farbigem Email. Eine französische Gitarre aus der Zeit Ludwigs XIII., mit Elfenbeineinlagen, auf der Motive der Jagd eingraviert sind. Eine französische Gitarre aus der

Zeit Ludwigs XIII., eingelegt mit Elfenbeineinlagen mit eingravierten mythologischen Motiven. Eine italienische Mandoline aus Zitronenholz mit Perlmutt-Intarsien und eingravierten Figuren. Eine italienische Mandoline, verziert mit Intarsien, Perlmutt und Schnitzereien; Stradiuarius zugeordnet. Eine französische Mandoline aus der Zeit Ludwigs XVI. mit dem mit Perlmutt eingelegten Wappen des Dauphin. Eine kleine italienische Mandoline mit drei Saiten. Eine Mandora aus der Zeit Heinrichs II., eingelegt mit breiten Elfenbeinstreifen und *Fleurs de Lys* aus Ebenholz. Eine französische Drehleier (oder *Vielle*) aus der Zeit Ludwigs XIV., aus Buchs- und Zitronenholz gefertigt, geschnitzt und mit Medaillons aus Perlmutt und Türkisen verziert; früher Eigentum von Madame Adelaïde. Eine französische Drehleier von Louvet, datiert 1750; geschmackvoll verziert. Eine kleine Drehleier für Damen, hergestellt in Frankreich zur Zeit Ludwigs XVI. Dieses *Vielle*, elegant in der Form und geschmackvoll mit Elfenbein eingelegt, trägt die Inschrift „Delaunay". Eine ungarische Geige, hergestellt in Presburg, mit Intarsien aus verschiedenfarbigen Hölzern. Eine kleine Geige von Jacobus Stainer, eingelegt mit silbernen Ornamenten, darunter das Wappen Frankreichs; mit fein geschnitztem Faunkopf. Eine französische *Quinton* oder fünfsaitige Gambe, hergestellt von Guersan aus dem Jahr 1755. Eine Viola da Gamba mit einem fein geschnitzten Kopf, der einen Engel darstellt, der einer Frau die Augen verbindet. Eine kleine Viola da Gamba, wie sie zur Zeit Ludwigs XIII. von den französischen Damen gespielt wurde. Eine Pochette von Stradiuarius, bekanntermaßen echt. Eine Pochette aus dem 16. Jahrhundert, aus graviertem Elfenbein und Ebenholz, eingelegt mit Edelsteinen. Eine Pochette aus Elfenbein und farbigem Holz aus der Zeit Ludwigs XIII. mit der Aufschrift „Marins". Eine Kristallflöte, die Erfindung von Laurent; Silberschlüssel, angereichert mit Amethysten. Eine kleine italienische Doppelflöte aus Elfenbein, hergestellt von Anciuti in Mailand, anno 1722. Eine Oboe aus Elfenbein, geschnitzt von Anciuti in Mailand, Anfang des 18. Jahrhunderts. Eine französische Oboe aus Ebenholz, eingelegt mit Elfenbein und Schildpatt und bereichert mit Gold und Edelsteinen; aus der Zeit Ludwigs XIII. Eine kleine französische Oboe aus der Zeit Ludwigs XIV., aus Elfenbein, mit drei silbernen Klappen. Eine französische *Musette* (eine Art Dudelsack mit Blasebalg); die Pfeifen aus Elfenbein; einundzwanzig silberne Schlüssel; Die Tasche ist mit Stickereien in Gold verziert. Diese feine *Musette* stammt aus der Zeit Ludwigs XV. Eine kleine französische *Musette* aus Elfenbein mit silbernen Schlüsseln, die dem Maler Vanloo gehörte. Eine *Cornemuse Bretonne* (Dudelsack aus der Bretagne) aus der Zeit Ludwigs XIII. Eine Trompete aus der Zeit Heinrichs IV., verziert mit geprägten *Lilien* und mit dem Porträt Heinrichs IV., umgeben von Schmetterlingen. Eine Schlange aus dem 16. Jahrhundert, aus Holz, mit dem geschnitzten Kopf eines Dämons, fein ausgeführt.

Wenn wir uns Belgien zuwenden, stoßen wir erneut auf einige interessante Sammlungen. Der bekannte Musiker M. Fétis ließ sich eine Anzahl orientalischer Instrumente aus Ägypten beschaffen, um sich mit dem arabischen Tonsystem vertraut zu machen, das sich im Wesentlichen von unserem unterscheidet, aber zweifellos viel älter ist und daher für den Musikhistoriker von besonderem Interesse ist. Nach dem Tod von Fétis wurde seine Sammlung von der belgischen Regierung gekauft. Dr. Burney, der Antwerpen im Jahr 1772 besuchte, berichtet in seinem Tagebuch, dass er in einem öffentlichen Gebäude der Stadt, dem Oosters Huys, eine große Anzahl von Blasinstrumenten mit einer besonderen Konstruktion sah. „Es gibt", sagt er, „zwischen dreißig und vierzig Stück der üblichen Flötenart, die sich jedoch in einigen Einzelheiten unterscheiden – sie haben mit zunehmender Länge Klappen und Krümmungen wie Oboen und Fagotte. Sie wurden in Hamburg hergestellt und sind alle aus derselben Holzart und von einem Hersteller, ‚Casper Ravchs Scratenbach‘, in einen Messingring oder eine Messingplatte eingraviert, die die meisten dieser Instrumente umgab. Die großen haben durchbrochene Messingplatten und einige haben gut eingravierte menschliche Figuren. Diese letzteren sind länger als ein Fagott, wenn es ausgeklappt wäre. Die Einwohner sagen, dass diese Instrumente seit über hundert Jahren verwendet werden und dass es derzeit in der Stadt keinen Musiker gibt, der weiß, wie man auf einem dieser Instrumente spielt, da sie sich stark von denen unterscheiden, die jetzt [im Jahr 1772] allgemein verwendet werden. In Zeiten, als der Handel in dieser Stadt florierte, wurden diese Instrumente jeden Tag von einer Musikkapelle gespielt, die die Kaufleute bei ihrem Handelszug in die Hansestädte zur Börse begleitete."

Zweifellos sind in Belgien und den Niederlanden noch einige interessante alte Cembali und Lauten zu finden – Länder, die früher für die Pflege der Musikkunst bekannt waren. Außerdem hat die Verbindung der Niederlande mit Asien den Erwerb interessanter Instrumente aus dem Osten erleichtert, von denen einige im Museum in Den Haag zu sehen sind.

Ein Blick auf eine Sammlung, die ein Musikamateur im 17. Jahrhundert angefertigt hat, wird den Musikantiquar sicherlich interessieren. Der Sammler Jean-Baptiste Dandeleu, ein angesehener und vermögender Mann in Brüssel, starb im Jahr 1667. Zu seinen Besitztümern gehörten die folgenden Instrumente, deren Liste hier wörtlich übertragen wird, so wie sie zum Zeitpunkt seines Todes geschrieben wurde: – „Eine Orgue, die ich bereits an den Archiduq (die glorreiche Erinnerung) appertenu, und drei Millionen Gulden hatte Eine Vieille Viole de Gambes. – Sechs Corps de Luths oder Thiorbes in den Vieilles Caisses. – Ein Mandore Aussy in der Caisse. – Ein anderes kleines Instrument in Form von Poire mit dem Col Rompu oder dem Dekolleté. – Eine Caisse Double de Baye Rouge , dans la quelle ya six flötes rares d'accord, qui sont de bouys, with leurs escorces and noeuds. – Eine schwarze Cornette der Musik. – Zugabe einer Fluttes de bouys de la longueur d'environ un pied dans un caisse black. – Drei Caisses mit verschiedenen Flûtes de bouys grandes et petites d'accord, entre les quellens aucunes manquent. – Encor sechs Flöten semblables, que l'on croid estre celles qui manquent cy-dessus. – Encor un grande flute, ou pippe black. – Eine Violine in der Kassette. – Ein australischer Klang in der Kassette. – Ein seltenes Instrument für die Struktur der Musikbücher für ein Musikkonzert. – Kleinere Stücke."

Die meisten Instrumente dieser Sammlung wurden zweifellos um die Zeit herum hergestellt, in der sie erwähnt werden. Allerdings gab man bei Lauten und Gamben schon im 17. Jahrhundert den alten Modellen den Vorzug, sofern sie von guten Herstellern stammten. So erzielten die Lauten von Laux Maler aus dem frühen 15. Jahrhundert – „erbärmlich alte, ramponierte, rissige Dinger", wie Thomas Mace sie in seinem „Musick's Monument" (London, 1676) nennt – ebenso viel als hundert Pfund pro Stück. „Ich habe oft gesehen", bemerkt Mace, „Lauten mit einem Preis von drei oder vier Pfund sind weitaus prächtiger und ansprechender für das allgemeine Auge … Man muss sich zunächst darüber im Klaren sein, dass eine alte Laute besser ist als eine neue." So auch bei Gamben: „Wir schätzen vor allem alte Instrumente vor neue; denn erfahrungsgemäß sind sie bei weitem die besten." Die Verbesserung mit dem Alter führt er vernünftigerweise auf den Umstand zurück, dass „die Poren des Holzes eine größere und freiere Freiheit haben, sich zu bewegen, zu rühren oder heimlich zu vibrieren; dadurch entsteht die Luft – das Leben aller Dinge, sowohl der belebten als auch der unbelebten." – hat eine freiere und einfachere Möglichkeit, zu passen und erneut zu passen."

Eine interessante Sammlung alter Musikinstrumente wurde von M. César Snoeck aus Renaix in Belgien zusammengestellt. Sie enthält unter anderem folgende Raritäten: – Ein kleines Virginal mit der Inschrift: „Paulus Steinicke me fecit, Anno 1657". Eine Harpanetta aus dem 17. Jahrhundert. Eine *Cetera* oder italienische Zither aus dem 17. Jahrhundert. Die Oberseite endet in einer fein geschnitzten Figur und der Korpus ist zum unteren Ende hin abgeflacht. Dieses interessante Instrument ist von der Art, die die italienischen *Improvisatoren* zur Begleitung der Stimme verwendeten. Eine Ansammlung von Exemplaren unterschiedlicher Größe der deutschen oder vielleicht niederländischen Zinken. Diese merkwürdig aussehenden Flötentrompeten werden zwar durch ein Mundrohr geblasen, das dem der Trompete etwas ähnelt, haben aber Grifflöcher wie eine Flöte. Sie wurden wahrscheinlich um das Jahr 1700 hergestellt. Eine Tenorflöte und drei Bassflöten, wahrscheinlich aus dem 17. Jahrhundert.

Die Gemeinde Gent in Belgien besitzt silberne Trompeten, die im 15. Jahrhundert hergestellt wurden. Aus den biblischen Aufzeichnungen (Numeri, 10:2) ist bekannt, dass Moses zwei Trompeten ganz aus Silber anfertigte. Auch war den Hebräern die Verwendung der Trompete für strategische Zwecke nicht unbekannt, wie Gideons Verwendung des Instruments beweist (Richter, 7). Es gibt eine alte deutsche Abhandlung mit dem kuriosen Titel „Versuch einer Anleitung zur heroisch-musikalischen Trompeter- und Pauker-Kunst", geschrieben von Johann Ernst Altenburg, Halle, 1795, die einige interessante Berichte über die verschiedenen Gelegenheiten enthält, bei denen die Trompete früher in verschiedenen europäischen Ländern verwendet wurde, bei Hofzeremonien und öffentlichen Festen sowie im Krieg. Altenburg, der selbst ein ausgezeichneter Militärtrompeter und zweifellos auch ein tapferer Krieger war, bemerkt: „Schrecklich und furchtbar ist der Klang der Trompete, wenn sie die Annäherung des Feindes ankündigt; oder wenn der Feind durch ein Trompetensignal die Übergabe einer belagerten Stadt fordert; oder wenn er mit dem Schall der Kriegstrompete in die Stadt eindringt! Ebenso macht das Alarmsignal einen unruhigen Eindruck auf ein schwächeres Korps, wenn es von einem stärkeren Korps überrascht und umzingelt wird. Doch mit Hilfe dieser ungewöhnlichen Musik, die von vielen in alten Zeiten und heute als Kriegslist verwendet wurde, konnten oft auch wichtige Eroberungen erzielt werden. Während des Siebenjährigen Krieges, an dem ich teilnahm, geschah es in einer dunklen Nacht, dass es einer großen Menge feindlicher Truppen beinahe gelang, eines unserer Korps, das viel kleiner und schwächer war, zu überraschen und abzuschneiden; aber wir modifizierten die Signale unserer Trompeten so, dass es so aussah, als kämen sie aus verschiedenen Richtungen und aus großer Entfernung, gelang es, den Feind einzuschüchtern, so dass er plötzlich kehrtmachte und floh, da er glaubte, wir würden Hilfe erhalten."

Hier ist möglicherweise eine schöne Sammlung alter Trompeten aus dem Besitz von Prinz Karl von Hohenzollern-Sigmaringen zu sehen. Sie wurden von Johann Leonard Ehe in Nürnberg hergestellt; Hieronymus Stark, in Nürnberg, anno 1669; Christopher Frank, Magnus Wolf, Wilhelm Haas, anno 1688.

Wir passieren das Königliche Museum für nördliche Altertümer in Kopenhagen, das äußerst merkwürdige Exemplare der alten skandinavischen Messingtrompete namens *Lure enthält* – besonders interessant im Vergleich zu den Bronzetrompeten des Mittelalters, die in Irland aus Mooren oder Moosen ausgegraben wurden und jetzt im Museum aufbewahrt werden der Royal Irish Academy in Dublin – wir gehen nun zu einem flüchtigen Überblick über die musikalischen Altertümer in den Museen Londons über.

Das British Museum besitzt mehrere Instrumente oder Instrumentenfragmente der alten Ägypter, Griechen und Römer sowie alte keltische Trompeten, die in Irland gefunden wurden. In der ethnologischen Abteilung des British Museum sind besonders bemerkenswert: – Die Exemplare chinesischer Instrumente, die Mr. Tradescant Lay nach England gebracht hat; diejenigen aus Siam, erhalten von Sir John Bowring; diejenigen aus Java, erhalten von Sir Stamford Raffles; eine beträchtliche Anzahl von Flöten, einschließlich Nasenflöten, und Trompeten aus Otaheite, Tongataboo und Neuseeland; gut erhaltene Trommeln von den polynesischen Inseln; Schlangentrommeln der Ureinwohner Neuguineas; Negerinstrumente aus Westafrika usw.

Das Museum des East India House in London enthält über 120 Musikinstrumente, hauptsächlich aus Hindustan und Burma, von denen einige sehr gut erhalten sind, viele jedoch nicht mehr repariert werden können. Eine Sammlung merkwürdiger Pfeifen, Trompeten und Trommeln der Polynesier sowie Geigen der Hottentotten und Kaffern in Südafrika kann im Museum der London Missionary Society besichtigt werden. Darüber hinaus besitzt das Botanische Museum in Kew mehrere interessante Geräte dieser Art, die von Indianerstämmen in Südamerika aus besonderen Holzarten hergestellt wurden.

Die Musikinstrumentensammlung des South Kensington Museums ist, soweit bekannt, die umfassendste, die es gibt. Die neueste Ausgabe des Katalogs aus dem Jahr 1874 beschreibt 353 Instrumente, von denen 246 dem Museum gehören und 107 ausgeliehen sind. Der Katalog enthält 143 Holzstiche und sechs Fotografien von Instrumenten und ist von einem Essay über die Geschichte der Musikinstrumente eingeleitet. Ein Blick auf den umfassenden Index vermittelt dem Leser vielleicht den Eindruck, dass er fast jedes Musikinstrument der Welt erfasst. Dies ist jedoch keineswegs der Fall. Selbst eine Auflistung aller unserer heute verwendeten Instrumente würde ein dickes Buch füllen. Es wurde jedoch versucht, den Katalog so umfassend wie möglich zu gestalten, und der Leser wird darin Abbildungen und Beschreibungen der meisten der im vorliegenden Essay erwähnten Instrumente finden.

Es sind einige merkwürdige Listen von Musikinstrumenten erhalten geblieben, die englischen Amateurmusikern gehörten und nach dem Tod des Besitzers auf öffentlichen Auktionen verkauft wurden.

Die Sammlung von Musikinstrumenten, die König Heinrich VIII. gehörten. scheint bemerkenswert umfassend und wertvoll gewesen zu sein. Eine Bestandsaufnahme des Inhalts wurde von Philip van Wilder, einem niederländischen Lautenspieler im Dienste des Königs, zusammengestellt. Das Manuskript dieses Inventars wird im British Museum aufbewahrt. Zu den eingereichten Instrumenten gehören: – Zwei Paier von Clavicordes. – Ein Payre aus neuen, langen Virginalls, harfenartig gefertigt, aus Zypressen, mit Tasten aus Elfenbein, über denen das Wappen des Königs gekrönt ist und das von den Tieren Seiner Gnaden in einem vergoldeten Strumpfband getragen wird die Tasten. – Gitterons, die spanische Vialles genannt werden. – Flöten, die Pilgerstäbe genannt werden. – Eine großartige Blockflöte. Zwei Sockelblockflöten aus Walnussholz. Pfeifen aus Elfenbein oder Holz, sogenannte Kornette.

In „The History and Antiquities of Hengrave, Suffolk" von John Gage, London, 1822, sind unter den Besitztümern von Sir Thomas Kytson aus Hengrave Hall aus dem Jahr 1600 folgende Dinge verzeichnet: Sechs Gamben in einer Truhe. Sechs Violinen in einer Truhe. Lauten. Cisters. Bandoras. Sieben Blockflöten in einem Koffer. Ein Curtall. Kornette. Eine Lezarden. Ein Paar kleine Virginale. Ein Paar Doppelvirginale. Ein Blasinstrument wie ein Virginal. Ein Paar Doppelorgeln.

zuvor auf Seite 37 erwähnte französische „ *Courtaud* ", und der „Lezarden" ähnelte vermutlich dem „ *Serpent* ", einem alten Blasinstrument, das auf Seite 41 erwähnt wird .

Unter den englischen Privatsammlungen vor etwa zwei Jahrhunderten ist eine hervorzuheben, die von Thomas Britton, dem kleinen Kohlemann, angelegt wurde. Dieser außergewöhnliche musikalische Amateur, der im Jahr 1656 als Sohn armer Eltern in Northamptonshire geboren wurde, machte sich schon als Junge auf den Weg nach London, um seinen Lebensunterhalt zu verdienen. Nach verschiedenen Schicksalsschlägen gelang ihm sein Projekt, indem er Kleinkohlenverkäufer wurde. Tagsüber wanderte er mit einem Sack Kohlen auf dem Rücken durch die Straßen und rief sie zum Verkauf aus. Abends übte er seine Gambe und studierte Musiktheorie. Darüber hinaus interessierte er sich ebenso für das Chemiestudium wie für das Musizieren. Die Bibliothek mit Büchern und Musikkompositionen, die er auf seinen Streifzügen durch die Straßen während eines Zeitraums von 36 Jahren an Second-Hand-Bücherständen sammelte, war angesichts seiner Position umfangreich. Eine Liste seiner Musikbücher findet sich in Hawkins' „History of Music". Thomas Britton lebte in der Aylesbury Street, Clerkenwell, in einem gemieteten Stall, der in ein Wohnhaus umgewandelt wurde. Das Erdgeschoss nutzte er als Lager für seine Kleinkohle; und der Raum darüber – ein langer und schmaler Raum mit einer Decke, die so niedrig war, dass ein großer Mann gerade noch aufrecht darin stehen konnte – war sein Konzertraum. Hier traten gerne die besten Musiker Londons auf – darunter Dr. Pepusch, Matthew Dubourg, der Geiger, der damals noch ein kleiner Junge war, und Händel in den letzten vier Lebensjahren von Thomas Britton. Die großartigen Konzerte und der geschätzte Charakter von Thomas Britton wurden bald allgemeiner geschätzt; Seine unentgeltlichen

Konzerte zogen ein vornehmes Publikum an, unter dem sich Herzöge, Adlige und andere Personen von Rang und Reichtum befanden. Die Musikinstrumente dieses großen Kleinkohlenmannes, die nach seinem Tod im Jahr 1714 öffentlich versteigert wurden, sind im Auktionskatalog wie folgt eingetragen: „Eine schöne Gitarre in einem Koffer. Ein gutes Hackbrett. Fünf Instrumente in." Die Form eines Fisches. Eine gute Geige von Ditton. Eine weitere sehr schöne von Claude Pieray. So gut wie eine Cremona. Eine weitere sehr gute Geige von Mr. Lewis Eine, von Mr. Norman gebaucht, soll die schönste und beste sein, die Jay je gebaut hat. Eine weitere seltene gute Geige Ein Cembalo von Philip Jones, das als das beste in Europa gilt. Eine Orgel mit genau fünf Registern, passend für einen Raum und mit einigen Verzierungen für jede Kapelle geeignet, da sie sehr gut ist.

Die „fünf Instrumente in Fischform" waren wahrscheinlich Exemplare der *Machête* , einer kleinen Gitarrenart, die in Portugal und Madeira hergestellt und gelegentlich als Kuriosität nach England gebracht wurde. Allerdings wurde auch die *Pochette* manchmal in Fischform hergestellt. Was die in Brittons Liste erwähnten Instrumentenbauer betrifft, genügt es festzustellen, dass Jacob Rayman, der um das Jahr 1640 in Southwark lebte, insbesondere als Hersteller hochwertiger Bratschen einen guten Ruf genoss, und dass Edward Lewis, der um das Jahr 1700 in London lebte, ein hervorragender Geigenbauer war. Barak Norman in London, Henry Jay in Southwark und John Baker in Oxford waren hervorragende Bratschenbauer des 17. Jahrhunderts.

Einige schöne Sammlungen, die in diesem Jahrhundert von englischen Herren angelegt wurden, bestanden fast ausschließlich aus italienischen Geigen, Bratschen und Violoncelli. Es ist nur natürlich, dass der Besitzer echter oder vermeintlicher Kunstwerke sich besonders freut, wenn er sie von Personen bewundert findet, deren Urteilsvermögen er zu schätzen berechtigt ist. Louis Spohr beschreibt in seiner „Autobiographie" einen Besuch, den er einem begeisterten Musikdilettanten und Geigensammler in London im Jahr 1820 abstattete . Spohr war von Deutschland nach England gekommen, um Konzerte zu geben, und war mit dem nicht vertraut Englische Sprache. Er erzählt: „Eines Morgens brachte mir ein Livreediener einen Zettel mit den Worten: ‚Herr Spohr wird gebeten, den Unterzeichner heute pünktlich um vier Uhr aufzusuchen.' Da mir der Name des Autors unbekannt war, antwortete ich ebenso lakonisch: „Ich bin zu diesem Zeitpunkt verlobt und kann nicht kommen." Am nächsten Morgen brachte der Diener in Livree eine weitere, viel höflicher geschriebene Nachricht: „Herr Spohr wird gebeten, dem Unterzeichner die Ehre eines Besuchs zu erweisen und selbst einen Zeitpunkt zu vereinbaren, zu dem es für ihn günstig ist." ' Man hatte den Diener auch gebeten, mir die Nutzung der Kutsche seines Herrn anzubieten, und da ich inzwischen erfahren hatte, dass der Herr ein berühmter Arzt war, der regelmäßig Konzerte besuchte und sich besonders für Geigenaufführungen interessierte, zögerte ich nicht länger, seinen Wagen anzunehmen Zu der von mir festgelegten Zeit kam die Kutsche an und ich fuhr zu ihm nach Hause. Ein höflicher alter Mann mit grauem Haar traf mich bereits auf der Treppe, aber jetzt stellten wir fest, dass wir nicht miteinander reden konnten Wir standen uns einen Moment lang verlegen gegenüber, bis er mich am Arm nahm und in einen großen Raum führte, an dessen Wänden eine große Anzahl von Geigen hing Der Doktor gab mir einen Geigenbogen und zeigte auf die Instrumente. Ich merkte nun, dass er meine Meinung über den Wert seiner Geigen hören wollte nacheinander aufzustellen und sie entsprechend ihrem Wert in einer bestimmten Reihenfolge anzuordnen. Das war keine leichte Aufgabe; denn es waren so viele, und der alte Herr brachte sie alle zu mir, ohne dass eines fehlte. Als ich nach Ablauf einer Stunde die sechs wertvollsten ausgewählt hatte und abwechselnd mit ihnen spielte, um herauszufinden, welches das beste sei, bemerkte ich, dass der Doktor einen von ihnen besonders zärtlich ansah, und das jedes Mal, wenn ich Als er mit dem Bogen die Saiten berührte, erhellte sich sein Gesicht. Deshalb machte ich dem guten alten Mann gerne die Freude, dieses Instrument zum überlegensten der gesamten Sammlung zu erklären. Hocherfreut über diese Entscheidung holte er sich eine Viola d'amore und komponierte eine Fantasie über dieses längst außer Gebrauch geratene Instrument. Ich hörte mit Vergnügen zu, denn die Viola d'amore war mir damals unbekannt, und der Doktor erwies sich als keineswegs schlechter Spieler. Damit endete der Besuch zu unserer beiderseitigen Zufriedenheit. Als ich meinen Hut zum Gehen nahm, drückte mir der alte Herr mit einem freundlichen Lächeln und einer tiefen Verbeugung einen Fünf-Pfund-Schein in die Hand. Überrascht blickte ich auf das Geld und den Geber, ohne zunächst zu verstehen, was er damit meinte; aber plötzlich wurde mir klar, dass es als Honorar für die Prüfung seiner Geigen gedacht war. Ich schüttelte lächelnd den Kopf, legte das Papier auf den Tisch, drückte die Hand des Doktors und stieg die Treppe hinunter. Er folgte mir bis zur Straßentür ... Einige Monate später, als ich mein Benefizkonzert gab, besorgte der Doktor eine Eintrittskarte, für die er mir einen Zehn-Pfund-Schein schickte.

Eine der größten Privatsammlungen dieser Art, die erst vor kurzem von einem englischen Musikliebhaber zusammengetragen wurde, wurde im Jahr 1872 nach dem Tod ihres Besitzers, Herrn Joseph Gillott aus Birmingham, in London versteigert. Sie enthielt über 150 Instrumente, die mit einem Bogen gespielt wurden. Darunter befanden sich zwei Viola da Gambas von Gaspar di Salo und Barak Norman, eine Viola d'amore von Bertrand, Paris, 1614, sowie Violinen, Bratschen und Violoncelli, die Gaspar di Salo, Stradiuarius, Amati, Guarnerius, Testore, Guadagnini, Bergonzi und anderen berühmten Herstellern zugeschrieben wurden.

Wenn, wie es gelegentlich vorkommt, ein Amateur, der sich für einen guten Kenner alter Geigen hält, von einem Händler übers Ohr gehauen wird, der vorgibt, nur wenig über das Thema zu wissen, ist die Transaktion recht einfach. Der Käufer einer „prachtvollen Amati" oder einer „unvergleichlichen Stradivarius", die er zu einem Schnäppchenpreis erstanden hat, sollte jedoch bedenken, dass die Anzahl der von den berühmten Cremona-Herstellern hergestellten Geigen begrenzt ist und dass die Geschichte der noch existierenden Exemplare fast so nachvollziehbar ist wie die Abstammung eines Prinzen oder eines Rennpferds. Was die verschiedenen Lauten, Zithern, Blasinstrumente mit Rohrblatt usw. betrifft, die in den letzten drei Jahrhunderten beliebt waren, so sind viele von ihnen heute so selten, dass sie selbst professionellen Musikern unbekannt sind, mit Ausnahme einiger weniger mit archäologischem Interesse.

Es ist leicht verständlich, dass ein Verweis auf Bücher allein nicht eine so gründliche Kenntnis der Instrumente gewährleistet, wie sie durch eine sorgfältige Untersuchung der tatsächlichen Exemplare, die darin beschrieben werden, erreicht werden kann. Sollte der Musiker daran interessiert sein, eine heruntergekommene Laute oder Zither, die er zufällig aufhebt, in ihren ursprünglichen Zustand zu versetzen und zu lernen, darauf nach der alten Methode zu spielen, die in einem alten Buch gelehrt wird, wird er Feinheiten in der Konstruktion des Instruments kennenlernen, wie die besondere Anordnung der Wirbel, Bünde, des Stegs, der Stifte und anderer Vorrichtungen, die man nicht aus Büchern lernen kann. Solches Wissen über Details aus praktischer Erfahrung, das auf den ersten Blick unwichtig erscheinen mag, ist oft von großem Nutzen, da es dazu neigt, Licht auf Fragen von allgemeinerem Interesse im Zusammenhang mit der Musikgeschichte zu werfen. Tatsächlich ist bei der Suche nach der Wahrheit jede gut ermittelte Tatsache von Bedeutung, da sie als solider Schritt für den Fortschritt dient.

Auch hier wird der Interpret beim Spielen der von unseren alten Meistern dafür geschriebenen Kompositionen auf der Laute, dem Cembalo oder einem anderen veralteten Instrument mit Sicherheit gewisse Reize in der Musik entdecken, die auf keinem modernen Instrument ausgedrückt werden können und die das Original getreu wiedergeben Vorstellungen des Komponisten. Nehmen wir zum Beispiel Händels „Suites de Pièces", die er für das Cembalo konzipiert hat, mit ihren unterschiedlichen Registern und Klangqualitäten. Beim Spielen auf dem Pianoforte kommen die rein musikalischen Schönheiten zum Ausdruck, und diese machen freilich den größeren Reiz der Kompositionen aus; aber viele zusätzliche Schönheiten, die auf den Eigenschaften des Cembalos basieren, gehen völlig verloren. Daraus folgt natürlich nicht, dass Musiker Cembalo, Laute oder ein anderes veraltetes Instrument lernen sollten, für das gute Musik geschrieben wurde.

Genug, wenn diese Beobachtungen sie davon überzeugen, dass es in früheren Zeiten sowohl bezaubernde Musikinstrumente als auch bezaubernde Kompositionen gegeben hat, aus denen sich wertvolle Hinweise für den weiteren Fortschritt in der unerschöpflichen Kunst der Musik ableiten lassen.

Auf jeden Fall schien es mir ratsam, solche Antiquitäten, die ich zufällig in England traf, vor dem Vergessen und Verfall zu bewahren. Als ich im Jahr 1868 begann, meine Sammlung zusammenzustellen, interessierte sich in London kaum ein Musiker für die Sache; und vielleicht war es dieser Umstand, der es mir bald ermöglichte, eine gute Grundlage für meine Sammlung zu legen, indem ich in den alten Kuriositätenläden in der Wardour Street und an ähnlichen Orten suchte. Obwohl das Hauptziel darin bestand, Exemplare der verschiedenen von unseren Vorfahren verwendeten Musikinstrumente zu erhalten, auf die Shakespeare und andere klassische Autoren anspielen, schien es mir wünschenswert, die meisten davon in die Sammlung aufzunehmen, um die Geschichte der Musik zu veranschaulichen. Interessant sind die außereuropäischen Erfindungen dieser Art, und darunter vor allem solche Instrumente asiatischer Nationen, die die Prototypen einiger unserer eigenen sind. Darüber hinaus können einige der außereuropäischen Erwerbungen als antiquiert angesehen werden, da die Einführung des Christentums und der europäischen Zivilisation auf einigen entfernten Inseln die Eingeborenen dazu veranlasste, den Bau solcher Instrumente, die sie früher bei ihren heidnischen Zeremonien verwendeten, einzustellen. Aus der umfassenden Sammlung, die 1872 von Hindustan zur Internationalen Ausstellung in London geschickt wurde, wurden etwa vierzig hinduistische und burmesische Instrumente ausgewählt. Sie stellen die charakteristischsten Erfindungen der in Hindustan und Burma beliebten Art dar und sind darüber hinaus in einem unbeschädigten Zustand , was bei so spröden Manufakturen, die aus fernen Ländern auf dem Meer hin und her geschleudert werden, selten der Fall ist.

Was die europäischen Kuriositäten in der Sammlung betrifft, so wurde ihre Zahl vielleicht am vorteilhaftesten durch einige Schätze erhöht, die Teil des Museums von Signor Mario in Florenz waren und vor einigen Jahren in London verkauft wurden. So ist die Sammlung gewachsen und umfasst jetzt etwa zweihundertfünfzig Instrumente, von denen einige sehr selten und einige von großer Schönheit sind. Ich nutze diese Gelegenheit gerne, um dem Musiker einen Überblick über die Sammlung zu geben, da ich aus Erfahrung weiß, wie interessant und lehrreich eine solche Liste für den Archäologiestudenten ist. Etwa hundert Instrumente der Sammlung, die derzeit im South Kensington Museum ausgestellt sind, sollen nur kurz erwähnt werden, da sie im leicht zugänglichen Musikkatalog des Museums beschrieben sind. Abgesehen von einigen unwichtigen Exemplaren enthält die Sammlung:

Sancho, ein Saiteninstrument aus Senegambia, Westafrika. Valga, ein Saiteninstrument aus Kongo, Westafrika. Seine fünf Saiten bestehen aus Pflanzenfasern und werden gestimmt, indem sie um fünf in den Korpus eingesetzte Rohre gewickelt werden. Länge: 3 Fuß. Die Messingknöpfe, mit denen das Instrument verziert ist, stammen möglicherweise aus England. Es kommt nicht selten vor, dass Wilde oder halbzivilisierte Völker in abgelegenen Teilen der Welt ihre primitiven Kunstwerke mit einigen seltenen und daher sehr geschätzten Errungenschaften europäischer Herstellung schmücken. Tatsächlich zeigen europäische Nationen oft eine ähnliche Vorliebe für die Verzierung ihrer Luxusartikel. Fünf ist die übliche Anzahl von Rohren in der Valga; es gibt aber auch Exemplare mit zehn Rohren und folglich mit zehn Saiten. Die Rohre werden im Allgemeinen in Löcher unter dem Korpus der Valga gesteckt, und da sie nach Belieben tiefer eingeführt oder herausgezogen werden können, ist dies wahrscheinlich die am häufigsten angewandte Methode zum Stimmen der Saiten. Die Valga wird in verschiedenen Formen hergestellt. Einige davon ähneln genau den Flussbooten der Neger, von denen Abbildungen in Spekes „Journal of the Discovery of the Source of the Nile“ zu finden sind. Die Valga ist jedoch in Westafrika am beliebtesten, wo sie in verschiedenen Gebieten unter verschiedenen Namen bekannt ist. In der Nähe des Gabun-Flusses heißt sie *Wambee* und in Benguela *Kissumba* . Kasso, eine Art Negerharfe aus Senegambia. Ingomba, eine Negertrommel aus Unterguinea, gemacht aus dem Stamm einer Palme, 6 Fuß 6 Zoll lang, an beiden Enden mit der Haut eines Elefantenohrs bespannt. Negertrompete aus Ostzentralafrika. Gemacht aus dem Stoßzahn eines Tieres. Mit zwei Löchern zum Blasen und zur Modulation des Klangs, zum dünneren Ende hin perforiert. Diese Trompete wurde von dem Afrikareisenden Petherick nach England gebracht. Abessinische Geige mit Bogen. Das ganze Instrument ist aus einem Holzblock geschnitten. Die Decke ist aus Pergament. Sieben Darmsaiten. Die dünnste Saite ist kürzer als die anderen, und der Wirbel, mit dem sie gestimmt wird, befindet sich seitlich am Hals nahe am Korpus. Die Form des Instruments weist eine gewisse Ähnlichkeit mit der *Chikarah* der Hindus auf. An der Ostküste Afrikas findet man einige Musikinstrumente, die wahrscheinlich ursprünglich aus Hindustan stammen. Die vorliegende Geige, die von einem Soldaten, der im Abessinienkrieg eingesetzt war, nach England gebracht wurde, widerlegt die Aussage von Bruce und einigen anderen Reisenden, dass die Abessinier kein Instrument der Violinenklasse besitzen. Geige der Zulu-Kafirs, Südostafrika. Eine sehr primitive Vorrichtung, bestehend aus einem Eisenbecken, über das eine Haut gespannt ist, und einem grob gefertigten Bogen. Sie hat drei Darmsaiten. Die Rückseite ist offen, da der Boden des Beckens absichtlich herausgeschlagen wurde.

Dieses Instrument wurde von Herrn Alfred J. Topham aus Pieter-Maritzburg zur Manchester Exhibition geschickt. Marouvané, ein Bambusinstrument aus Madagaskar. Länge: 21 Zoll. Seine sieben Saiten sind aus der Rinde des Bambus geschnitten und werden durch Stege aus kleinen Holzpfropfen angehoben. Die erzeugten Töne sind

Da sich die Position einiger Stege jedoch möglicherweise leicht geändert hat, seit das Instrument in die Hände der Europäer gelangte, ist auf die hier gezeigte merkwürdige Anordnung der Intervalle kein allzu großes Vertrauen zu setzen.

Fünf Nasenflöten, *Vivo* und *Fango-Fango genannt* , der polynesischen Inselbewohner. Vier dieser Instrumente wurden von Vizeadmiral Sir Henry Denham nach England gebracht. Zwei stammen von den Tonga-Inseln und zwei von den Fidschi-Inseln. Unter den letzteren ist ein großes und schönes Instrument besonders bemerkenswert, reich verziert mit in die Oberfläche eingebrannten Mustern, das von Sir H. Denham in Angras, einer der Fidschi-Inseln, erworben wurde. Das fünfte Exemplar stammt aus Otaheite. Maultrommel, die von Vizeadmiral Sir Henry Denham von den Fidschi-Inseln mitgebracht wurde. Sie ist sauber aus einer Art Rohr gefertigt. Drei Pandean-Pfeifen (eine mit neun Röhren und zwei mit elf Röhren) wurden von Vizeadmiral Sir Henry Denham von den Fidschi-Inseln mitgebracht. Diese sauber konstruierten Exemplare der Syrinx erzeugen die folgenden Töne:

Knochenflöte der Karibi-Indianer in Guyana, Südamerika. Zwei Rasseln der Indianer von Vancouver Island, aus dem Nootka Sound mitgebracht. Aus Holz, in Form eines Vogels und eines Fisches geformt und in verschiedenen Farben bemalt. Diese Rasseln, *Belapella genannt* , enthalten Kieselsteine und werden von den Medizinmännern bei ihren Beschwörungen verwendet. Tanzende Rasseln der Indianer in der Nähe des Amazonas, Brasilien. Hergestellt aus einer Nussart, von denen eine große Anzahl ausgehöhlt und an einer Kordel aufgehängt ist, um über die Schultern gehängt zu werden. Zur Verzierung sind zwischen den Nüssen einige bunte Federn und der Schwanz eines Vierbeiners eingestreut. Der Klang, den diese Rassel erzeugt, wenn sie geschüttelt wird, ist wohltuend und angenehm, ein wenig wie der

Klang der Wellen, die auf den Kieselsteinen am Meeresufer schlagen, wenn man ihn aus der Ferne hört. Auf jeden Fall ist sie einigen anspruchsvolleren musikalischen Darbietungen der heutigen Zeit vorzuziehen. Sakasaka, eine Rassel der Neger von St. Lucia, Westindien. Verziert mit einigen groben Mustern, die in die Oberfläche geschnitten sind. Sie enthält eine Anzahl kleiner roter Beeren in ovaler Form, bekannt als Jamboo-Beeren.

Samsien, ein japanisches Saiteninstrument. Mit einem großen Plektrum aus weißem Holz. Seine drei Saiten sind aus Seide. Der Korpus ist quadratisch und vorne und hinten mit Pergament bespannt. Koto, eine Art Hackbrett aus Japan, mit seidenen Saiten und beweglichen Stegen. Das vorliegende Exemplar ist eines der kleinsten. Pepa, eine chinesische Lautenart mit vier seidenen Saiten. Zwei Exemplare. Yue-kin oder „Mondgitarre", ein chinesisches Instrument mit vier seidenen Saiten. Zwei Exemplare. San-heen, ein chinesisches Saiteninstrument. Ur-heen, chinesische Geige. Zwei Exemplare. Tche, ein chinesisches Saiteninstrument mit sechzehn dünnen Drahtsaiten. Kin, ein chinesisches Instrument, das Lieblingsinstrument des großen Konfuzius, das etwas unpassend „Gelehrtenlaute" genannt wird. Mit lackiertem und vergoldetem Gehäuse. Yang-kin, chinesisches Hackbrett, mit zwei kleinen Stöckchen oder Holzhämmern von ziemlich eigenartiger Form. Ty, chinesische Flöte. Cheng, chinesische Orgel, mit siebzehn Bambusröhren, die vibrierende Metallzungen enthalten, wie unser Harmonium. Zwei Exemplare. Hiuen-tchung, antike chinesische Glocke. Zwei Exemplare. Chinesische Art Tamburin mit einem Holzhammer. Wird im buddhistischen Gottesdienst verwendet. Chinesische Holzkastagnetten, Pan genannt, in der Form von zwei kombinierten Löffeln.

Ranat, eine Art Harmonicon aus Siam. Es besteht aus neunzehn Platten aus klangvollem Holz, die über einem Resonanzboden angebracht sind, der einem Kanu ähnelt, und diatonisch gestimmt sind. Thro, dreisaitige Geige der Burmesen; zwei Exemplare. Die Oberseite des Griffbretts einer dieser Geigen ist mit Holzschnitzereien und einer Elfenbeinfigur eines kleinen Idols verziert. Die Saiten sind aus Seide; Der Kopf des anderen Exemplars ist ebenfalls kunstvoll geschnitzt. Diese Geige stammt wahrscheinlich aus dem 18. Jahrhundert, wenn nicht sogar früher, und ist ein schönes Exemplar burmesischer Kunst. Es befand sich früher im Museum von Signor Mario. Megyoung, ein burmesisches Saiteninstrument in Form eines Alligators, mit drei seidenen Saiten und elf kleinen Stegen. Osee, eine burmesische Trommel mit einer sehr eigenartigen Konstruktion. Walet Khot, burmesische Kastagnetten, bestehend aus einem Paar großer gespaltener Bambusstäbe, 33 Zoll lang. Keay zoot, ein Paar winzige Kastagnetten aus Metall, aus Burma; Sie haben die Form einer Untertasse und haben einen Durchmesser von nur einem Zoll. Der silbrig klingende Klang, den sie erzeugen, ist angenehm.

Sitar, ein hinduistisches Saiteninstrument aus Nagpoor. Sitar, ein schönes Exemplar mit beweglichen Messingbünden, Hindustan. Die Saiten bestehen aus dünnem Draht. Vina, das wichtigste Nationalinstrument der Hindus, auch als bengalische Vina bekannt, mit Draht bespannt. Das vorliegende Exemplar der kleineren Art wird auch *Kinnari genannt* . Been oder Anthara vinai, Hindustan. Diese Vina-Art wird von einigen Europäern „die Benares-Vina" genannt, während das alte Nationalinstrument der Hindus, das in seiner Form etwas anders ist, zweifellos, wie wir gerade gesehen haben, „die bengalische Vina" genannt wird weil sie in den durch ihren Namen angegebenen Bezirken am beliebtesten sind. Rudra Vina aus Bombay, eine Art *Klang* mit sympathischen Drahtsaiten, die unter den Drahtsaiten platziert werden und vom Spieler zum Klingen gebracht werden. Taûs und Verbeugung, Hindustan. Die Taûs ist eine Art Sitar, deren dünne Drahtsaiten mit einem Bogen gespielt werden. Es hat die Form eines Pfaus, daher der Name *taûs* , was „Pfau" bedeutet. Das vorliegende Exemplar, das der Rajah von Navha 1872 zur Internationalen Ausstellung in London schickte, stammt aus dem Punjab. Es ist reich gefärbt und vergoldet. Der Kamm und der Schwanz des dargestellten Vogels sind Pfauenfedern, die in dafür vorgesehene Löcher gesteckt wurden. Koka, eine grobe Art hinduistischer Geige, befestigt mit zwei Drahtschnüren, aus Bombay. Der Körper besteht aus einer großen Nuss. Das Instrument hat eine starke Ähnlichkeit mit dem *Geschütz* der Barbarenstaaten; Letzteres wird jedoch mit den Fingern statt mit einem Bogen gespielt. Chikarah, ein hinduistisches Instrument der Geigenklasse aus Bombay. Es ist aus einem einzigen Holzblock geschnitten, der beim Reiben oder Anfeuchten einen eigentümlichen aromatischen Duft verströmt. Der Bauch ist aus Pergament. Das Instrument verfügt über drei Darmsaiten, unter denen sieben dünne Drahtschnüre angebracht sind. Die Drahtsaiten werden an Stimmwirbeln befestigt, die sich seitlich am Hals befinden. Sie dienen lediglich als Resonanzsaiten, um den Klang zu erhöhen, wenn die Darmsaiten mit dem Bogen angespielt werden. Sarungi, ein hinduistisches Instrument der Geigenklasse aus Bombay. Es besteht aus der gleichen Holzart wie die zuvor erwähnte Chikarah, hat jedoch eine andere Form. Der Bauch ist aus Pergament. Die vier Darmsaiten, mit denen der Sarungi befestigt ist, werden mit dem Bogen gespielt, und dreizehn Saiten aus dünnem Messingdraht, die durch kleine Löcher in der Elfenbeinbrücke verlaufen, werden unter die Darmsaiten gelegt und dienen als Mitschwingsaiten. Der Sarungi-Spieler drückt die Darmsaiten nicht auf das Griffbrett, sondern berührt sie seitlich mit den Fingern, um die von ihm gewünschten Töne zu erzeugen. Er platziert das Instrument nahezu senkrecht vor seiner Brust. Was auch immer man von dieser Spielweise halten mag, die Sarungi wird sicherlich nicht nur von den Hindus, sondern sogar von einigen europäischen Zuhörern als ein sehr wirksames Instrument angesehen. Beispielsweise bemerkt Colonel Meadows Taylor („Proceedings

of the Royal Irish Academy, Dublin, 1865", S. 115): „Seine Töne kommen
der Qualität der menschlichen Stimme vielleicht näher als jedes andere
Instrument, das ich kenne." " Allerdings scheint er mit vielen Instrumenten
nicht vertraut zu sein. Sarinda, eine Hindu-Geige, mit drei Saiten. Es besteht
aus einem einzigen Holzblock, ist ausgehöhlt und geschnitzt. Der obere Teil
des Körpers bleibt teilweise offen und ist teilweise mit einer blasenähnlichen
Haut bedeckt, die im Allgemeinen von einer Gazellenart stammt. Sarod, mit
Bogen; ein hinduistisches Instrument mit vier Darmsaiten und darunter fünf
dünnen Messingsaiten. Am Hals befinden sich drei Darmsaiten. Das
Instrument ist mit Mustern in verschiedenen Farben bemalt. Es kam aus
Gwalior. Rabab, eine Art Gitarre der Hindus, gespielt mit einem Plektrum.
Es ähnelt dem Saruda. Toontoonee: Dieses seltsame Hindu-Instrument mit
einer Drahtsaite wird von Bettlern und Balladensängern im Dekhan
verwendet. Santir, ein Hackbrett aus Kaschmir. Sarmundal, aus Kattyawar,
Hindustan; eine Art Hackbrett im Koffer. Dieses seltene Instrument ist
geschmackvoll mit bemalten Blumen und fantasievollen Mustern verziert.
Seine Drahtsaiten werden mit einem Plektrum aus Holz und Glas gezwirnt.
Murchang, Maultrommel; zwei Exemplare von eigenartiger Form aus
Kaschmir. Schaft, Muscheltrompete, aus Kattyawar, Hindustan,
wunderschön verziert mit Messingarbeiten. Der Schaft ist ein heiliges
Instrument, das von den brahmanischen Priestern geblasen wird. Tootooree,
ein Horn aus Metall, aus Hindustan. Kombu, ein Horn der Hindus, das in
seiner halbkreisförmigen Form dem Tootooree ähnelt, aber kleiner und
schwerer ist; aus Madras. Bhangull, eine sehr dünne und lange
Metalltrompete aus Kattyawar in Hindustan. Kurna, eine Metalltrompete,
gerade und groß, aus Hindustan. Seeng, eine große Messingtrompete aus
Hindustan. Poongee (auch Magoudi und Toomeree genannt), die
Doppelpfeife des Schlangenbeschwörers, aus Hindustan. Jede Röhre enthält
ein einzelnes Rohrblatt. Es gibt drei Exemplare des Poongees in der
Sammlung, von denen eines mit verschiedenen Mustern bemalt ist. Die
Röhren des Poongees werden in einen Kürbis gesteckt. Mukha, eine Art
Oboe, aus Madras. Mukhavinai, eine kleine Art Oboe, Hindustan. Ottu, eine
Oboenart, die etwas der arabischen Zourna ähnelt, aus Janpore in Hindustan.
Zourna, aus Hindustan; Aus dunkelbraunem Holz, mit neun Grifflöchern.
Buguri, ein sehr eigenartiges Rohrblattblasinstrument aus Madras, mit
Grifflöchern wie eine Flöte und am unteren Ende mit einem Schallstück wie
einer Trompete versehen. Bansee, Flöte, Hindustan. Doppeltes Flageolett
aus Hindustan. Nagarah, eine Trommel, aus Surat, Hindustan. Der Körper
besteht aus rotem Ton, und das Pergament ist mit einem ledernen Netzwerk
daran befestigt, das geschmackvoll über die Rückseite der Trommel gelegt
ist. Durchmesser oben: 16 Zoll; Höhe: 6-1/2 Zoll. Banyan, eine kleine
Handtrommel, Hindustan. Davandai, eine Art Doppeltrommel, oder besser
gesagt eine doppelte Darabouka, Hindustan. Kudu Kuduppai, ein sehr

kleiner Doppel-Darabouka aus Messing und Fischblase, Hindustan. Ghunta, eine kleine Glocke mit Griff, die von den brahmanischen Priestern Hindustans bei religiösen Zeremonien verwendet wird. Jalar, ein Paar große Kastagnetten aus Metall, die kleinen Becken ähneln, aus Hindustan. Ihr Klang ist bemerkenswert rein und nachhaltig.

Rebab; eine dreisaitige Geige aus Persien. Der Korpus, aus einem einzigen Stück Holz geschnitten, ist grob mit einem eingebrannten Muster verziert. Die Saiten sind aus Darmsaite. Sie verlaufen oben am Hals durch Löcher und sind hinten an den Stimmwirbeln befestigt. Diese Rebab *ist* ein genaues Gegenstück zur *Rebec* , die früher in Westeuropa beliebt war. Kemângeh a'gouz, mit Bogen; aus Ägypten; eine Art östliches Violoncello mit zwei Saiten aus Pferdehaar. Der Korpus besteht aus der Schale einer Kokosnuss, die oben mit einer Blase bedeckt und hinten mit einer Anzahl von Schalllöchern durchbohrt ist. Tanbour Baghlama; die östliche Mandoline, bespannt mit vier dünnen Drahtsaiten. Zwei Exemplare aus Ägypten. Gunibry; ein ziemlich primitives zweisaitiges Instrument der Gitarrenart, aus Marokko; zwei Exemplare. Kuitra, eine Art Gitarre aus den Barbareskenstaaten. Der Korpus besteht aus einer Schildkröte. Die *Kuitra* oder *Kitar* , ein Instrument der Perser und Araber, ist offensichtlich der Prototyp unserer Gitarre. Das vorliegende Exemplar ist eine der kleinen Kuitra-Arten; die größere Art hat acht Saiten aus Schafsdarm, die in vier Paaren angeordnet sind.

Drei englische Flageoletts, hergestellt zu Beginn dieses Jahrhunderts. Eine Elfenbeinflöte à bec, hergestellt von Stanesby junior, London, 1740. Eine Elfenbeinflöte piccolo mit einer silbernen Klappe; englisch, 18. Jahrhundert. Eine Elfenbeinflöte traverso mit einer silbernen Klappe; englisch, 18. Jahrhundert. Diese Elfenbeinflöte und die beiden vorhergehenden sind schöne Instrumente. Eine Flöte à bec; englisch, um 1700; aus Buchsbaumholz und Elfenbein; Länge 18 Zoll; acht Grifflöcher und ohne Klappe. Eine englische Blockflöte aus schwarz gebeiztem Holz; Länge 26 Zoll; sie stammt vermutlich aus dem 17. Jahrhundert. Zwei Tenorflöten, deutsch, hergestellt um das Jahr 1600. Länge 2 Fuß 9 Zoll. Sieben Grifflöcher und eine Klappe. Diese seltenen Instrumente befanden sich früher in Signor Marios Museum. Eine englische Bassflöte, hergestellt um das Jahr 1650. Holz und Elfenbein; mit einem Messingrohr zum Blasen des Instruments. Sechs Fingerlöcher und eine Messingklappe an der Oberseite und ein Fingerloch für den Daumen an der gegenüberliegenden Seite. Länge 3 Fuß 8 Zoll. Drei Doppelflageoletts aus dem Anfang des Jahrhunderts, von denen zwei von Bainbridge in London hergestellt wurden und das dritte die Inschrift „Simpson" trägt. Ein Dreifachflageolett, auf dem dreistimmige Harmonien gespielt werden können; hergestellt von Bainbridge in London, zu Beginn des Jahrhunderts. Ein Englischhorn (Oboe da caccia) aus Rotzeder, von

Thomas Stanesby Junior in London, um 1740. Ein Englischhorn (Oboe da caccia), 18. Jahrhundert; wahrscheinlich in England hergestellt. Schwarz gebeiztes Holz und Elfenbein. Dies ist die Art von Oboe, die JS Bach in seiner „Matthäuspassion" verwendet hat. Ein Dolciano, ein kleines Fagott. Inschrift: „Wood and Ivy, früher Ger [d] Wood, London." Ein Bassetthorn (corno di bassetto), wahrscheinlich englisch. Ein Dudelsack aus Northumberland. Mit Blasebalg und vier Bordunen. Ein französischer Dudelsack (cornemuse). Eine englische Trompete im Etui; wahrscheinlich im 18. oder zu Beginn des 19. Jahrhunderts hergestellt. Eine kleine Posaune, englisch, hergestellt von Allen und Pace. Ein Horn aus Messing; der Schalltrichter endet im Kopf einer Schlange; englisch, 18. Jahrhundert. Eine Schlange, von „Gerrock Wolf, in London", Anfang des heutigen Jahrhunderts. Zwei Alphörner, hergestellt von M. von Euw in Bürgy, Rigi Kulm, Kanton Swyz, Schweiz, aus Birkenholz, sorgfältig mit Birkenrinde bedeckt. Länge 8 Fuß 1 Zoll. Eine Zither, ein Exemplar der Art, die vor einigen Jahrhunderten in England häufig in Friseurläden zu finden war; Englisch, um 1700. [6] Eine deutsche Zither; Ende des 17. Jahrhunderts. Mit Intarsien verziert. Eine kleine englische Zither, hergestellt um das Jahr 1700. Die leeren Saiten erzeugen nur fünf Töne statt sechs. Exemplare dieser Art sind sehr selten. Eine englische Zither aus dem 18. Jahrhundert. Eine englische Zither von Remerus Liessem, London, 1756. Der Korpus hat eine sehr altmodische Form und weist mehrere Einbuchtungen an den Seiten auf. Eine kleine englische Zither aus dem 18. Jahrhundert. Das Schallloch ist mit einer Rosette aus Holz verziert. Die Rosette der englischen Zither besteht normalerweise aus Bronze. Cetera; eine italienische Zither, hergestellt um das Jahr 1680. Dies ist die schönste Zither in der Sammlung. Das gesamte Instrument, mit Ausnahme der Decke, ist mit geschmackvollen Mustern aus Elfenbein und Ebenholz eingelegt. Auch der Ton ist bemerkenswert schön. Eine schottische Zither, hübsch mit Holzornamenten eingelegt. Auf der Rückseite befindet sich eine Platte aus Perlmutt mit der Inschrift „Rudiman, ABD [L], DG". Vielleicht gehörte diese Zither dem bekannten lateinischen Grammatiker Rudiman, der um das Jahr 1700 am King's College in Aberdeen war. Eine irische Zither mit einem Griffbrett aus Elfenbein und zehn Stimmschrauben aus Messing. Ein großes Exemplar. Hergestellt von Perry in Dublin; 18. Jahrhundert. Cithara; eine portugiesische Zither mit sechs Saitenpaaren aus Draht, eingelegt mit Schildpatt und Elfenbein. Hergestellt von Joan Vieira da Silva in Lissabon, um 1700. Cithara; eine portugiesische Zither, wahrscheinlich aus dem frühen 18. Jahrhundert. Mit zwölf Saitenpaaren bespannt. Ein sehr fein klingendes Instrument. Inschrift: „Cyprianio Antonio a fez em Lisboa, ao Largo da Esperança." Eine Tastenzither; Englisch, 18. Jahrhundert. Sie hat sechs Elfenbeintasten. Die Idee, Tasten wie die des Pianofortes an der Zither anzubringen und so die Saiten mit Hämmern anzuschlagen, anstatt sie mit einer Feder zu zupfen, stammt aus Deutschland, erwies sich aber als praktisch nutzlos. Bijuga-Zither (d. *h.* eine Zither mit doppeltem Hals, wie die Theorbe). Zwei französische Exemplare, die etwa aus der Mitte des 18. Jahrhunderts stammen. Bijuga-Zither, hergestellt von Renault in Paris, anno 1779. Diese schöne Art von Zither, die wie die Theorbe konstruiert ist, aber eine flache Rückseite hat, wurde in Frankreich offensichtlich oft mit Darmsaiten statt mit Draht bespannt und wie die Theorbe mit den Fingern gespielt. Es ist wahrscheinlich das Instrument, das in einigen alten französischen Büchern *Pandore genannt wird* . Es hat sechzehn Saiten. Eine französische Bijuga-Zither aus dem 18. Jahrhundert, eingelegt mit Perlmutt, Elfenbein und Ebenholz. Ein schönes Exemplar. Eine englische Bijuga-Zither aus dem 18. Jahrhundert. Eine deutsche Bijuga-Zither (oder Großzither, wie sie in Deutschland früher genannt wurde), aus dem 16. Jahrhundert. Mit siebzehn Saiten. Dieses alte Instrument hat eine sehr schöne Form und eine bemerkenswert malerische Rose in der Mitte des Resonanzbodens. Zwei neapolitanische Mandolinen, eingelegt mit Mustern aus Perlmutt, Schildpatt und Elfenbein. Eines dieser schönen Instrumente trägt die Inschrift „Januarius Vinaccio fecit, Neapoli, in Rio Catalana, A. Domini 1776". Eine schöne neapolitanische Mandolino in ihrem alten italienischen Etui. Im Inneren des Instruments befindet sich die Inschrift „Vincentius Vinaccio fecit, Neapoli, Sito Nella Calata de Spitalletto, AD 1785". Eine Mailänder Mandolino, etwa aus dem Jahr 1700. Palisander, eingelegt mit Perlmutt, Schildpatt und Elfenbein. Silberbünde. Vorne eine Figur von Apollo unter einem Baldachin und andere Verzierungen aus Perlmutt. Ein verziertes Schallloch, dessen Rosette mit Glas bedeckt ist. Eine Figur aus Perlmutt, eingelegt in der Nähe des Stegs, enthält die eingravierten Initialen „AG", die möglicherweise die des Herstellers dieses eleganten Instruments sind – möglicherweise Andreas Guarnerius. Diese Mandolino, die schönste, die ich je gesehen habe, ist von der Art, die von einigen Musikern „Mandurina" genannt wird. Sie hat zwölf Saiten aus Draht, die paarweise angeordnet sind und daher sechs Töne erzeugen; während die üblichere neapolitanische Mandolino acht Saiten hat, die vier Paare bilden. Eine französische Mandoline, hergestellt von Eulry-Clement in Mirecourt, Vogesen, Anfang des heutigen Jahrhunderts; die Rückseite mit Streifen aus verschiedenen Hölzern eingelegt. Acht Saiten in vier Paaren angeordnet. Eine Mandola; italienisch, 17. Jahrhundert. Dieses seltene Instrument kann am kürzesten als riesige neapolitanische Mandolino beschrieben werden. Es hat die Form einer Mandolino, aber die Größe einer großen Laute; sechzehn paarweise angeordnete Saiten aus Draht erzeugen acht Töne der leeren Saiten. Der Klang ist bemerkenswert voll und fein. Eine Mandola, ähnlich der vorhergehenden, mit der Inschrift „Gio. Battista, Neapoli, AD 1701". Länge 2 Fuß 11 Zoll; Tiefe des Korpus 10 Zoll. Die Mandola wurde wie die Mandolino und die Zither mit einer Schreibfeder gespielt. Pandura, zwei Exemplare, hergestellt in Italien um das Jahr 1700.

Bandurria; spanisch, 18. Jahrhundert; gespielt mit einem Plektrum, das normalerweise aus Schildpatt besteht. Pandore; englisch, 17. Jahrhundert; gespielt mit einer Schreibfeder. Sie wird auch Chiterna genannt. Pandurina; italienisch, um 1700; ihre neun Darmsaiten und Saiten aus Draht sind paarweise angeordnet und im Einklang gestimmt, mit Ausnahme der untersten, die einzeln ist. Die leeren Saiten erzeugen daher fünf Töne. Der Hals ist mit Darmsaitenbünden versehen. Die Pandurina, die in ihrer Form einer winzigen Laute ähnelt, die sogar kleiner ist als die neapolitanische Mandoline, wurde normalerweise mit den Fingern gespielt, gelegentlich aber auch mit einer Feder. Auf dem Kontinent trugen Herren sie unter ihrem Mantel, wenn sie zu Musikpartys gingen oder um Ständchen zu singen. Pandurina, zwölfsaitig. Inschrift: „Carlo Steffani fece. L'Anno 1712, in Mantova." Pandurina in ihrem alten italienischen Etui mit Messingverzierung. Die Rückseite besteht aus Streifen aus Ebenholz und Elfenbein; Länge 20 Zoll. Elfenbeinbünde; zwölf Metallsaiten. Inschrift auf der Innenseite: „Joseph Molinari, Venetus, Anno, 1737." Quinterna, italienisch, 17. Jahrhundert. Eine Art Gitarre, die in ihrer Form ein wenig einer Geige ähnelt, mit Bünden aus Darmsaiten. Bestückt mit acht Darmsaiten, die fünf Töne erzeugen, da sie in drei Paaren und zwei einzelnen angeordnet sind. Eine fünfsaitige Gitarre mit Einlagen aus Perlmutt und Schildpatt. Italienisch, 18. Jahrhundert. Eine französische Gitarre, hergestellt von Vobeam, einem berühmten Lautenbauer aus der Zeit Ludwigs XIV. Die Saiten sind paarweise angeordnet und im Gleichklang gestimmt. Eine englische Gitarre, hergestellt zu Beginn des heutigen Jahrhunderts; die Rückseite und die Seiten des Korpus sind aus Palisander; die Seiten haben mehrere Einkerbungen. Stimmmechanik. Portugiesische Gitarre, hergestellt um das Jahr 1600, mit drei Schalllöchern. Der Kopf ist etwas nach hinten gebogen wie bei der Laute; die Bünde sind aus Darmsaiten, wie sie auch bei der Laute üblich waren. Nicht nur die Decke, sondern der gesamte Korpus besteht aus dünnem Kiefernholz. Die zwölf Saiten sind so angeordnet, dass die oberen sechs in Zweiergruppen und die unteren sechs in Dreiergruppen angeordnet sind. Da die Saiten jeder Gruppe im Einklang gestimmt sind, werden von den leeren Saiten fünf Töne erzeugt. Eine heute größtenteils verwischte Inschrift auf der Innenseite dieser Gitarre lautet: „Manoel Correa de Alm da Uileiro da Rainha, NS, morador na Ruadireita la Esperança LX a ." Es scheint daher, dass die Gitarre von Manoel Correa aus Almeida in der Provinz Beira in Portugal hergestellt wurde und dass der Hersteller den Titel eines Herstellers von Musikinstrumenten der Königin trug. Der portugiesische Musiker Manoel Correa, der im Jahr 1590 in Lissabon geboren wurde und um das Jahr 1620 als Kapellmeister an der Kathedrale in Saragossa angestellt wurde, stammte wahrscheinlich aus derselben Familie wie der Hersteller dieses Instruments. Eine Gitarre der portugiesischen Bauern, hergestellt in Lissabon, 18. Jahrhundert; ovale Form mit

Einkerbungen an der Seite; sechs Saiten. Im Inneren befindet sich ein Etikett mit der Aufschrift: „Joze Terreira Coelho a fez em, Lisboa, ao Poco los Negros, a Cruz da Esperança." Machête, eine kleine Gitarre mit vier Saiten; portugiesisch, 18. Jahrhundert. Harfengitarre; englisch, um 1800. Auf dem Griffbrett befindet sich die Aufschrift: „Clementi and Co., London"; bemalt mit Blumen usw.; acht Saiten. Der Pianist und Komponist Clementi gab im Jahr 1800 einer Musikalienhandlung seinen Namen. Harfengitarre; englisch, um 1800; sieben Saiten. Die Harfengitarre wurde mit der Absicht hergestellt, eine Art Gitarre mit besserer Klangqualität herzustellen, indem der Korpus der Harfe übernommen wurde. Lyra-guitare; französisch, Zeit Ludwigs XV.; eine Gitarre in der Form von Apollos Lyra, mit einem zusätzlichen Griffbrett in der Mitte. Lyra-guitare; französisch, soll Königin Marie-Antoinette gehört haben; geschnitzt und vergoldet. Guitar-lyra; englisch, hergestellt von R. Wornum, Wigmore Street, London, um 1770. Die englische Guitar-lyra ist in ihrer Bauweise nahezu identisch mit der französischen Lyra-guitare. Harfenlaute; englisch, um 1800; grün bemalt, mit vergoldeten Blumenverzierungen und anderen Mustern. Ditalharfe; englisch. Eine verbesserte Harfenlaute, die laut Berichten von Edward Light, London, um das Jahr 1800 erfunden wurde. Harp-ventura; englisch, zu Beginn des heutigen Jahrhunderts von Angelo Benedetto Ventura in London erfunden. Dieses prächtig verzierte Instrument ähnelt in seiner Bauweise der Ditalharfe und der Harfenlaute. Harfentheorbe; Englisch, hergestellt von Walker, um 1800. Laute, die Rückseite mit Elfenbein und verschiedenen Hölzern eingelegt. Aus einer heute größtenteils verwischten Inschrift auf der Innenseite geht hervor, dass diese Laute um 1580 von Magnus Tieffenbruker in Venedig hergestellt wurde. Laute von Laux Maler in Bologna, 15. Jahrhundert. Die ursprünglichen Stimmwirbel wurden durch Schrauben aus Messing und Elfenbein ersetzt. Diese Vorrichtung sowie ein Blumengemälde auf dem Resonanzboden sind wahrscheinlich nicht älter als hundert Jahre. Die Stellen, an denen einige der alten Stimmwirbel befestigt waren, sind noch erkennbar. Die Risse auf dem birnenförmigen Korpus tragen eher zu seiner Würde bei und könnten mit den Falten eines ehrwürdigen Großvaters verglichen werden. Der Klang dieser alten Laute ist sehr schön. Eine deutsche Laute, hergestellt von Jacobus Heinrich Goldt in Hamburg, anno 1712. Einer Inschrift auf der Innenseite zufolge wurde sie im Jahr 1753 verändert. Eine französische Laute aus dem 17. Jahrhundert. Eine italienische Laute; Inschrift: „Vvendelio Venere in Padova, 1600"; mit nach hinten gedrehtem Kopf; zwanzig Saiten. Diese Laute stammt von einem der berühmtesten italienischen Lautenbauer und ist trotz ihres hohen Alters in einem gut erhaltenen und spielbaren Zustand. Eine englische Laute mit Doppelhals (Testudo theorbata), hergestellt um 1650. Eine Theorbe, italienisch, 17. Jahrhundert. Sie hat vierundzwanzig Darmsaiten, die paarweise angeordnet und im Einklang gestimmt sind, mit Ausnahme der beiden höchsten, die Einzelsaiten sind. Es war üblich, die höchste Saite, genannt Pfifferling , einzeln zu halten; sie diente hauptsächlich zum Spielen der Melodie. Manchmal, wie im vorliegenden Fall, wurden zwei *Pfifferlinge* verwendet. Die vierundzwanzig leeren Saiten erzeugen also dreizehn verschiedene Töne. Die Bünde sind aus Darmsaite. Eine französische Theorbe, hergestellt um das Jahr 1700. Eine Erzlaute, italienisch, um 1700; ein großes Instrument mit achtzehn Saiten, von denen zehn für die oberen Stimmwirbel sind, die zu den Basssaiten gehören, die sich an der Seite des Griffbretts befinden. Die zehn Basssaiten erzeugen mit ihren Oktaven fünf Töne, wobei jeder Ton zwei Saiten hat, die in einer Oktave gestimmt sind. Die Erzlaute oder Basstheorbe ist die größte Art der Theorbe oder Laute mit Doppelhals. Eine italienische Erzlaute mit der Inschrift: „Matheus Bucchenberg, Rom, 1619." Aus dem Museum von Signor Mario. Bucchenberg oder Bueckenberg, wie er allgemein genannt wurde, war einer der berühmtesten Lautenbauer Italiens und gebürtiger Deutscher. Die vorliegende Erzlaute hat drei verzierte Schalllöcher. Es ist mit einem Mechanismus ausgestattet, mit dem jede der Basssaiten neben dem Griffbrett je nach Belieben des Spielers um einen Halbton angehoben werden kann. Diese raffinierte Vorrichtung, die die Basssaiten in Kompositionen mit Modulationen in entfernte Dur- oder Molltonarten nützlicher macht, findet sich auch bei einer französischen Theorbe aus der Zeit um 1700, die sich in meiner Sammlung befindet. Aber bei dieser französischen Theorbe wirkt der Mechanismus auf alle Saiten neben dem Griffbrett gleichzeitig, während er bei der soeben erwähnten Erzlaute so beschaffen ist, dass die Tonhöhe jeder einzelnen Saite unabhängig von den anderen verändert werden kann. Da der Mechanismus offensichtlich kein späterer Zusatz ist, sondern 1619 mit dem Instrument hergestellt wurde, ist er für musikalische Altertumsforscher insofern aufschlussreich, als er einen höheren Fortschritt im Bau der Laute offenbart, als allgemein angenommen wird, dass er zu Beginn des 17. Jahrhunderts erreicht wurde. Ein italienisches Theorbino oder die kleinste Art von Theorbe aus dem 17. Jahrhundert; mit sechzehn Saiten, von denen sechs neben dem Griffbrett verlaufen. Eine Chitarrone oder große römische Theorbe; italienisch. Inschrift: „Vitus de Angelis, Bonon, 1609". Sie ist etwa sechs Fuß lang und hat einundzwanzig Saiten. Die Chitarrone wurde früher römische Theorbe genannt, weil sie hauptsächlich in Rom verwendet wurde. In Padua gab es ein ähnliches, etwas kleineres Instrument. Das vorliegende Exemplar wurde in Bologna hergestellt. Die Chitarrone wurde im Orchester verwendet und unterstützte sowohl dramatische Aufführungen als auch die Kirchenmusik. Es war oft mit Draht statt mit Darm bespannt; Das Gleiche galt für die gemeinsame Theorbe Deutschlands und Englands. Eine Chitarrone mit Intarsien und drei verzierten Schalllöchern; hergestellt von M. Bueckenberg, in Rom, anno 1614. Aus der Sammlung von Signor Mario. Eine irische Harfe (Clarseth), mit Draht bespannt; hergestellt von Egan, in

Dublin, zu Beginn des heutigen Jahrhunderts. Eine Arpanetta (Deutsch, Spitzharfe), Englisch, 17. Jahrhundert; mit einhundert Stahldrahtschnüren und fünfunddreißig Messingdrahtschnüren. Eine Bûche (deutsch: Scheidholt) aus dem Val d'Ajol in den Vogesen in Frankreich; hergestellt zu Beginn des heutigen Jahrhunderts. Ein englisches Exemplar des *Hummel* , vermutlich hergestellt im 18. Jahrhundert; mit zwölf Drahtsaiten. Sie ähnelt der Bûche und kann als veraltete Art unserer heutigen horizontalen Zither angesehen werden. Eine Glockenharfe, hergestellt von John Simcock, in Bath, um das Jahr 1700: Länge 20 Zoll. Sie hat sechzehn Töne. Jeder Ton wird durch drei dünne Messingdrahtsaiten erzeugt, die im Einklang gestimmt sind. Die Saiten werden mit zwei kleinen Plektren oder Federkielen gezwirnt, von denen der Spieler jeweils eine am Daumen jeder Hand befestigt. Die beiden Holzgriffe, einer auf jeder Seite des Instruments, dienen zum Festhalten beim Schwingen während der Aufführung, um den Effekt einer entfernten Glocke zu erzeugen. Eine Glockenharfe; Englisch, um 1700. Inschrift: „Bath, John Simcock, Erfinder und Hersteller." Dieses Instrument hat vierundzwanzig Töne, die durch dünne Messingdrahtsaiten erzeugt werden. Bei den höchsten Tönen sind jeweils vier Saiten unisono gestimmt, bei den anderen sind es drei, mit Ausnahme des tiefsten, der von einer einzelnen, mit Draht ummantelten Saite erzeugt wird. Das Instrument befindet sich in seinem alten Koffer. Hackbrett; Englisch, mit beweglichen Brücken. Beschriftet: „Old Weston, Huntingdonshire, 1846." Hackbrett; Englisch, Anfang unseres Jahrhunderts; aus Mahagoni, der Resonanzboden aus Kiefernholz, grün bemalt und vergoldet. Sechzehn Sätze Drahtsaiten, wobei jeder Satz aus drei im Einklang gestimmten Saiten besteht. Salterio, italienisches Hackbrett, hergestellt von Antonio Bertefice, in Florenz, im Jahr 1745. Salterio; Italienisches Hackbrett; ein kleines Exemplar, auf der Rückseite beschriftet: „Antonius Berri fecit, Anno 1722." Aus Signor Marios Museum. Echelette; Französisch, 18. Jahrhundert. Es besteht aus zweiundzwanzig Platten aus hartem und klangvollem Holz, die durch Anschlagen mit zwei kleinen Schlägeln zum Klingen gebracht werden. Ein Sordino oder eine bootförmige Pochette; Englisch, 17. Jahrhundert. Ein italienischer Sordino aus der Zeit um 1600. Der Körper besteht aus Schildpatt mit Silbereinlagen; die Stimmwirbel sind aus Elfenbein; mit geschnitztem Kopf aus Holz und Elfenbein. Die Gesamtlänge dieses Sordinos beträgt nur 14 Zoll. Ein Bausatz oder Pochette in Form einer Geige; Italienisch, um 1600. Violetta piccola, die kleinste Art der alten Gambeninstrumente, geformt mit einem schrägen Hals wie die Viola da Gamba. Diese kleine Art der Diskantgambe wurde von den Franzosen *Haute-Contre genannt* . Italienisch, 17. Jahrhundert. Eine fünfsaitige Gambe, vom französischen *Quinton genannt* . Inschrift „Antonius Gragnani fecit, Anno 1741." Eine kleine sechssaitige Gambe, im Französischen *dessus-de-viole genannt* ; Französisch, 17. Jahrhundert. Eine sechssaitige Gambe, im

Französischen *pardessus genannt* ; Französisch, 17. Jahrhundert. Eine Diskantgambe mit geschnitztem Kopf; Englisch, um 1700. Der Hals hat Darmsaiten und die sechs Saiten waren wie die der Bassgambe bzw. Viola da Gamba gestimmt, jedoch eine Oktave höher. Eine Countertenor-Gambe; Englisch, 17. Jahrhundert. Im Inneren befindet sich die Inschrift: „Henry Jay, in Southwarke, 1667." Die Schriftrolle ist fein geschnitzt. Der Bauch hat neben den üblichen zwei Schalllöchern in der Mitte ein ovales Schallloch mit einer Zierrose. Der Rücken weist zum Ende hin eine eigentümliche Krümmung auf; wahrscheinlich sollte das Instrument beim Spielen auf der linken Schulter ruhen. Wie die Viola da Gamba hat sie sechs Saiten und Darmsaiten. Sie war eine Quinte höher gestimmt als die Viola da Gamba. Eine Tenorgambe; Englisch, um 1620. Diese kleine Viola da Gamba-Art ist heute sehr selten. Sie war eine Quarte höher gestimmt als die größere Viola da Gamba oder Bassgambe. Viola da Gamba, eingelegt mit mythologischen Darstellungen und anderen Ornamenten aus Elfenbein, Perlmutt, Schildpatt und Edelsteinen. Hergestellt um das Jahr 1580, vermutlich von Joachim Tielke in Hamburg; ein herrliches Instrument. Viola da gamba; Englisch, 17. Jahrhundert; mit einem fein geschnitzten Kopf, der die Büste eines Mädchens darstellt. Im Inneren befindet sich die Inschrift: „Richard Meares, without Bishopsgate, near to Sir Paul Pinder's, London, Fecit 1677." Im *Postboy* vom 9. Juli 1720 finden wir die folgende Anzeige: „Hiermit möchten wir allen Herren und Damen, die Musik lieben, mitteilen, dass die berühmteste neue Oper „Radamistus" von Herrn Händell komponiert wurde , wird jetzt von Richard Meares, Musikinstrumentenbauer und Notendrucker, an der Golden Viol fein auf Kupferplatten graviert. Um dieses Werk akzeptabler zu machen, wurde der Autor dazu überredet, das Ganze zu korrigieren. Die Goldene Viol war das Zeichen eines Musikgeschäfts auf dem St. Paul's Churchyard, wo Richard Meares, der Herausgeber von Händels Oper, lebte. Aber aus einer Notiz dieses Verlegers in Hawkins' „History of Music" (Bd. V., S. 109) geht hervor, dass er der Sohn des Herstellers der vorliegenden Viola da Gamba war. Als Händel nach England kam, war dieses Instrument jedenfalls nicht mehr neu; denn es wurde gemacht, bevor Händel geboren wurde. Der dazugehörige Bogen ist von der altmodischen Art, dem sogenannten Corelli-Bogen. Und es sei hier erwähnt, dass bei den meisten der zuvor aufgezählten Gamben seltsame Bögen angebracht sind, die schon lange nicht mehr verwendet werden. Viola da gamba; Italienisch, um 1600; mit fein geschnitztem Kopf. Das Griffbrett ist mit Blumenmustern usw. aus Schildpatt und Elfenbein eingelegt. Diese fein klingende Bassgambe soll von Gaspar di Salo stammen. Auf jeden Fall handelt es sich um ein wertvolles Exemplar eines frühen italienischen Herstellers. Viola da gamba; Englisch, um 1700. Das Instrument ähnelt einem kleinen Violoncello, da sein Korpus nicht zum Hals hin geneigt ist. Eine Illustration dieser Art von Viola da Gamba findet sich in „The Division-

Violist, von Christopher Simpson, London, 1659". Sein Korpus ist bemerkenswert flach und die Klangqualität ist dadurch sehr klar. Wie die gewöhnliche Viola da Gamba ist das Instrument sechssaitig und hat Darmsaiten. Eine siebensaitige Viola da Gamba; wahrscheinlich italienisch; gegen Ende des siebzehnten Jahrhunderts. Die Hinzufügung einer siebten Saite zur Viola da Gamba soll erstmals gegen Ende des 17. Jahrhunderts von der französischen *Virtuosin Maria Marais unternommen worden sein*. Die hinzugefügte Saite ist die tiefste und eine kleine Terz tiefer gestimmt als die C-Saite des Violoncellos. Offensichtlich fand die Neuerung bei Gambisten im Allgemeinen keinen großen Anklang; und selten trifft man noch auf eine siebensaitige Gambe. Eine viersaitige Viola da Gamba; hergestellt von John Baker in Oxford, anno 1688. Viersaitige Gamben, die man heute findet, sind fast ausnahmslos modifizierte sechssaitige Gamben, bei denen der Hals verengt und der Kopf verkürzt wurde, so dass das Instrument als solche verwendet werden kann ein kleines Violoncello. Dieses Exemplar war ursprünglich nur mit vier Saiten ausgestattet und wurde offensichtlich nie manipuliert. Viola d'amore; Italienisch, 17. Jahrhundert. Ein schönes Exemplar, in einem gut erhaltenen Zustand. Viola d'amore; Italienisch, 17. Jahrhundert. Altmodische Form mit mehreren Wölbungen an den Seiten und einem Schallloch mit einer Rose in der Mitte des Bauches. Sieben Darmsaiten und darunter sieben sympathische Saiten aus dünnem Stahldraht. Viola d'amore; Deutsch, 18. Jahrhundert. Vermutlich um 1740 von Jacob Rauch in Mannheim gefertigt. Mit nur fünf Darmsaiten und acht sympathischen Drahtsaiten. Eine vollständig mit Draht bespannte englische Viola d'amore, 17. Jahrhundert; mit merkwürdig geformtem Kopf, geschmückt mit einer geschnitzten Frauenbüste. Ein sogenanntes Psalter (auch Sultanine und Zithergambe genannt). Mit sechs Drahtsaiten montiert und mit einem Bogen gespielt. Irisch; achtzehntes Jahrhundert. Hergestellt von Thomas Perry, in Dublin, anno 1767. Ein Psalter, hergestellt von Thomas Perry, in Dublin, zweite Hälfte des 18. Jahrhunderts. Der Hals und der Saitenhalter sind aus Elfenbein. Seine zehn Saiten bestehen aus Stahl- und Messingdraht, wobei die obersten acht in vier Paaren angeordnet sind und vier Töne erzeugen, während die anderen einzeln sind und zwei Töne erzeugen. Hardangerfelen. Eine Art Viola d'amore der Hardanger-Bauern in Norwegen, eingelegt mit Perlmutt und Elfenbein. Die geschnitzte und vergoldete Oberseite stellt einen Drachenkopf dar. Diese Geige hat vier Darmsaiten und darunter vier dünne Stahlsaiten. Im Inneren befindet sich die Inschrift „Fabrokert of Knudt Erikson, Helland, 1872". Es wurde mir aus Christiania geschickt. Geigen mit ungewöhnlichen Formen, drei merkwürdige Exemplare, hergestellt im 18. Jahrhundert. Eine Geige aus Eisen. Wohl englisch, Anfang des 20. Jahrhunderts. Nicht zuletzt aus akustischer Sicht ist diese Geige sicherlich interessant, da sie beweist, dass viel Klang allein durch die Vibration der Saiten, die auf die Luftsäule in der Geige einwirken, ohne unterstützende Vibration des Bauches erzielt werden kann oder Resonanzboden. Jedenfalls dürfte die Substanz, aus der diese Geige gefertigt ist, nicht zur Klangfülle beitragen. Eine Tromba Marina oder Meerestrompete, wahrscheinlich niederländisch, 17. Jahrhundert. Neben einer dicken Darmsaite auf dem Instrument befinden sich im Inneren einundvierzig sympathische Saiten aus dünnem Stahldraht. Eine Nyckel-Harpa, ein merkwürdiges Instrument der schwedischen Bauernschaft, das kurz als eine Kombination aus Geige und Drehleier beschrieben werden kann. Eine Crwth, ein antiquiertes walisisches Instrument der Geigenklasse. Der Körper ist aus einem einzigen Holzblock geschnitten, der Bauch ist nur darauf geklebt. Zwei Exemplare der Nagelgeige, eines davon mit Saiten aus dünnem Messingdraht, die über den Resonanzboden laufen. Diese beiden merkwürdigen Instrumente wurden wahrscheinlich um das Jahr 1800 in Frankreich oder Deutschland hergestellt. Die Erfindung der Nagelgeige wird einem Deutschen namens Wilde zugeschrieben, der um die Mitte des 18. Jahrhunderts in St. Petersburg lebte. Eine Drehleier (französisch: *vielle* ), hergestellt von Pagot in Jenzat, einer kleinen Stadt in der Nähe von Orleans, um das Jahr 1840. Geschnitzter Kopf. Sechs Stimmwirbel oben und einer am Saitenhalter. Diese Drehleier gehört zu der Art, die die Franzosen *vielle en luth nennen* , weil ihr Körper die Form der Laute hat. Die andere Art, die an den Seiten Vertiefungen aufweist, die denen der Gitarre ähneln, heißt *vielle en Guitare* . Orgeldrehleier oder *vielle organisée* , hergestellt von einem Franzosen, der Mitte des 18. Jahrhunderts in London lebte. Dieses merkwürdige Instrument, das früher auch in England bekannt war, wo es *Flute-Cymbal* genannt wurde , besteht aus einer Drehleier, kombiniert mit einer kleinen Orgel mit zwei Registern, und ist so konstruiert, dass es die Drehleier oder die Orgel zulässt nach Belieben des Interpreten jeweils einzeln oder beide kombiniert zu verwenden. Einige Teile davon wurden in diesem Jahrhundert restauriert. Clavichord, im Deutschen allgemein *Clavier genannt* . Hergestellt in Einbeck bei Hannover, um das Jahr 1800. Clavichord, hergestellt in Thüringen. Clavichord, hergestellt vom berühmten Hersteller Barthold Fritz in Braunschweig im Jahr 1751; mit Malerei und Gravur verziert. Cembalo, beschriftet mit „Jacobus Kirkman, Londini, fecit 1772". Das Gehäuse besteht aus Walnussholz mit Einlegearbeiten aus Tulpenholz. Geschnitzte Beine, die Adlerklauen darstellen, die einen Ball ergreifen. Mit zwei Klaviaturen, die ein „doppeltes Cembalo" bilden, wie es in England früher genannt wurde. Die Holzarbeiten an den Tastaturen sind mit Intarsienmustern aus verschiedenfarbigen Hölzern verziert. Dieses Cembalo hat sechs Register und zwei Pedale und ist mit einem venezianischen Schwellwerk versehen. Jacobus Kirkman erhielt einen Befehl von König Georg III. Um ein schönes Cembalo herzustellen, das als Geschenk für Königin Charlotte gedacht war, fertigte er – was Hersteller unter solchen Umständen nicht selten tun – zwei genau gleiche Cembalos an, nämlich eines für Königin Charlotte und das vorliegende, das von John Bacon gekauft wurde berühmter Bildhauer, nach dessen Tod es in den Besitz von Dr. Sclatter gelangte, dem Priester-Vikar der Kathedrale von Exeter, der es fast ein halbes Jahrhundert lang besaß und nach dessen Tod es bei einem Verkauf seiner Besitztümer verkauft wurde. Cembalo mit zwei Klaviaturen, sechs Registern und zwei Pedalen. Mit der Aufschrift „Jacobus et Abraham Kirkman, fecerunt 1773". Das Gehäuse ist aus Mahagoni; Das Holz in der Nähe der Tastaturen besteht aus Walnussholz mit Einlegearbeiten aus Tulpenholz und einem mosaikartigen Rand aus verschiedenfarbigen Hölzern. Nur die Lautenstimme hat Hebevorrichtungen mit Krähenfedern; die Buchsen der anderen Haltestellen sind statt mit Federkielen mit kleinen präparierten Lederstücken versehen. Die dadurch erzielte Klangfarbenvielfalt ist sehr wirkungsvoll. Dieses Instrument weist wahrscheinlich den höchsten Grad an Perfektion auf, der jemals im Cembalobau erreicht wurde, was Qualität und Klangkraft betrifft. Was das äußere Erscheinungsbild angeht, ist die Schönheit einiger niederländischer Cembali, oder *Clavicembali* , die mit Gemälden berühmter Künstler verziert sind, unübertroffen.

Es bleibt nun noch darauf hinzuweisen, dass viele der von der Regierung in verschiedenen Ländern eingerichteten Museen für Altertümer einige Kuriositäten der betreffenden Art enthalten, die den musikalischen Antiquar sicherlich interessieren werden. Dies ist sogar in Amerika der Fall, wo in den Museen von Mexiko, Lima und anderen Städten neben den Beispielen der Handwerkskunst und Kunst der Azteken und der peruanischen Inka verschiedene mit Musik verbundene Geräte zu finden sind. Dass königliche Persönlichkeiten in ihren aus fernen Ländern erworbenen Kuriositätenkabinetten nicht selten seltene, schöne oder grotesk aussehende Musikinstrumente haben, ist nur zu erwarten. So gibt es beispielsweise etwa vierzig Erwerbungen dieser Art in Windsor Castle, die hauptsächlich aus asiatischen und afrikanischen Trommeln, Pfeifen und Saiteninstrumenten bestehen. Einige von ihnen sind jedoch dadurch verdorben, dass sie „verbessert" oder europäisiert wurden. An einigen sind beschreibende Etiketten angebracht, wie zum Beispiel eine Ashanti-Kriegstrompete aus menschlichem Knochen, verziert mit menschlichen Kieferknochen; und eine Ashanti-Kriegstrommel, die aus einem Baumstamm geschnitzt und ebenfalls mit menschlichen Kieferknochen verziert war. Diese beiden Kuriositäten gehörten, wie uns die Etiketten mitteilen, dem König der Ashanti, dem sie „bei der Schlacht abgenommen wurden, bei der er von Colonel Purden besiegt wurde. Gesendet von Sir Herbert Taylor im Jahr 1827. Nach England gebracht von Generalmajor Sir Neil Campbell, der an der Westküste Afrikas das Kommando hatte." In dieser Sammlung befindet sich auch eine phantasievolle Vorrichtung, die für eine Art Gitarre gedacht ist und über die uns ein angebrachtes Etikett informiert: „Dieses Instrument wurde aus dem

Kopf des Pferdes des Herzogs von Schomberg hergestellt, das in der Schlacht am Boyne 1690 getötet wurde."

Über die Sonderausstellung antiker Musikinstrumente im South Kensington Museum im Jahr 1872 wurde im Descriptive Catalogue of the Musical Instruments in the South Kensington Museum, London, 1874 berichtet unvollkommen, wenn diese bemerkenswerte Ausstellung völlig unbeachtet bliebe, obwohl die Sammlung, die sie umfasste, nur vier Monate existierte. Es genügt hier festzuhalten, dass es mehr als fünfhundert Instrumente enthielt, darunter eine große Anzahl von Geigen, Bratschen und Violoncelli der berühmten Cremona-Baumeister. Sollte eine ähnliche Ausstellung versucht werden, wird ein ebenso erfolgreiches Ergebnis, wenn überhaupt, wahrscheinlich erst in vielen Jahren erzielt werden. Alte und seltene Musikinstrumente sind heute für die Antike von viel größerem Interesse als früher. Die noch käuflich erhältlichen Exemplare finden nach und nach Eingang in öffentliche Museen, nicht nur in europäischen Ländern, sondern auch in Amerika und in den englischen Kolonien. Wenn sie einmal für ein Museum gesichert wurden, sind sie in der Regel nicht mehr als Leihgabe für andere Ausstellungen erhältlich. Privatpersonen, die solche Schätze besitzen, messen ihnen einen höheren Wert als früher bei und sind daher weniger geneigt, sie dem Risiko einer Verletzung auszusetzen. Aus diesen Gründen erscheint es umso wünschenswerter, dass es Aufzeichnungen über die bekanntermaßen noch bestehenden Sammlungen gibt.

# MUSIKALISCHE MYTHEN UND VOLKSKUNDEN.

Musik ist eine so herrlich unschuldige und bezaubernde Kunst, dass wir uns nicht darüber wundern können, dass sie fast überall als göttlichen Ursprungs angesehen wird. Heidnische Nationen schreiben die Erfindung ihrer Musikinstrumente im Allgemeinen ihren Göttern oder bestimmten übermenschlichen Wesen gottähnlicher Natur zu. Die Hebräer schrieben es dem Menschen zu; Da Jubal jedoch nur als „Vater aller, die mit Harfe und Orgel umgehen" erwähnt wird und da Schlaginstrumente fast ausnahmslos in Gebrauch sind, lange bevor Menschen dazu gebracht werden, Saiten- und Blasinstrumente zu bauen, können wir annehmen, dass in der Den biblischen Aufzeichnungen zufolge soll Jubal nicht als ursprünglicher Erfinder aller hebräischen Instrumente dargestellt werden, sondern vielmehr als großer Förderer der Musikkunst.

Wie dem auch sei, so viel ist sicher: Es gibt unter den heutigen Christen nicht wenige aufrichtige Verfechter der wörtlichen Bedeutung dieser Aufzeichnungen, die behaupten, dass im Himmel bereits vor der Erschaffung der Welt Instrumentalmusik gespielt wurde. Es wurden ausführliche Abhandlungen über die Natur und Wirkung dieser himmlischen Musik geschrieben, und die gelehrten Autoren haben Passagen aus der Bibel zitiert, von denen sie annehmen, dass sie die in ihren Abhandlungen vertretenen Meinungen unwiderlegbar bestätigen.

Auf den ersten Blick mag es merkwürdig erscheinen, dass es bei den Völkern im Allgemeinen keine so überlieferten Aufzeichnungen über die Urheber ihrer Vokalmusik gibt wie über die Erfindung ihrer Musikinstrumente. Der Grund dafür ist jedoch erklärbar: Singen ist für den Menschen ebenso natürlich wie Sprechen, und unzivilisierte Völker spekulieren wahrscheinlich nicht darüber, ob das Singen jemals erfunden wurde.

Es ist nicht nötig, hier die bekannten mythologischen Überlieferungen der alten Griechen und Römer über den Ursprung ihrer Lieblingsmusikinstrumente wiederzugeben. Es genügt, den Leser daran zu erinnern, dass man glaubte, Merkur und Apollo seien die Erfinder der Lyra und der Kithara; dass die Erfindung der Flöte Minerva zugeschrieben wurde; und dass Pan die Syrinx erfunden haben soll. Einige ähnliche Aufzeichnungen der Hindus verdienen unsere Aufmerksamkeit eher, da sie bisher in keinem musikalischen Werk Beachtung gefunden haben.

In der Mythologie der Hindus ist der Gott Nareda der Erfinder der *Vina* , dem wichtigsten nationalen Musikinstrument Hindustans. Saraswati, die Gemahlin von Brahma, kann als Minerva der Hindus betrachtet werden. Sie ist die Göttin der Musik und der Sprache. Ihr wird die Erfindung der systematischen Anordnung der Klänge in einer Tonleiter zugeschrieben. Sie ist auf einem Pfau sitzend dargestellt und spielt auf einem Saiteninstrument vom Typ Gitarre. Brahma selbst wird als kräftiger Mann mit vier schönen Köpfen dargestellt, der mit seinen Händen auf eine kleine Trommel schlägt. Und Vishnu wird in seiner Inkarnation als Krishna als schöner Jüngling dargestellt, der auf einer Flöte spielt. Die Hindus besitzen noch immer eine besondere Flöte, die sie als das Lieblingsinstrument Krishnas betrachten. Darüber hinaus haben sie die Göttlichkeit von Genēsa, dem Gott der Weisheit, der als Mann mit dem Kopf eines Elefanten dargestellt wird, der in seinen Händen eine Tamboura hält – eine Art Laute mit langem Hals.

Unter den Chinesen stoßen wir auf eine Überlieferung, der zufolge sie ihre Tonleiter von einem Wundervogel namens Foung-hoang erhielten, der offenbar eine Art Phönix war. Was die Erfindung von Musikinstrumenten angeht, haben die Chinesen unterschiedliche Traditionen. In einem davon erfahren wir, dass der Ursprung einiger ihrer beliebtesten Instrumente auf die Zeit zurückgeht, als China unter der Herrschaft himmlischer Geister namens Ki stand. Ein anderer schreibt die Erfindung einiger ihrer Saiteninstrumente dem großen Fohi zu, der „Sohn des Himmels" genannt wird, der angeblich der Gründer des chinesischen Reiches war und etwa um 3000 V . CHR. GELEBT HABEN SOLL lange nach der Herrschaft der Ki oder Geister. Wiederum besagt eine andere Tradition, dass die wichtigsten chinesischen Musikinstrumente und die systematische Anordnung der Töne eine Erfindung von Niuva sind, einer übernatürlichen Frau, die zur Zeit Fohis lebte und eine jungfräuliche Mutter war. Als Konfuzius, der große chinesische Philosoph, bei einer bestimmten Gelegenheit zufällig göttliche Musik hörte, geriet er in so große Verzückung, dass er drei Monate lang nichts essen konnte. Die Musik, die diese wundersame Wirkung hervorrief, war die von Kouei, dem Orpheus der Chinesen, dessen Spiel auf dem *König*, einer Art Harmonikon aus klingenden Steinplatten, wilde Tiere um sich lockte und sie seinem Willen unterwarf.

Die Japaner haben eine schöne Tradition, der zufolge sich die Sonnengöttin aus Groll über die Gewalt eines bösen Bruders in eine Höhle zurückzog und das Universum in Dunkelheit und Anarchie zurückließ; Als die gütigen Götter in ihrer Sorge um das Wohlergehen der Menschheit Musik ersannen, um sie aus dem Rückzugsort zu locken, erwiesen sich ihre Bemühungen bald als erfolgreich. [7]

Die Kalmüken in der Nähe des Kaspischen Meeres verehren eine wohltätige Gottheit namens Maidari, die als eher jovial aussehender Mann mit Schnurrbart und Kaiserkrone dargestellt wird, der auf einem Instrument mit drei Saiten spielt, das ein wenig der russischen Balalaika ähnelt .

Fast alle dieser alten Vorstellungen treffen wir auch bei europäischen Nationen an, wenn auch mehr oder weniger abgewandelt.

Odin, die Hauptgottheit der alten Skandinavier, war der Erfinder magischer Lieder und Runenschriften.

In der finnischen Mythologie soll der göttliche Vainamoinen die fünfsaitige Harfe, Kantele genannt, gebaut haben, das alte Nationalinstrument der Finnen. Den Rahmen machte er aus den Knochen des Hechts, und die Zähne des Hechts benutzte er für die Stimmwirbel. Die Schnüre machte er aus Haaren aus dem Schweif eines temperamentvollen Pferdes. Als die Harfe ins Meer fiel und verloren ging, machte er eine andere, deren Rahmen aus Birkenholz war und deren Wirbel aus Eichenzweigen bestanden. Als Saiten für diese Harfe verwendete er das seidige Haar eines jungen Mädchens. Vainamoinen nahm seine Harfe und setzte sich auf einen Hügel in der Nähe eines silbernen Baches. Dort spielte er mit einer so unwiderstehlichen Wirkung, dass er jeden, der in seine Hörweite kam, in seinen Bann zog. Menschen und Tiere hörten entzückt zu; die wildesten Tiere des Waldes verloren ihre Wildheit; die Vögel der Lüfte wurden zu ihm hingezogen; die Fische stiegen an die Wasseroberfläche und blieben unbeweglich; die Bäume hörten auf, ihre Äste zu bewegen; der Bach verlangsamte seinen Lauf und der Wind seine Eile; selbst das spöttische Echo näherte sich verstohlen und lauschte mit größter Aufmerksamkeit den himmlischen Klängen. Bald begannen die Frauen zu weinen; dann fingen auch die alten Männer und die Kinder an zu weinen; und die Mädchen und die jungen Männer – alle weinten vor Freude. Schließlich weinte Vainamoinen selbst; und seine großen Tränen liefen über seinen Bart und rollten ins Wasser und wurden zu wunderschönen Perlen auf dem Meeresgrund.

Man könnte noch zahlreiche andere Musikgötter oder gottähnliche Musiker zitieren und darüber hinaus unzählige kleinere Geister, die alle den Beweis erbringen, dass die Musik göttlichen Ursprungs ist.

Zwar lächeln Leute, die sich für aufgeklärter als ihre Vorfahren halten, über diese alten Traditionen und sagen, die ursprüngliche Heimat der Musik sei das menschliche Herz. So sei es. Aber haben nicht auch die reinsten und schönsten Vorstellungen des Menschen einen göttlichen Charakter? Wird nicht allgemein anerkannt, dass die Kunst der Musik eine dieser Künste ist? Und ist sie deshalb nicht auch unabhängig von Mythen und Mysterien berechtigt, die göttliche Kunst genannt zu werden?

## SELTSAME ZUFÄLLE.

Es ist eine aufschlussreiche Tatsache, dass mehrere Nationen in unterschiedlichen Teilen der Welt eine alte Tradition besitzen, der zufolge einige harfenähnliche Instrumente ursprünglich aus dem Wasser stammten.

Als Herrscher des Meeres wird der skandinavische Gott Odin erwähnt, der Urheber der Zauberlieder; und als solcher trug er den Namen Nikarr. In der Tiefe des Meeres spielte er Harfe mit seinen Untergeistern, die gelegentlich an die Wasseroberfläche kamen, um einem begünstigten Menschen ihr wunderbares Instrument beizubringen.

Vainamoinen, der göttliche Spieler auf der finnischen Kantele, konstruierte laut Kalewala, dem alten National-æpos der Finnen, das erste Instrument dieser Art aus Fischgräten.

Man wird sich erinnern, dass Hermes seine Lyra, die Chelys, aus einem Schildpatt gefertigt hat.

In der hinduistischen Mythologie erfand der Gott Nareda die Vina, ein fünfsaitiges Instrument, das als wichtigstes Nationalinstrument der Hindus gilt und auch den Namen *Kach'-hapi trägt* , was Schildkröte bedeutet. Außerdem bedeutet *Nara* auf Sanskrit „Wasser" und *Narada* oder *Nareda* „der Geber des Wassers".

Wie Nareda waren auch Nereus und seine fünfzig Töchter, die Nereiden, die in der griechischen Mythologie erwähnt werden, für ihre musikalischen Leistungen berühmt.

Außerdem gibt es eine alte Tradition, die in schwedischen und schottischen Nationalballaden erhalten geblieben ist. Sie handelt von einem geschickten Harfenspieler, der sein Instrument aus den Knochen eines jungen Mädchens baut, das von einer bösen Frau ertränkt wurde. Ihre Finger verwendet er als Stimmschrauben und ihr goldenes Haar als Saiten. Der Harfenspieler spielt und seine Musik tötet die Mörderin. [8] Eine ähnliche Geschichte wird in den alten isländischen Nationalliedern erzählt, und dieselbe Tradition hat sich noch heute auf den Färöer-Inseln sowie in Norwegen und Dänemark erhalten. [9]

Könnte nicht der angenehme Eindruck, den das rhythmische Fließen der Wellen und das beruhigende Murmeln des fließenden Wassers hervorriefen, bei verschiedenen Nationen unabhängig voneinander zu der weitverbreiteten Vorstellung geführt haben, ihr Lieblingsmusikinstrument sei ursprünglich dem Wasser entsprungen? Oder lässt sich diese Vorstellung auf einen gemeinsamen Ursprung zurückführen, der aus prähistorischer Zeit stammt – vielleicht aus der frühen Periode, als die arische Rasse ihr Wissen vermutlich in verschiedenen Ländern verbreitete? Oder stammt sie aus dem alten Glauben, die Welt mit all ihren Reizen und Freuden sei aus einem Chaos entstanden, in dem Wasser das vorherrschende Element darstellte?

Nareda, der Geber des Wassers, war jedoch offensichtlich auch der Herrscher der Wolken; und Odins Thron befand sich im Himmel. Tatsächlich scheinen viele der musizierenden Wassergeister ursprünglich als

Regengötter angesehen worden zu sein. Ihre Musik kann daher eher als aus den Wolken als aus dem Meer stammend angesehen werden. Kurz gesagt, die Traditionen in Bezug auf Geister und Wasser stehen nicht im Widerspruch zu dem Glauben, dass Musik himmlischen Ursprungs ist, sondern bestätigen ihn vielmehr.

## HINDUISTISCHE TRADITIONEN.

Mia Tonsine, eine bedeutende Musikerin zur Zeit Kaiser Akbers, sang mittags einen der *Nachtrags* . Die Kraft der Musik war so groß, dass es augenblicklich Nacht wurde, und die Dunkelheit erstreckte sich kreisförmig um den Palast, soweit der Klang der Stimme gehört werden konnte. Rags sind charakteristische Lieder, die in bestimmten Tonarten oder Tonleitern komponiert sind, und jeder Rag ist einer bestimmten Jahreszeit zugeordnet, in der nur er zu vorgeschriebenen Stunden des Tages oder der Nacht gesungen oder gespielt werden muss; denn über jedem der sechs Rags oder Kompositionsarten herrscht ein bestimmter Gott, der ebenso über die sechs Jahreszeiten herrscht. Die sechs Jahreszeiten sind: *Seesar* , die Taujahreszeit; *Heemat* , die kalte Jahreszeit; *Vasant* , die milde Jahreszeit oder der Frühling; *Greesshma* , die heiße Jahreszeit; *Varsa* , die Regenzeit; und *Sarat* , das Aufbrechen oder Ende der Regenzeit. [10]

Wer versucht, den Rag *Dheepuck* (oder „Cupid the Inflamer") zu singen, wird durch Feuer zerstört. Kaiser Akber befahl Naik Gopaul, einem berühmten Musiker, diesen Rag zu singen. Naik Gopaul versuchte sich zu entschuldigen, aber vergebens; Der Kaiser bestand auf Gehorsam. Der unglückliche Musiker bat daher um Erlaubnis, nach Hause gehen und sich von seiner Familie und seinen Freunden verabschieden zu dürfen. Es war Winter, als er nach sechsmonatiger Abwesenheit zurückkehrte. Bevor er zu singen begann, tauchte er in das Wasser der Jumna, bis es seinen Hals erreichte. Sobald er ein oder zwei Anstrengungen unternommen hatte, wurde der Fluss allmählich heiß; Endlich begann es zu kochen, und die Qualen des unglücklichen Musikers waren fast unerträglich. Er unterbrach die so grausam erpresste Melodie für einen Moment und bat den Monarchen um Gnade, doch vergeblich. Akber wollte die Kräfte des Rag *Dheepuck* stärker beweisen . Naik Gopaul erneuerte das tödliche Lied: Flammen schlugen mit Gewalt aus seinem Körper, der, obwohl er in die Gewässer der Jumna getaucht war, zu Asche verbrannte.

Der Effekt, den der *Maig Mullaar genannte Lappen erzeugt,* ist sofortiger Regen. Es wird erzählt, dass ein singendes Mädchen einst, indem sie die Kraft ihrer Stimme in diesem Lappen einsetzte, aus den Wolken rechtzeitige und erfrischende Regenschauer auf die ausgedörrten Reisfelder von Bengalen holte und dadurch die Schrecken der Hungersnot aus dem „Paradies der Regionen" abwendete „, wie die Provinz Bengalen manchmal genannt wird.

Sir William Ouseley, der diese Überlieferungen offenbar aus mündlicher Überlieferung erlangte, gibt an, dass sie von vielen Hindus erzählt und von einigen blind geglaubt werden. Fragt man die Leute jedoch, ob es unter ihnen noch Musiker gibt, die ähnliche Effekte wie die aufgezeichneten hervorbringen können, erhält man die ernste Antwort, dass die Kunst heute fast verloren ist, es jedoch im Westen Hindustans noch Musiker mit wundersamen Kräften gibt; und wenn man im Westen nachfragt, sagt man, dass, falls es noch solche Musiker gibt, diese in Bengalen zu finden sein müssen. [11]

Eine zuverlässige Sammlung hinduistischer Traditionen im Zusammenhang mit Musik könnte für den Musikhistoriker wahrscheinlich aufschlussreich und wertvoll sein, insbesondere wenn er sie im Hinblick auf die Mythen der alten Ägypter und Griechen untersucht.

## HIMMLISCHE STREITIGKEITEN.

Unter unzivilisierten Menschen scheint allgemein die Vorstellung vorzuherrschen, dass während einer Sonnen- oder Mondfinsternis die beiden Himmelskörper miteinander streiten oder dass ihr eheliches Glück durch ein eindringendes Monster gestört wird.

Die Ureinwohner der polynesischen Inseln haben eine alte Tradition, der zufolge der Mond ( *Marama genannt* ) die Frau der Sonne ( *Ra genannt* ) ist und dass der Mond während einer Sonnenfinsternis von einem wütenden Geist gebissen oder gekniffen wird. [12]

Die Javaner und die Ureinwohner des indischen Archipels im Allgemeinen schreien und schlagen Gongs, wenn eine Sonnenfinsternis stattfindet, um zu verhindern, dass die Sonne oder der Mond vom großen Drachen (genannt *Nága* ) verschlungen wird, von dem sie annehmen, dass er den Himmelskörper angreift. [13] Diese Vorstellung scheint von den Malaysiern von den Hindus übernommen worden zu sein, in deren Mythologie ein Gott namens Rahu – der ursprünglich ein Riese gewesen sein soll und schwarz bemalt ist – zum Zeitpunkt einer Sonnenfinsternis die Sonne verschlingt Sonne und Mond und erbricht sie wieder.

Von den Chinesen wird uns erzählt: „Sobald sie bemerken, dass die Sonne oder der Mond sich zu verfinstern beginnen, werfen sie sich auf die Knie und schlagen mit der Stirn auf die Erde. In der ganzen Stadt ist sofort ein Trommel- und Beckenlärm zu hören. Dies sind die Überreste einer alten in China verbreiteten Meinung, dass sie durch solch einen schrecklichen Lärm dem leidenden Himmelskörper beistehen und verhindern, dass er vom himmlischen Drachen verschlungen wird." [14]

Die Grönländer haben laut Crantz eine ähnliche Tradition; aber statt Musikinstrumenten tragen die Männer Kessel und Kisten auf das Dach des

Hauses und rasseln und schlagen damit, und die Frauen kneifen die Hunde an den Ohren, um den Mond zu verscheuchen, der, so nehmen sie an, seine Frau, die Sonne, beleidigt. [15] In Grönland ist der Mond der Mann und die Sonne die Frau, wie in Deutschland.

Auch die Neger in Westafrika scheinen eine ähnliche Vorstellung zu haben. Der Reisende Lander wurde während seines Aufenthalts in Boussa im Sudan Zeuge des wilden Verhaltens der Neger bei einer Mondfinsternis. Ihre hauptsächlichen Bemühungen, die vermeintlich drohende Katastrophe abzuwenden, bestanden darin, Trompeten zu blasen, Trommeln zu schlagen, zu singen und zu schreien. [16]

Die japanische Legende von der Sonnengöttin, die sich in einer Höhle versteckt und durch die Kraft der Musik aus ihrem dunklen Versteck gelockt wird, ist offenbar ebenfalls eine poetische Vorstellung einer Sonnenfinsternis. Titsingh berichtet dieselbe Überlieferung und sagt, dass die Sonnengöttin Fensio-Daysin aufgrund eines Streits mit ihrem Bruder Sasanno-Ono-Mikotto, dem Gott des Mondes, in die Höhle floh. [17]

Aus diesen Beispielen geht hervor, dass musikalische Darbietungen oder zumindest der Klang lauter Instrumente als das wirksamste Mittel gelten, um den Zorn der streitenden Himmelskörper zu besänftigen. Es gibt jedoch keinen Grund anzunehmen, dass diese eigentümliche Vorstellung ursprünglich von einem einzigen Volk stammt. Wie mehrere andere Volkstraditionen verdankt sie ihren Ursprung höchstwahrscheinlich Eindrücken, die ein bestimmtes Naturphänomen auf das Gehirn ausübt. Daher könnte sie sich verschiedenen Nationen unabhängig voneinander eingeprägt haben, anstatt von einer Nation zur anderen weitergegeben zu werden.

## AL-FARABI.

Die meisten der überlieferten Volkslegenden und Märchen haben einen hohen Ursprung. Viele von denen, die während der christlichen Ära entstanden zu sein scheinen, sind lediglich Abwandlungen älterer Legenden aus heidnischen Zeiten. So wird in einer Legende die Jungfrau Maria durch eine heidnische Göttin ersetzt und der eine oder andere Heilige durch einen heidnischen Gott. Manchmal wird ein bemerkenswertes Ereignis aus der alten Geschichte so erzählt, als habe es sich in viel jüngerer Zeit zugetragen. Vielleicht hat es sich wieder ereignet, aber in vielen Fällen wurde die alte Tradition zweifellos von einer Nation von einer anderen übernommen und an Umstände angepasst, die ihre Anpassung begünstigten.

In den Musikaufzeichnungen der Araber werden die wunderbaren Leistungen eines berühmten Musikers erwähnt, dessen Name Al-Farabi war und der seine Fähigkeiten in Spanien an einer der Schulen in Cordova erwarb, die bereits gegen Ende florierten des neunten Jahrhunderts. Der Ruf von Al-Farabi wurde so groß, dass er sich schließlich auf Asien ausdehnte. Der mächtige Kalif von Bagdad selbst wollte den berühmten Musiker hören und sandte Boten nach Spanien mit der Anweisung, Al-Farabi reiche Geschenke zu machen und ihn an den Hof des Kalifen zu bringen; aber der Musiker befürchtete, dass er bei seiner Abreise in Asien festgehalten werden und seine Heimat, der er sich zutiefst verbunden fühlte, nie wieder sehen würde. Doch schließlich entschloss er sich, sich zu verkleiden und die Reise anzutreten, die ihm eine reiche Ernte versprach. In ein gemeines Kostüm gekleidet, erschien er unerkannt am Hofe, genau zu der Zeit, als der mächtige Kalif mit seinem täglichen Konzert bewirtet wurde. Al-Farabi, der allen Anwesenden unbekannt war, durfte sein Können unter Beweis stellen. Er sang und begleitete sich selbst auf der Laute. Kaum hatte er seinen Auftritt in einem bestimmten musikalischen Modus begonnen, brachte er sein gesamtes Publikum zum lauten Lachen, ungeachtet der Bemühungen der Höflinge, eine so unziemliche Zurschaustellung von Fröhlichkeit in der Gegenwart des mächtigen Kalifen zu unterdrücken. Tatsächlich musste sogar der mächtige Kalif selbst in einen Lachanfall ausbrechen. Plötzlich wechselte Al-Farabi in einen anderen Modus, und die Wirkung war, dass alle seine Zuhörer sofort zu seufzen begannen und bald Tränen der Traurigkeit die vorherigen Tränen der Freude ersetzten. Wieder sang und spielte er in einem anderen Modus, was sein Publikum so in Rage brachte, dass sie sich gegenseitig bekämpft hätten, wenn er, da er die Gefahr erkannte, nicht direkt in einen beschwichtigenden Modus übergegangen wäre. Nach dieser wunderbaren Demonstration seines Könnens schloss er auf eine Art und Weise, die den außergewöhnlichen Effekt hatte, dass sie seine Zuhörer in einen tiefen Schlaf fallen ließ, in dem Al-Farabi sich verabschiedete.

Es ist ersichtlich, dass dieser Vorfall nahezu identisch mit einem Vorfall ist, der etwa zwölfhundert Jahre zuvor am Hofe Alexanders des Großen stattgefunden hat und Gegenstand von Drydens schönem Gedicht „Alexanders Fest" ist. Der angesehene Flötist Timotheus, der vor Alexander spielte, erweckte und unterdrückte nacheinander verschiedene Leidenschaften, indem er während der Aufführung die musikalischen Modi wechselte, genau auf die gleiche Weise wie Al-Farabi mehr als tausend Jahre später.

## VERTRAUENER FERDINAND.

Die Deutschen haben eine merkwürdige Geschichte, in der ein Vorfall an Arions berühmtes Abenteuer erinnert. Man erinnert sich, dass Arion, nachdem er durch seine musikalischen Talente großen Reichtum erlangt hatte, während einer Reise in unmittelbarer Gefahr war, von den Matrosen ermordet zu werden, die es auf die Schätze abgesehen hatten, die er mit sich führte. Als er feststellte, dass sein Tod besiegelt war, bat er um Erlaubnis, noch einmal auf seine geliebte Leier schlagen zu dürfen. Und er spielte so gefühlvoll, dass die Fische, die das Schiff umgaben, Mitleid mit ihm hatten. Er warf sich ins Wasser und wurde von einem Delphin an Land getragen.

Über den treuen Ferdinand, den Helden der deutschen Geschichte, wird uns erzählt, dass er, als er einen Fisch sah, der am Ufer kämpfte und nach Wasser schnappte, ihn am Schwanz packte und ihn in sein Element zurückführte. Daraufhin streckt der Fisch aus Dankbarkeit seinen Kopf aus dem Wasser und überreicht dem treuen Ferdinand eine Flöte. „Solltest du jemals meine Hilfe brauchen", sagt der Fisch, „spiel nur auf dieser Flöte, und ich werde kommen und dir helfen." Irgendwann danach begibt sich der treue Ferdinand auf eine Reise in ein fernes Land. Während er an Bord eines Schiffes ist, hat er das Pech, einen kostbaren Ring ins Meer fallen zu lassen, von dessen Besitz sowohl das Glück einer schönen Prinzessin als auch sein eigenes Glück abhängt. Er greift zur Flöte; Sobald er zu spielen beginnt, erscheint der Fisch und reicht ihm den kostbaren Ring zurück.

## DER WILDE JÄGER.

Der Wilde Jäger rast nachts durch den Wald, begleitet von einem lärmenden Heer, und verfolgt seine wütende Jagd mit unheimlichem Gesang, dem Ertönen von Hörnern, dem Bellen von Hunden, dem Klappern von Pferden und mit furchteinflößendem Geschrei und Hallo. Diese weitverbreitete Vorstellung lässt sich bis in die antike heidnische Zeit zurückverfolgen, in der Wuotan (oder Woden), die Hauptgottheit der deutschen Mythologie, die Eigenschaften aufweist, die gemeinhin dem Wilden Jäger zugeschrieben werden. Aber es ist sowohl neu als auch alt; denn es drängt sich heute nicht weniger selbstverständlich auf als in längst vergangenen Zeiten – wie der Leser vielleicht aus eigener Erfahrung wissen wird, wenn er sich jemals in einer stürmischen Mondnacht allein in einem Wald in Böhmen oder Deutschland befunden hat. Auf jeden Fall kann er sicher sein, dass es kein Scherz ist, in einer solchen Nacht einen Wald zu durchqueren, der noch fast in seinem Urzustand erhalten ist.

Für eine Weile scheint alles totenstill zu sein, und der einsame Fußgänger, der einem alten Pfad folgt, der schwach den Weg zu einem Dorf weist, wird nur gelegentlich von der plötzlichen Dunkelheit verwirrt, die einsetzt, wenn eine Wolke den Mond verdeckt, oder von der überraschenden Helligkeit, die auftreten sollte Er erreicht unerwartet eine Lichtung im Wald, gerade in dem Moment, als eine Wolke über den Mond gezogen ist und nicht weit vor ihm ihren Schatten wirft, der wie ein Gespenst schnell über das Unterholz huscht und verschiedene unhöfliche Formen annimmt. Bald wird seine Fantasie durch ferne Geräusche angeregt, die man am Tag der offenen Tür nie hört – das Jaulen von Füchsen, das Heulen von Wölfen, das Grunzen von Wildschweinen; und jetzt durch den kläglichen Schmerzensschrei eines

Vogels, der einem gefräßigen Tier zum Opfer gefallen ist. Plötzlich wird er
von einem schrecklichen Geräusch erschreckt, das dem Galoppieren einer
Kavalkade ähnelt: Eine Herde Hirsche flieht eilig durch den Wald. Die
Kavalkade scheint direkt auf ihn zuzulaufen; aber bald wird der Lärm
schwächer und verstummt schnell. Nun nähert sich nach und nach ein
Wirbelsturm, der über den Wald fegt und die Baumwipfel heftig erschüttert,
dem geplagten Fußgänger. Zunächst nur stöhnend und murrend, bricht es
bald in ein fürchterliches Geheul aus; und während es wütend über den Kopf
des unfreiwilligen Zeugen hinwegfliegt, scheucht es aus ihren Verstecken
verschiedene Eulen auf, deren Schreien und Schreien allein ausreichen
würden, um ihm die Haare zu Berge stehen zu lassen. Und wenn der
Wirbelsturm vorbeigezogen ist und man in der Ferne nur noch ein leises
Rauschen hört, werden mit Sicherheit bald andere Geräusche und
Erscheinungen auftauchen, die nicht weniger furchterregend sind. Kurz
gesagt, der einsame Wanderer, und sei er noch so intelligenter Beobachter
der Natur, wird höchstwahrscheinlich spüren, wie ihm eine schwere Last aus
dem Herzen fällt, wenn er den Wald hinter sich gelassen hat. Bald, wenn er
das Ende seiner Reise erreicht hat, wird er vielleicht seine Hausschuhe
anziehen und dabei das angenehme Gefühl der Erleichterung spüren, das
Menschen mit Sicherheit verspüren werden, wenn sie einer drohenden
Gefahr entkommen sind. Jetzt kann er sich gut einreden, dass er doch nur
ein paar interessante Naturphänomene gesehen hat; vielleicht lächelt er sogar
über die abergläubischen Vorstellungen einfältiger Bauern. Aber was nützt
ihm das? Die Nacht ist noch nicht vorbei, und er kann sich dem ängstlichen
Traum einer persönlichen Begegnung mit dem Wilden Jäger und seinem
wütenden Gastgeber nicht entziehen.

Nach dem Gesagten wird es den Leser nicht überraschen, dass die Berichte
von Zeugen, die behaupten, dem Wilden Jäger begegnet zu sein, in vielen
Punkten voneinander abweichen. Vieles hängt offensichtlich von der Art des
Ortes ab, an dem sich die mysteriöse Erscheinung zeigt. In einigen Teilen
Deutschlands wird besonderer Wert auf die Sanftheit und Süße seiner Musik
gelegt. Diese Vorstellung könnte in den Kiefernwäldern entstanden sein, wo
die zarten, nadelförmigen Blätter der Bäume vom Wind wie die Saiten einer
Äolsharfe zum Vibrieren gebracht werden. Aber das Blasen des Jägerhorns
scheint ein unverzichtbares Attribut der wilden Jagd zu sein. Die
Landbevölkerung in Mecklenburg und einigen anderen Provinzen im
Norden Deutschlands, in denen Plattdeutsch gesprochen wird, sagt, wenn
sie das geheimnisvolle Geräusch im Wald hört: „ *De Wode tüt!* “ („Woden
tutet!“), womit sie eher eine Reihe unrhythmischer Geräusche als eine
melodische Abfolge von Tönen auf dem Horn meint – tatsächlich klingt es
sehr ähnlich wie das Rufen einer Eule. Es ist außerdem ein weit verbreiteter
Glaube, dass eine Eulenart, die von den Bauern *Tutosel genannt wird* , den
Wilden Jäger und sein wütendes Heer stets begleitet.

Ein Bericht über ein außergewöhnliches Ereignis, der von einem ehrlichen Zeugen gegeben wird, ist natürlich im Allgemeinen einer bloß vom Hörensagen stammenden Aussage über dasselbe Ereignis vorzuziehen; und die Aussage des Zeugen verdient umso mehr Aufmerksamkeit, wenn er sich als intelligenter und scharfsinniger Beobachter erweist. Der beigefügte Bericht des deutschen Barons Reibnitz könnte daher den Leser interessieren. Er wurde vom Baron der Philosophischen Gesellschaft in Görlitz, Schlesien, übermittelt. Da Görlitz eine Philosophische Gesellschaft besitzt, muss es in der Stadt kluge Leute geben. Wie dem auch sei, das Dokument ist authentisch und wurde getreulich aus dem Deutschen übersetzt.

## DER MUTIGE DEUTSCHE BARON.

„Der vielerorts verbreitete volkstümliche Brauch des Wilden Jägers herrscht auch heute noch in meinem Dorf Zilmsdorf vor. Ich kannte ihn schon in frühester Kindheit, aber nur vom Hörensagen, und zwar kaum, als ich hierherkam Als ich in den Besitz meines väterlichen Erbes gelangte, erteilte ich insbesondere der Nachtwache die strengsten Befehle, mich zu jeder Nachtzeit sofort zu benachrichtigen, falls dieses Ereignis eintreten sollte.

„Vor etwa dreißig Jahren, gegen elf Uhr in einer klaren Nacht im Monat Mai, hörte ich ein Klopfen an meinem Fenster: –

„‚Gnädiger Baron!‘ rief meine Nachtwache: „Der wilde Jäger!“

„Ich gab sofort Befehl, Stäglich, meinen Wildhüter, zu wecken, der damals – ich war damals Junggeselle – für mich Stallknecht, Wildhüter, Hausverwalter, kurz alles in allem war und noch dazu gerade in meinem Alter und gewiß ein vortrefflicher Förster.

„‚Geht, holt die Pferde! Beeilt euch! Bleibt nicht stehen, um zu satteln – nur die Pferdedecke; der Wilde Jäger ist im Wald; wir werden ihn willkommen heißen!‘

„Das war genau das Richtige für Stäglich. In weniger als zehn Minuten waren wir beritten, gut bewaffnet und flogen über Wiesen und gepflügte Felder dem Klang von Jagdhörnern und dem Heulen von Hunden entgegen. Kaum hatten wir die Heide erreicht, als Der Lärm verstummte. Plötzlich hörten wir in unserer Nähe ein Jaulen, das dem eines Dachshundes ähnelte, wenn er die verlorene Spur wiedererlangt hatte. steigerte sich; und nun begann eine wahrhaft wütende Verfolgungsjagd, die sich in die Mitte des Waldes bewegte, wo sich auch andere Jagdhörner schrecklich wanden. Wir spornten unsere Pferde an und stürmten vorwärts, aber ein undurchdringliches Dickicht zwang uns, unseren Kurs zu ändern Biegen Sie in einen Teil des Waldes ein, in dem es nur wenig Unterholz gab, in dem es aber trotz der wunderschönen Sternennacht so stockdunkel war, dass wir den Wald vor lauter Bäumen nicht sehen konnten, wie es heißt: „Die Pferde". sind bekanntlich nachts nervöser als Männer – scheuten sich mehrfach.

„Plötzlich schien die Wilde Jagd direkt auf uns zuzukommen, und zwar mit einem so schrecklichen Lärm, dass wir uns, sobald wir den Gipfel des Hügels erreicht hatten, wo die höchsten Waldbäume stehen, gegenseitig zuriefen: ‚Jetzt ran an sie!'

„Wie ein Wirbelsturm rauschte es mit furchtbarer Musik aus Stimmen und Instrumenten in einer Entfernung von kaum vierzig Schritten an uns vorbei. Die Pferde schnaubten und scheuten, und das meines Wildhüters bäumte sich auf und fiel nach hinten.

„Der Himmel sei uns gnädig und beschütze uns!", riefen wir beide. Ich eilte ihm zu Hilfe, aber er stand bereits auf. Bald war er wieder an meiner Seite. Unsere Pferde drängten sich nervös dicht aneinander. Die Wilde Jagd schien vorüber zu sein, als wir nach kurzer Zeit hörten, wie sie in weiter Ferne auf freiem Feld von neuem begann. Ohne Zeit zu verlieren, eilten wir in diese Richtung und erreichten bald die Felder.

„Die Sterne leuchteten hell und fröhlich. Nun zog die Wilde Jagd vor uns vorbei; doch als wir uns näherten, entfernte sie sich allmählich in einer geschwungenen Linie, begleitet von Hörnerschall, Hundegeschrei und Pferdegeklapper. Bald war sie weit weg auf der fernen Heide.

„Wir fuhren nach Hause, wo uns die Nachtwache schon sehnsüchtig erwartete. Er hatte schon angefangen zu zweifeln, ob wir je wiederkommen würden. Es war schon nach ein Uhr." [18]

## PROPHETISCHE VOGELRUFE.

Die Rufe der Vögel werden vielleicht häufiger als gute Vorzeichen denn als Unglücksboten angesehen. Bei den slawischen Völkern, besonders bei den Polen und Litauern, sagt das Rufen der Eule Elend und Tod voraus. Und auch in Deutschland deutet mancher Aberglaube darauf hin, dass es in der Familie des Hausbesitzers bald einen Todesfall geben wird, wenn in einer Mondnacht die kleine Kreischeule in einem Dorf auftaucht und sich auf einem Bauernhaus niederlässt. Ein ähnlicher Aberglaube ist auch in Hindustan verbreitet. [19]

Das Krächzen eines Raben wird in Russland und Serbien als Vorzeichen für Blutvergießen angesehen. [20] Die alte Tradition des Singens des sterbenden Schwans ist jedem bekannt. Obwohl unser gewöhnlicher Schwan keine Geräusche hervorbringt, die diese Tradition erklären könnten, ist es eine wohlbekannte Tatsache, dass der wilde Schwan ( *Cygnus ferus* ), auch Pfeifschwan genannt, im Flug einen schrillen Ton ausstößt, der, so hart er auch klingen mag, wenn man ihn aus der Nähe hört, eine angenehme

Wirkung hat, wenn er von einem großen Schwarm hoch in der Luft ausgeht und in verschiedenen Tonhöhen gehört wird, wobei seine Lautstärke je nach den Bewegungen der Vögel und der Windrichtung zu- oder abnimmt. Mit der Idee des Gesangs des sterbenden Schwans scheint die skandinavische Tradition der Walküren verbunden zu sein, die Jungfrauen in Rüstung mit Schwanenflügeln waren. Während einer Schlacht näherten sich die Valkyrjas schwebend durch die Luft und zeigten, über dem Schauplatz des Blutbads schwebend, wer im Kampf fallen würde. [21]

Der Kuckuck gilt bei den Russen und den meisten anderen slawischen Völkern als Vogel der Traurigkeit. Nach einer serbischen Überlieferung war der Kuckuck (genannt *Kukawiza* ) ein Mädchen, das so ununterbrochen um seinen verstorbenen Bruder weinte, dass es sich in einen Vogel verwandelte, der in zwei melancholischen Tönen seine unaufhörliche Klage durch die Luft sendet. Ein serbisches Mädchen, das seinen Bruder (Geliebten?) verloren hat, hört nie den Kuckuck, ohne Tränen zu vergießen. Darüber hinaus gilt der Kuckuck in Serbien als prophetischer Vogel, insbesondere vom *Heyduk* oder Räuber, der aus seinem früheren oder späteren Gesang erfährt. [22]

Bei den germanischen Völkern gelten die Rufe des Kuckucks, wenn er im Frühling zum ersten Mal zu hören ist, im Allgemeinen als gutes Omen. Noch heute, wie es der germanischen Mythologie zufolge in der Antike der Fall zu sein scheint, ist es unter den Bauern in Deutschland ein Glaube, dass jemand, wenn er zählt, wie oft dieser Vogel seinen Ruf wiederholt, daraus ableiten kann, wie viele Jahre er noch zu leben hat oder wie viele Jahre vergehen werden, bis ein Ereignis eintritt, das er mit gutem Grund zu erwarten hat. Es gibt eine alte Geschichte über einen Menschen, der ein ziemlich sündhaftes Leben geführt hatte und, um dafür zu büßen, beschloss, für den Rest seines Lebens Mönch zu werden. Es geschah, dass er, gerade als er das Kloster betrat, den Kuckuck im Frühling zum ersten Mal seinen Namen rufen hörte. Er zählte besorgt die Anzahl der Rufe und als er feststellte, dass es sich um zweiundzwanzig Wiederholungen handelte, änderte er sofort seine Meinung. „Wenn ich schon zweiundzwanzig Jahre länger leben muss", sagte er sich, „dann kann ich auch zwanzig Jahre länger die Freuden dieser Welt genießen, und dann bleiben mir noch zwei ganze Jahre, um ihre Eitelkeiten in einem Kloster anzuprangern." Also kehrte er sofort in die Welt zurück.

Die Landmädchen in Schweden zählen den Kuckucksruf, um festzustellen, wie viele Jahre sie noch unverheiratet bleiben müssen; aber im Allgemeinen verschließen sie ihre Ohren und laufen weg, wenn sie es ein paar Mal gehört haben. Hört ein Mädchen ihn öfter als zehnmal, wird sie ziemlich verärgert erklären, dass sie nicht abergläubisch ist und nicht im Geringsten an den Ruf des Kuckucks glaubt.

**PFEIFEN.**

„Warum! Er macht Musik mit seinem Mund!" rief ein gebürtiger Burma aus, als er einen amerikanischen Missionar beim Pfeifen beobachtete; und der Missionar notierte die Worte in seinem Tagebuch mit der Überlegung: „Es ist bemerkenswert, dass die Burmesen überhaupt keine Ahnung vom Pfeifen haben." [23] Aber war der einfältige Asiate nicht erstaunt darüber, was er an einem Herrn, der nach Burma gekommen war, um eine neue Religion zu lehren, für unziemlich hielt?

Die Araber missbilligen im Allgemeinen das Pfeifen, das von ihnen *El Sifr genannt wird*. Einige behaupten, dass der Mund des Pfeifers vierzig Tage lang nicht gereinigt werden dürfe; während andere der Meinung sind, dass Satan, wenn er den Körper eines Menschen berührt, diesen dazu bringt, ein beleidigendes Geräusch von sich zu geben. [24]

Die Ureinwohner der Tonga-Inseln in Polynesien halten das Pfeifen für falsch und respektlos gegenüber ihren Göttern. [25]

In europäischen Ländern trifft man Leute, die etwas dagegen haben, an einem bestimmten Wochentag oder zu bestimmten Tageszeiten zu pfeifen. Die Dorfbewohner in einigen Gegenden Norddeutschlands haben das Sprichwort, wenn man abends pfeift, bringt es die Engel zum Weinen. Die Dorfbewohner in Island sagen, dass man den Heiligen Geist vertreibt, wenn man einen Stock, eine Peitsche, einen Zauberstab oder irgendetwas, das ein pfeifendes Geräusch macht, um sich schwingt; während andere Isländer, die sich für frei von Aberglauben halten, vorsichtig den Rat geben: „Tu es nicht; denn wer weiß, was in der Luft ist?" [26]

Es scheint jedoch zu allen Zeiten unbeschwerte Menschen gegeben zu haben, die entgegen den abergläubischen Ansichten ihrer Landsleute nach Herzenslust oder zur Belustigung derer gepfiffen haben, die sich über gängige Vorurteile nicht im Geringsten lustig machten.

Joseph Strutt berichtet in seinem Werk „Sports and Pastimes of the People of England" über die erstaunliche Leistung eines Pfeifers, der unter dem Namen Rossignol Ende des letzten Jahrhunderts sein Talent auf der Bühne des Covent Garden Theatre unter Beweis stellte. Auch hier wird im „Spectator" (Bd. VIII, Nr. 570) ein amüsanter Bericht über einen geschickten Pfeifer gegeben, der der Wirt der Taverne war, die besonders von Addison und Steele besucht wurde; und der Autor schließt seine Beschreibung des überraschenden Talents des Gastgebers mit der Empfehlung an seine Leser ab, in die Taverne zu gehen und wegen des Pfeifens eine Flasche Wein zu bestellen.

Die Russen in der Ukraine erzählen eine seltsame Geschichte über einen pfeifenden Räuber von früher, der ein Mann von sagenhaft großen Ausmaßen gewesen sein muss, denn er soll, wie uns erzählt wird, auf neun

Eichen gleichzeitig gesessen haben. Sein Name ist immer noch bekannt; aber es wäre eine Belastung für den Leser, ihm einen Namen vorzustellen, der fast ausschließlich aus Konsonanten besteht und nur von einem Russen ausgesprochen werden kann. Dieser berühmte Räuber trug jedoch auch den Spitznamen „Nachtigall", der ihm aufgrund seiner außergewöhnlichen Pfeiffähigkeiten verliehen wurde. Wann immer ein Reisender den Wald betrat, in dem der Räuber Nachtigall seinen Wohnsitz hatte, war es für ihn schade, wenn er es versäumt hatte, sein Testament zu verfassen; denn der Räuber Nightingale pfiff so eindrucksvoll, dass der arme Reisende zwangsläufig in Ohnmacht fallen musste, und dann trat der elende Pfeifer vor und tötete ihn sofort. Doch schließlich begab sich ein großer Held, der außerdem ein heiliger Mann war und dessen Name Ilja Murometz war, in den Wald, um den Räuber Nachtigall zu bezwingen. Nachdem er ihn mit einem Pfeil getroffen und gefangen genommen hatte, fesselte er ihn an den Sattel seines Pferdes und begleitete ihn nach Kiew zum Hof des Großfürsten Wladimir. Selbst dort erwies sich der gefesselte Pfeifer als äußerst gefährlich. Denn als der Großfürst nur aus Neugier und vielleicht um zu sehen, ob seine Höflinge ihm die Wahrheit gesagt hatten, dem Räuber befahl, vor ihm zu pfeifen – die Großfürstin und alle königlichen Kinder waren anwesend – begann der Mann sofort zu pfeifen auf eine so überwältigende Weise, dass Wladimir mit seiner ganzen Familie bald unweigerlich tot gewesen wäre, wenn nicht einige tapfere Höflinge, die die Gefahr erkannten, aufgestanden wären und dem Pfeifer den Mund gehalten hätten.

Darüber hinaus sagen einige aufgeklärte Russen, dass die Geschichte nicht wörtlich genommen werden dürfe. Zur Zeit der Einführung des Christentums in Russland lebte in der Nähe von Kiew ein heidnischer Hohepriester, der ein so hervorragender Redner war, dass es ihm tatsächlich gelang, viele auf seine Seite zu ziehen, um die Ausbreitung des Christentums aufzuhalten. Dieser Mann, dessen Überzeugungskraft so groß war, dass seine Anhänger ihn Nachtigall nannten, wurde schließlich von seinem christlichen Gegner Murometz besiegt. Die Gebeine von Murometz, so erfahren wir weiter, sind nie verwest und werden noch heute jährlich in Kiew ausgestellt, um von einer Versammlung frommer Gläubiger verehrt zu werden. [27]

# DIE STUDIEN UNSERER GROSSEN KOMPONISTEN.

Eine Untersuchung der allmählichen Entwicklung des Genies unserer großen Musikkomponisten ist für den Musikliebhaber ebenso lehrreich wie interessant. Bevor wir diese Untersuchung in Angriff nehmen, ist es ratsam, genau herauszufinden, was mit der Bezeichnung „unsere großen Komponisten" gemeint ist.

Musik zu komponieren bedeutet nicht nur, musikalische Ideen zu erfinden, sondern auch, bereits erfundene Ideen so zu nutzen, dass sie in einem neuen Licht dargestellt werden. Bestimmte Modulationen, Passagen und rhythmische Kombinationen, die in unseren Musikkompositionen vorkommen, können als Gemeingut angesehen werden; aber wie überraschend originell und frisch erscheinen sie uns oft durch die neue Art und Weise, wie sie von Komponisten im Zusammenhang mit anderen Ideen verwendet werden! Nun verdient ein Komponist, der die Macht hat, sehr schöne Kunstwerke in einer bestimmten Form zu schaffen, indem er Ideen erfindet und Ideen, die nicht von ihm erfunden wurden, in einem neuen Licht erscheinen lässt, als großer Komponist angesehen zu werden.

Um jedoch die allmähliche Entwicklung seines Genies nachzuvollziehen, genügt es nicht, seine Studien zu untersuchen oder ihn sozusagen in seiner Werkstatt zu beobachten; wir müssen unsere Untersuchung weiter zurück beginnen und ihn zunächst als vielversprechendes Kind betrachten.

Leider ist über die frühen Einführungslektionen unserer großen Komponisten im Allgemeinen nur wenig bekannt. Berühmte Musiker haben wichtigere Aufgaben, als ihre ersten Anweisungen zu erklären; oder sie haben größtenteils vergessen, wie sie in ihrer Kindheit die Grundlagen ihrer Kunst erlernten. Dennoch sind die Einführungslektionen besonders bemerkenswert, da diese Grundlage einen fast unauslöschlichen Einfluss auf die spätere Ausbildung des Musikschülers ausübt.

Das musikalische Talent von Kindern ist nicht immer so leicht zu entdecken, wie man annehmen könnte. Faulheit, die bei schnell wachsenden Kindern nicht ungewöhnlich ist, oder Gleichgültigkeit aufgrund unüberlegter Ausbildung können mit fehlendem Talent verwechselt werden. Es gibt Aufzeichnungen über hervorragende Musiker, die in früher Kindheit weder Talent noch Vorliebe für Musik zeigten. Andere, die keine Neigung zeigten, das Musikinstrument zu lernen, auf dem sie unterrichtet wurden, zeigten unerwartet viel Talent und Fleiß beim Üben auf einem anderen Instrument ihrer Wahl. Die meisten unserer hervorragenden Musiker zeigten schon in früher Kindheit eine Vorliebe für ein bestimmtes Instrument, das sie beharrlich pflegten und auf dem sie später brillierten.

Eltern neigen dazu, Talent in ihren Kindern zu sehen, wo es nicht vorhanden ist, oder zumindest nicht in dem vermuteten Ausmaß. Manche finden sogar in der Kopfform ihrer Sprösslinge unverkennbare Hinweise auf musikalisches Talent. Eine besondere Schädelform, insbesondere an den Schläfen, ist bei vielen begabten Musikern sicherlich zu beobachten und kann auf den wenigen Porträts erkannt werden, von denen bekannt ist, dass sie große Komponisten getreu wiedergeben. Es wäre interessant zu wissen, ob die kindlichen musikalischen Wunderkinder, von denen es im Laufe des Jahrhunderts so viele gab, im Allgemeinen dieses phrenologische Anzeichen besaßen. Wie dem auch sei, sie sind nur in Ausnahmefällen große Komponisten geworden. Tatsächlich haben frühe musikalische Wunderkinder im späteren Leben nur selten so viel erreicht, wie von ihnen erwartet wurde. Es gibt jedoch Ausnahmen, zum Beispiel Mozart. Dr. Crotch zeigte in seiner Kindheit ebenso außergewöhnliche Fähigkeiten wie Mozart. Mit dreieinhalb Jahren konnte er einige harmonisierte Melodien auf dem Pianoforte spielen, und mit fünf Jahren trat er bei einem Benefizkonzert in London öffentlich auf der Orgel auf. Später erreichte er vergleichsweise wenig und konnte die Erwartungen, die er als Kind geweckt hatte, nicht erfüllen.

Es sind Fälle von Musikern bekannt, die in ihrer frühen Kindheit entgegen ihrer Neigung zum fleißigen Üben gezwungen wurden und die durch die unaufhörliche Fürsorge, die ihre Eltern ihnen für ihren Fortschritt vermittelten, gequält worden sein müssen. Sie wurden zu brillanten Musikern und machten Musik wie eine gut konstruierte Maschine. Unsere großen Komponisten hatten im Allgemeinen eine glücklichere Kindheit. In den meisten Fällen handelte es sich um Kinder, deren körperliche Entwicklung besonders gefördert wurde; denen es gestattet war, in Feldern und Wäldern umherzustreifen und durch Vergnügungen im Freien und körperliche Übungen den Grundstein für ein gesundes Leben zu legen. Dies erklärt vielleicht hinreichend, warum nicht alle von ihnen in der frühen Kindheit frühreifes Talent gezeigt haben. Tatsächlich verlief ihre volle Entwicklung in vielen Fällen nur langsam, und einige von ihnen brachten ihre besten Werke erst hervor, als sie ein Alter erreicht hatten, das über dem allgemein für Musiker vorgesehenen Alter lag. Gluck komponierte seine „Iphigenie auf Tauris" im Alter von fünfundsechzig Jahren; Haydn komponierte die „Schöpfung" in seinem neunundsechzigsten Lebensjahr und die „Jahreszeiten" in seinem zweiundsiebzigsten Lebensjahr. Händel war sechsundfünfzig Jahre alt, als er den „Messias" schrieb, und einundsechzig, als er „Judas Makkabäus" schrieb.

Einige unserer begabtesten Musiker brauchten viel mehr Zeit als andere, um ihr Talent zu kultivieren, weil sie in ihrer Kindheit nicht den gleichen Führungsvorteil hatten wie andere und daher gezwungen waren, selbst die beste Kultivierungsmethode herauszufinden. Vielleicht geht jetzt hinter einem Pflug ein Händel, der nicht gezeigt hat, dass er ein Mann von Genie ist, weil die Umstände ihn daran hinderten, seine Kräfte zu kennen und zu kultivieren. Glücklich ist der Künstler, der in seiner Kindheit von einem umsichtigen Führer auf den Weg geführt wurde, der viel Zeit, Ärger und Enttäuschung erspart! Mozart hatte in seinem Vater einen solchen Führer; auch Mendelssohn. Weber verdient vielleicht umso größeres Lob, weil sein Vater für ihn eher ein Hindernis als eine Hilfe war.

Eine systematische Erziehung im Kindesalter bietet den größten Vorteil; Dies ist zu selbstverständlich, als dass es einer weiteren Stellungnahme bedarf. Es kann auch davon ausgegangen werden, dass die moralische und geistige Bildung des jungen Komponisten nicht weniger wichtig ist als sein Musikstudium. Ja, seine moralische Ausbildung ist sogar noch wichtiger, da man zwar ein guter Musiker sein *kann* , aber ein guter Mensch sein *muss* . Darüber hinaus wird er mit Sicherheit ein besserer Musiker, wenn er ein scharfes Urteilsvermögen für Recht und Unrecht besitzt, wobei er Ersteres liebt und Letzteres ablehnt.

Für seine geistige Bildung ist es für ihn wichtiger zu wissen, *wie* man denkt, als *was* man denkt. Ein klares Urteilsvermögen ist vielen Informationen vorzuziehen; Auf jeden Fall ist es besser, nur wenig zu wissen und dieses Wenige klar zu verstehen, als viel verwirrt zu wissen.

Es besteht kein Zweifel, dass eine klassische Ausbildung für den Musiker von großem Vorteil ist, nicht nur wegen des verfeinernden Einflusses, den die Vertrautheit mit klassischer Literatur auf den künstlerischen Geist ausübt, sondern auch wegen der Sprachen. Die Kenntnis von zwei oder drei modernen Sprachen ist für den Komponisten nahezu unverzichtbar. Lateinische Poesie kommt in der Kirchenmusik nicht selten vor; und mehrere alte Abhandlungen über Musik wurden auf Latein geschrieben und sind daher für Musiker, die diese Sprache nicht beherrschen, nicht zugänglich. Daraus folgt natürlich nicht, dass man Latein beherrschen muss, um ein großer Komponist zu sein; viele Musiker hielten es jedoch in ihren späteren Jahren für ratsam, diese Sprache zu studieren, wenn sie in ihrer Jugend keine Gelegenheit dazu hatten.

Talentierten jungen Musikern scheint es manchmal an geistiger Bildung zu mangeln. Der Enthusiasmus, mit dem sie ihre musikalischen Studien verfolgen, führt dazu, dass sie andere Studien vernachlässigen. Aber es mangelt ihnen nicht wirklich an intellektuellen Begabungen; im Gegenteil, sie sind im Allgemeinen sehr vielseitig begabt. Dies wird oft in ihren späteren Jahren deutlich. Mehrere hervorragende Musiker haben großes Talent für die Malerei bewiesen. Die humorvollen, witzigen und klugen Bemerkungen einiger unserer großen Komponisten sind berüchtigt.

Ohne die technischen Aspekte der Kunst vollständig zu beherrschen, ist es unmöglich, etwas von künstlerischem Wert zu erreichen. Eine gewissenhafte und beharrliche Förderung des Talents ist ebenso notwendig wie das Talent selbst. Es hat einen Musikkomponisten im Allgemeinen lange und anhaltende Arbeit gekostet, ein wertvolles Kunstwerk zu schaffen. Er erreichte sein Ziel, indem er wusste, was für seine Verwirklichung erforderlich war, und indem er beharrlich daran arbeitete, es zu erreichen.

Wie bereits angedeutet wurde, ist es für den Fortschritt des zukünftigen Komponisten von großer Bedeutung, dass seine Einführungslektionen korrekt sind, so dass nichts Gelerntes vorhanden ist, das später wieder verlernt werden muss. Ein schlechter Anschlag auf dem Klavier oder eine falsche Bogenführung beim Geigenspiel wird in späteren Jahren kaum noch vollständig behoben. Vorbild ist besser als Gebot. Ein Lehrer, der seinem Schüler durch Vorspielen zeigen kann, wie eine Passage auszuführen ist, kann ihm viel Zeit und Ärger ersparen. Unsere gefeierten Sänger haben im Allgemeinen am leichtesten das Beste gelernt, was sie erreichen können, indem sie ihnen vorgesungen wurden. Musik kann jedoch mit unterschiedlichen Methoden erlernt werden, und jede Methode kann etwas Empfehlenswertes bieten. Der Lehrer muss den Schüler studieren, um herauszufinden, was für ihn das Beste ist.

Unsere großen Komponisten erhielten im Allgemeinen schon sehr früh Gesangsunterricht. Tatsächlich wird ein Komponist, der seine Stimme nicht in der Kindheit ausgebildet hat, wahrscheinlich nicht so wirkungsvoll Vokalmusik schreiben, wie es der Fall wäre, wenn er sich daran gewöhnt hätte, seine Melodien beim Erfinden zu singen. Sogar die melodischen Phrasen in seinen Instrumentalkompositionen werden wahrscheinlich eindrucksvoller sein, wenn er von klein auf gesungen hat.

Darüber hinaus muss der junge Student das Spielen mindestens eines Musikinstruments in hoher Perfektion erlernen. Das Pianoforte ist – in unserer Zeit vielleicht – aufgrund der Harmonie und der Anordnung der auf dem Instrument ausführbaren Orchesterwerke für seinen Zweck am besten geeignet. Die meisten unserer großen Komponisten waren Pianisten, Cembalisten oder Organisten. Es gibt zwar Ausnahmen. Glucks Instrument war das Violoncello; Spohrs, die Geige. Aber auch Komponisten, die keine Pianisten sind, bedienen sich beim Komponieren für Orchester im Allgemeinen des Pianoforte.

Der beste Musiker ist derjenige, der die einfachste Melodie mit dem größten Ausdruck spielen kann; und der zweitbeste ist derjenige, der die schwierigsten Passagen mit der größten Genauigkeit spielen kann. Einige Pianisten mit erstaunlicher Fingerfertigkeit sind nicht in der Lage, eine einfache Melodie mit dem richtigen Ausdruck zu spielen; andere können eine technisch einfache Sonate von Mozart nicht gut spielen, weil sie den reinen Ausdruck, der für solch ungekünstelte Musik erforderlich ist, nicht gelernt oder vielleicht vergessen haben. Die Darbietung vieler moderner Pianisten ist am besten für die Aufführung ihrer eigenen Kompositionen geeignet.

Wenn der junge Musiker darauf aus ist, ein hervorragender *Virtuose zu werden* , kann ihm dies als Komponist leicht von Nachteil sein, nicht nur wegen der Zeit, die er zum Üben seiner Finger benötigt, sondern auch, weil seine Finger ihn dazu verleiten, für sie statt für das Herz zu komponieren. Ein großer Komponist spielt im Allgemeinen ein Instrument meisterhaft und hat es wahrscheinlich als zweckmäßig befunden, neben dem, das er hauptsächlich trainiert hat, ein oder zwei weitere Instrumente zu erlernen. Wenn er zusätzlich zum Klavier Bratsche oder Violoncello in einem Quartett oder Bachs Pedalfugen auf der Orgel spielen kann, verfügt er über die Möglichkeit, sich mit vielen unserer klassischen Kompositionen gründlicher vertraut zu machen, als dies durch bloßes Hören oder Lesen möglich wäre, und die auf diese Weise erworbene Vertrautheit ist ihm von Nutzen. Darüber hinaus ist etwas praktische Erfahrung mit Blasinstrumenten für den Komponisten von Orchesterwerken nützlich. Unsere großen Meister wussten dies und handelten danach.

Die Übung der Finger nimmt Zeit in Anspruch, aber nicht unbedingt viel. Eine Stunde mit großer Aufmerksamkeit zu üben ist besser als drei Stunden nachlässiges Üben. Ersteres hat nicht nur den Vorteil, dass der Schüler schneller vorankommt, sondern ihm auch die nötige Zeit für andere Studien, Lektüre und Erholung lässt. Man könnte mehrere unserer großen Komponisten nennen, die trotz ihrer fleißigen Studien seit ihrer Jugend immer genügend Zeit für körperliche Übungen und für Vergnügungen fanden, die der Erhaltung von Gesundheit und Energie förderlich waren — wie Spaziergänge, Reiten, Fechten, Schwimmen, Tanzen usw.

Der junge Musiker muss bald mit dem Studium der Musiktheorie beginnen, insbesondere wenn er ein ausgeprägtes Talent zum Komponieren zeigt. Er muss lernen, jede musikalische Komposition mühelos und streng nach den Regeln zu schreiben, die unsere Theoretiker aufgestellt haben, so wie sie sie in den Werken der großen Meister vorgefunden haben. Wenn er die Fähigkeit erworben hat, in den verschiedenen Kompositionsformen korrekt und fließend zu schreiben, wird es für ihn früh genug sein, die Regeln gelegentlich zu missachten, wenn er es für seinen Zweck für ratsam hält. Vielleicht kann er eine neue aufstellen. Die weitaus meisten unserer Kompositionsregeln werden nicht von einem physikalischen Gesetz diktiert, das in der Akustik nachweisbar ist, sondern nur vom menschlichen Geschmack, der im Laufe der Zeit ständigen Veränderungen unterliegt. So haben die meisten unserer großen Komponisten einige Änderungen in unserer Musiktheorie bewirkt. Es ist nicht nur möglich, sondern wahrscheinlich, dass wir in hundert Jahren bewundernswerte musikalische Kompositionen haben werden, die sich in Form und Aufbau sehr von unseren heutigen unterscheiden.

Mehrere unserer großen Komponisten waren in ihrer Jugend herausragende Meister im improvisierten Schaffen. Sie liebten es und verbrachten viele Stunden damit, auf ihrem Lieblingsinstrument ihre momentanen Eingebungen und phantasievollen Vorstellungen auszudrücken. Extempore-Fantasien sind manchmal so originell und wirkungsvoll, dass es schade ist, sie nicht durch die Verpflichtung zur Notation im Moment ihrer Entstehung zu bewahren. So reizvoll solche spontanen Ergüsse aufgrund ihrer Frische auch sein mögen, sie besitzen nicht den künstlerischen Wert eines aufwändig konstruierten und sorgfältig vollendeten Werkes. Auf jeden Fall haben unsere großen Komponisten in ihrer Jugend größeren Nutzen aus der sorgfältigen Ausarbeitung eines Themas in der Notation entsprechend einer bestimmten Form der Komposition gezogen, als aus dem Schwelgen in improvisierten Fantasien. Diese haben ihnen jedoch oft dabei geholfen, schöne Ideen für ihre Werke zu entwickeln.

Es ist leicht zu verstehen, dass ein bleibendes Gedächtnis für den Musiker, sei es Komponist oder bloßer Interpret, von großem Wert ist. Talentierte junge Musiker verfügen nicht selten über ein erstaunliches Gedächtnis. Sonaten, Symphonien und sogar Fugen, die sie üben, können sie bald auswendig spielen. Mit zunehmendem Alter wird die Gedächtnisleistung im Allgemeinen etwas schwächer. Blinde Musiker scheinen es länger unvermindert zu bewahren als andere. Der blinde Flötist Dulon kannte 120 Flötenkonzerte auswendig, die er nummeriert hatte, und jedes davon konnte er sofort spielen, wenn ihm die Nummer genannt wurde. Gewiss bringt es musikalisch wenig, das Gedächtnis mit Kompositionen zu belasten, die hauptsächlich aus Zusammenstellungen von Passagen bestehen, die darauf ausgelegt sind, die Geschicklichkeit und das Können des Interpreten zu demonstrieren. Die Werke, die sich der Musiker in Erinnerung rufen sollte, sind klassische Werke wie Glucks „Iphigenie auf Tauris", Mozarts „Don Giovanni", Beethovens Sinfonien, Händels „Messias", Bachs „Passion nach Matthäus". .' Es gibt nicht wenige unter unseren großen Komponisten, die die Meisterwerke ihrer Vorgänger so gründlich studiert haben, dass sie eine beträchtliche Anzahl davon vom Anfang bis zum Ende auswendig kannten, mit der Instrumentierung jedes Takts.

Was die verschiedenen Kompositionsformen betrifft, ist die Sonate die wichtigste; denn wenn der Komponist seine Ideen mühelos in dieser Form ausdrücken kann, besitzt er den Schlüssel zu allen anderen Formen – mit Ausnahme einiger älterer wie der Fuge. Bestimmte Theoretiker empfehlen dem Kompositionsstudenten, eine Sonate von Mozart oder einem anderen Meister auszuwählen, in der die etablierte Form strikt eingehalten wird, und eine genau ähnliche Sonate zu schreiben, indem er das Modell Takt für Takt imitiert und dabei dieselbe Zeit, dasselbe Tempo, dieselben Modulationen, Lautstärkeänderungen usw. verwendet – nur durch Ersetzen anderer Noten. Zweifellos kann er so eine Sonate herstellen, die in ihrer Form korrekt ist, was auch immer ihr Geist sein mag. Unsere großen Komponisten sind nicht aus Schülern hervorgegangen, die darin ausgebildet wurden, Musik zu machen, wie der Schuhmacher Schuhe macht.

Die Form der Fuge ist bereits veraltet, und die der Sonate wird von unseren heutigen Komponisten immer mehr vernachlässigt und wird offenbar im Laufe der Zeit ebenfalls veraltet sein. Aber solange wir keine schönen Beispiele einer neuen Form haben, ist es unwahrscheinlich, dass auf jene Formen, die nach und nach zu einem hohen Grad an Perfektion gebracht wurden, völlig verzichtet wird, ganz gleich, was auch immer moderne Komponisten hervorbringen mögen, die eine Gleichgültigkeit gegenüber den von ihren Vorgängern befolgten Regeln zeigen .

Unsere großen Komponisten waren bei der Wahl des Themas besonders sorgfältig. Das ist auch nicht weiter verwunderlich. Ein Redner, der über ein uninteressantes Thema spricht, wird die Aufmerksamkeit seiner Zuhörer nicht leicht fesseln. Wenn er jedoch über außergewöhnliche Redegewandtheit verfügt, kann er über fast jedes Thema interessant sprechen. Das gilt auch für die Musik. Beethoven und andere große Komponisten haben gelegentlich ein Thema gewählt, das erst durch seine originelle und temperamentvolle Behandlung bedeutsam wird.

Der künstlerische Reiz einer gut konstruierten Komposition liegt in der Entwicklung des Themas, so dass es in einer Vielzahl schöner Aspekte zur Geltung kommt – immer gleich und doch immer neu. Die Fähigkeit, das Thema auf diese Weise zu behandeln, haben unsere großen Komponisten durch ständiges Studium und Übung zu einem bewundernswerten Grad an Perfektion entwickelt. Sie waren sich vollkommen darüber im Klaren, dass sie für den Komponisten ebenso unverzichtbar ist wie die Fähigkeit, eine interessante musikalische Idee zu schaffen. Die Entwicklung des Themas könnte jedoch zu weit gehen. Es erscheint pedantisch, wenn es mehr auf die Form als auf den Geist der Musik ausgerichtet ist; und es stört die Einheit der Komposition, wenn das Thema so sehr verändert wird, dass eine völlig neue Idee erscheint. Schubert hat in seinen Klaviersonaten das Thema nicht selten so sehr verändert, dass seine zweite Exposition nicht die erforderliche Ähnlichkeit mit seiner ersten aufweist; es wird zu einem weiteren Thema, das nicht gewollt ist. Für die geschickte Entwicklung eines Themas verfügte Schubert nicht über ausreichende praktische Erfahrung, die er durch systematisches Studium erworben hatte. Hätte er die Regeln der Kunst vollständig beherrscht – und vor allem, wenn er weniger hastig geschrieben hätte – wäre er mit seinen wunderbaren Begabungen möglicherweise ein ebenso großer Komponist wie Beethoven gewesen.

Einige Beispiele aus Beethovens Skizzenbuch mögen hier Platz finden, da sie etwas Licht auf seine Studien werfen. Die von ihm mit „ *meilleur* “ gekennzeichneten Änderungen sind im Allgemeinen deutliche Verbesserungen gegenüber der ersten Notation der Idee, auf die sie sich beziehen. Dies wird zum Beispiel deutlich in seinen Skizzen zu seinem berühmten Lied „Adelaide“, dessen Anfang zunächst so notiert wurde:

er verwandelte sich später in:

Die folgenden Skizzen aus Beethovens Taschenbuch beziehen sich auf sein Quartett c ♯- Moll, Op. 131, mit denen sie verglichen werden müssen, um die verschiedenen Verbesserungsversuche klarer verständlich zu machen:

Die ersten Skizzen zu einer zehnten Symphonie, die Beethoven zu komponieren beabsichtigte, notiert er wie folgt:

Beethoven schrieb „*As*" über das kleine Fragment des Andante, offensichtlich um anzudeuten, dass er es in As-Dur beabsichtigte – „ *As*" bedeutet auf Deutsch „*As*".

Als interessantes Beispiel für Haydns Skizzen kann die folgende Notation seines ersten Entwurfs des Erdbebens in den „Sieben letzten Worten" dienen. Die gesamte Skizze, von der dies ein Fragment ist, wurde in der „Allgemeinen musikalischen Zeitung", Leipzig, 1848 veröffentlicht:

Sowohl Haydn als auch Beethoven verwendeten für seine ersten Skizzen im Allgemeinen einen Stab; Mozart machte sie deutlicher, indem er zwei Notenzeilen verwendete – eine für die Melodie und eine für den Bass. Da es sich bei den Skizzen jedoch lediglich um Hinweise zur Unterstützung des Gedächtnisses handelt, das, wie wir gesehen haben, bei Komponisten im Allgemeinen sehr stark ausgeprägt ist, insbesondere wenn es um eigene Erfindungen geht, genügt in den meisten Fällen eine hastige Notation. Beim Schreiben der Partitur einer Orchesterkomposition notierten Haydn, Mozart und Beethoven normalerweise den gesamten Faden eines Satzes, oder was man die Melodie und den Bass des Stücks nennen könnte; und nachdem sie dies geschrieben hatten, fügten sie die Notation für die verschiedenen Instrumente ein.

Wenn unsere großen Komponisten das Manuskript einer Komposition einer abschließenden Revision unterziehen oder eine Neuauflage eines bereits veröffentlichten Werkes vorbereiten, führen sie nicht selten Verbesserungen ein, die von ihrem unermüdlichen Studium sowie von ihrem feinen Geschmack und Urteilsvermögen zeugen. Ein oder zwei Beispiele zur Unterstützung dieser Meinung sollen hier angeführt werden. Andere werden dem musikalischen Leser wahrscheinlich einfallen.

André in Offenbach hat die Partitur der Ouvertüre zur Zauberflöte aus Mozarts Originalmanuskript mit allen Änderungen und Korrekturen veröffentlicht. Diese interessante Veröffentlichung zeigt deutlich, wie viel Sorgfalt Mozart diesem Werk gewidmet hat, und bietet dem Musiker eine hervorragende Studienmöglichkeit.

Eine bemerkenswerte Verbesserung durch Erweiterung findet sich in Mozarts berühmter C-Dur-Sinfonie. Mendelssohn spricht in einem Brief an Moscheles voller Bewunderung darüber wie folgt: „Soeben schickt mir André die Originalpartitur von Mozarts C-Dur-Sinfonie (‚Jupiter‘) zur Einsicht; ich werde daraus etwas für Sie abschreiben, das Sie amüsieren wird. Elf Takte vor dem Ende des Adagios stand es vorher so:

und so weiter, bis zum Ende. Mozart hat die ganze Wiederholung des Themas auf ein eingelegtes Blatt geschrieben; er hat die Stelle durchgestrichen und drei Takte vor dem Ende eingefügt. Ist das nicht eine glückliche Abänderung? Die Wiederholung der sieben Takte gehört zu meinen liebsten Teilen der ganzen Sinfonie." [28]

Das Adagio von Beethovens Sonate in B-Dur, op. 106, begann ursprünglich mit dem heutigen zweiten Takt folgendermaßen:

Beethoven hatte im Jahr 1819 eine Kopie des Manuskripts dieser Sonate an Ferdinand Ries in London geschickt, der es übernommen hatte, die Veröffentlichung in England zu überwachen. Das Erstaunen von Ries muss groß gewesen sein, als er kurz nach der Ankunft des umfangreichen Manuskripts dieser gigantischen Sonate einen Brief von Beethoven erhielt, der die Notation eines zusätzlichen einzelnen Takts enthielt:

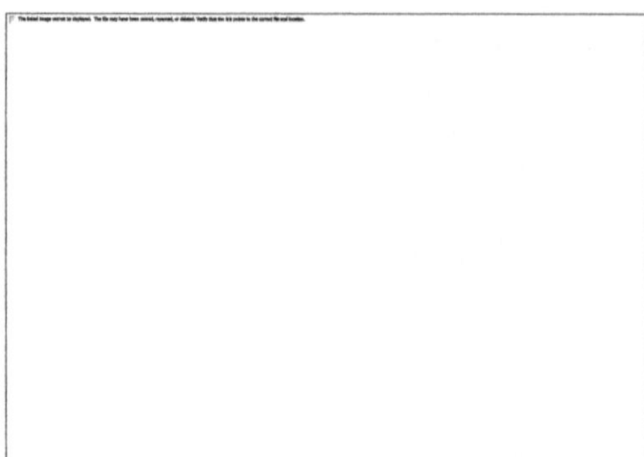

am Anfang des Adagio zu platzieren. Die schöne Wirkung, die durch die Änderung erzielt wurde, ist besonders bemerkenswert, da sie als Beispiel für die unablässige Sorgfalt dient, die Beethoven der Verbesserung seiner Kompositionen bis zum letzten Moment ihrer Veröffentlichung widmete.

Wahrscheinlich hat kein Komponist seine Manuskripte sorgfältiger überarbeitet und ganze Stücke mit dem Ziel der Verbesserung neu geschrieben als J.S. Bach. Seine 48 Präludien und Fugen mit dem Titel „Das wohltemperierte Clavier" bieten lehrreiche Beispiele für Verbesserungen, die durch einen Vergleich der verschiedenen Ausgaben des Werks und insbesondere durch eine Untersuchung der verschiedenen Manuskripte dieser Präludien und Fugen in Bachs Handschrift, die erhalten geblieben sind, aufgespürt werden können.

Das Präludium in C-Dur im ersten Satz war ursprünglich länger als in späteren Überarbeitungen. Die zweite Hälfte, die Bach gestrichen hat, war eine Wiederholung der ersten Hälfte.

Das Präludium in C ♯ -Dur im ersten Satz hat er durch Streichen von 35 Takten gekürzt. Offensichtlich tat er dies mit der Absicht, die Einheit dieser bezaubernden Komposition zu erhöhen, indem er alles verwarf, was ihrem Charakter fremd war, wie das Thema andeutete.

Dagegen hat er das schöne Präludium in d-Moll im selben Satz erheblich erweitert.

Diese wenigen Bemerkungen müssen ausreichen, um die Aufmerksamkeit des Lesers auf die sorgfältige Neuüberlegung Bachs zu „Das wohltemperirte Clavier" zu lenken.

Beethoven behielt seine Manuskripte im Allgemeinen lange bei sich und veränderte und verfeinerte sie nach und nach. Dies tat er insbesondere mit den Manuskripten seiner früheren Kompositionen. Als Gluck eine Oper komponierte, führte er im Kopf die Hauptlieder und Chöre aus, bevor er eine Notiz niederschrieb; so dass er, als er begann, die Musik zu Papier zu bringen, seine Oper als fast fertig betrachtete. Auch Mozart hatte manchmal eine ganz neue Komposition im Kopf, bevor er mit der Niederschrift begann. Die Ouvertüre zu „Don Giovanni" soll er laut einigen seiner Biographen wenige Stunden vor der Uraufführung der Oper komponiert haben, so dass die kopierten Stimmen für die Musiker noch nicht trocken waren, als sie ins Orchester übernommen wurden . Wahrscheinlich hat Mozart die Ouvertüre nicht komponiert, als er sie zu Papier brachte, sondern hatte sie bereits im Kopf. Er komponierte oft, wenn er anderweitig beschäftigt war, und sogar während er Billard spielte.

Ein Komponist kann einen guten Grund haben, das Manuskript seines neuen Werks aufzubewahren, obwohl er es für einen Misserfolg hält. Er möchte vielleicht nach einiger Zeit darauf zurückgreifen, um festzustellen, ob seine ungünstige Meinung bei einer späteren Prüfung unverändert bleibt. Vielleicht enthält es Ideen, die er in späteren Jahren, wenn seine Erfindungsgabe nachlässt, gerne verwenden wird. Dennoch täte ein berühmter Musiker gut daran, solche Manuskripte zu vernichten, wenn er sie nicht mehr benötigt; sonst werden sie ihm nach seinem Tod mit Sicherheit als posthume Werke zum Verhängnis. Sie werden zumindest seinen Ruhm schmälern, wenn er zu groß ist, um durch sie ernsthaft geschädigt zu werden. Tatsächlich schaden diese posthumen Veröffentlichungen der Kunst ebenso wie den Künstlern – in den meisten Fällen sind es schwache Werke, die aus Nachlässigkeit der Komponisten oder vielleicht aus der natürlichen Zuneigung, die ein Vater selbst für sein am wenigsten geliebtes Kind empfindet, überleben konnten.

Unsere großen Komponisten waren im Allgemeinen äußerst vorsichtig, insbesondere in den ersten Jahren ihres Lebens, und wählten zur Veröffentlichung nur diejenigen ihrer Manuskripte aus, die sie mit vollem Recht für veröffentlichungswürdig hielten. Für die meisten Musiker wäre es besser für ihren Ruf, wenn sie nur die Hälfte ihrer Werke veröffentlicht und die andere Hälfte vernichtet hätten.

Es ist eine bemerkenswerte Tatsache, dass unsere großen Komponisten gelegentlich schöne Effekte erzielt haben, indem sie die in den Abhandlungen zur Musiktheorie festgelegten Regeln missachteten. Beethoven war in dieser Hinsicht nicht selten ein Übertreter. Weber produziert im Einführungschor der Elfen in „Oberon" wirklich bezaubernde aufeinanderfolgende Quinten. Dasselbe tut Händel in der wunderschönen Pastoralsymphonie im „Messias":

und Gluck wiederholt in der schönen Melodie von Rinaldo in „Armida":—

Graun führt in seiner Kantate „Der Tod Jesu" im ersten Choral aufeinanderfolgende Quinten auf die Worte „Zur Frevelthat entschlossen" ein, und zwar folgendermaßen:

Zur Freude derer, die entschließen.

was von einigen Musikern zweifellos als bemerkenswert passend zum Text angesehen wurde, obwohl sie es bei der Aufführung wahrscheinlich nicht hätten hören können, wenn sie es nicht zuvor in der Notation gesehen hätten. Nicht nur solche Launen, sondern auch Versehen und Druckfehler in den Werken bedeutender Meister haben Bewunderer gefunden, die sie als Geniestreiche betrachteten; während andererseits einige der originellsten und überaus schönsten Ideen für Druckfehler gehalten wurden und Theoretiker tatsächlich versucht haben, sie zu korrigieren.

Ein merkwürdiger Fall eines Druckfehlers, der von vielen Bewunderern Beethovens als schöne Inspiration angesehen wurde, findet sich im Scherzo seiner c-Moll-Symphonie. Um jeden Zweifel auszuräumen, dass es sich um einen Druckfehler handelte, veranlasste Mendelssohn die Herausgeber der

Symphonie, einen an sie gerichteten Brief Beethovens aus dem Jahr 1810 bekannt zu geben, in dem es heißt: „Folgenden Fehler finde ich noch in der c-Moll-Symphonie: nämlich im dritten Stück, im 3/4-Takt, wo nach C-Dur die Moll-Tonart wieder beginnt. Es steht so (ich übernehme gleich die Bassstimme): –

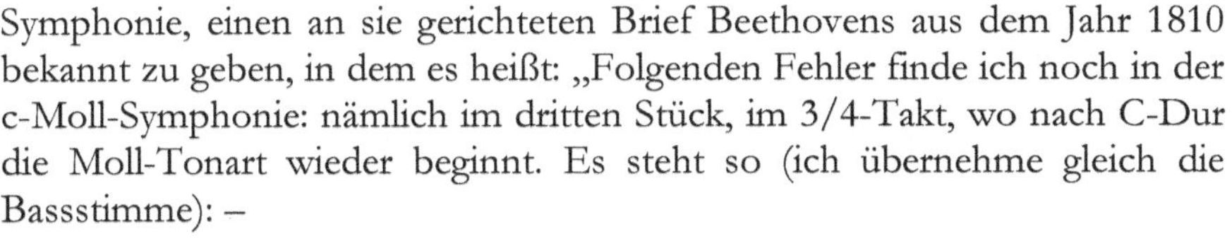

Die beiden mit * gekennzeichneten Balken sind überflüssig und müssen gestrichen werden; natürlich auch in allen anderen Stimmen, die Pausen haben." Ein Verweis auf das Manuskript im Besitz des Verlegers verriet, wie sich die beiden überflüssigen Takte eingeschlichen hatten. Ursprünglich hatte Beethoven das gesamte Scherzo mit dem Trio vorgesehen wiederholt und dann mit der Coda abgeschlossen werden. Er hatte im Manuskript die beiden überflüssigen Takte mit 1 und die beiden folgenden mit 2 markiert und mit Rotstift geschrieben: „ *Si replik con trio allora 2* ", was die Da auch die Notensätze für die Instrumente, die bei der Uraufführung der c-Moll-Symphonie in Wien unter Beethovens Leitung verwendet wurden, diese beiden Takte nicht besitzen, besteht nicht der geringste Zweifel daran Die vom Komponisten nie beabsichtigten Werke befinden sich dort, wo sie heute zur Freude vieler begeisterter Bewunderer Beethovens zu finden sind.

Ein Druckfehler in Beethovens „Sinfonia Pastorale" (auf den Schumann in seinen „Gesammelten Schriften", Band IV, hinweist) ist fast zu offensichtlich, um unkorrigiert zu bleiben, selbst von denen, die ihn schön finden. Im zweiten Teil des ersten Satzes, wo das Thema mit der Begleitung von Triolen wieder beginnt, enthält die Partitur folgende Notationen:

Dass hier vom Stecher irrtümlicherweise drei Pausen für die ersten Violinen anstelle von drei Gleichniszeichen eingefügt wurden, wird sowohl aus der plötzlichen Unterbrechung des Flusses der Triolenbegleitung ersichtlich, als auch aus der Tatsache, dass unmittelbar danach in der Umkehrung derselben Passage die Bratschen ohne Unterbrechung dieselbe Begleitung haben. Otto Jahn bemerkt in seinen „Gesammelten Aufsätzen über Musik" einen Druckfehler in der Partitur von Beethovens letztem Quartett op. 135, der sehr merkwürdig ist. Er sagt: „Im letzten Satz hat der Kopist zwei Takte in der ersten Violinstimme ausgelassen, so dass sie während zwölf Takten den anderen Instrumenten zwei Takte voraus ist. Nach den zwölf Takten hat der Korrektor, da er bemerkte, dass zwei Takte fehlten, um das Gleichgewicht wiederherzustellen, dort nach seiner eigenen Vorstellung zwei eingefügt." Jahn gibt die echte und die interpolierte Lesart nebeneinander an. Das Wunder besteht darin, dass letzteres überhaupt spielbar ist − oder vielmehr, dass die Musiker beim Spielen nicht sofort entdeckt haben, dass etwas grundlegend falsch sein muss. Wie Jahn jedoch zu Recht bemerkt, war der Respekt vor den Exzentrizitäten von Beethovens letzten Quartetten so groß, dass niemand zu glauben wagte, dass hier ein Fehler vorliegen könnte, der korrigiert werden müsste.

Ein sorgfältig zusammengestelltes Handbuch, das zuverlässige Korrekturen der wichtigsten Druckfehler in unseren klassischen Kompositionen enthält, wäre für den Musikstudenten eine Wohltat. Es gibt viele in Bachs Fugen und sogar in Beethovens Sonaten, die nicht leicht zu erkennen sind, die aber umso bemerkenswerter sind.

Die folgende schöne Idee, die im ersten Satz von Beethovens Sinfonia Eroica vorkommt, wurde von vielen bei der Erstveröffentlichung der Symphonie als Druckfehler angesehen:

Ferdinand Ries, der Schüler Beethovens, konnte den Reiz dieser sanften und schüchternen Andeutung des Themas auf einer Dissonanz unmittelbar vor dessen herrlichem Ausbruch auf dem harmonischen Dreiklang nicht schätzen. In seinen biographischen Notizen über Beethoven spricht er so darüber: „Im ersten Allegro der Sinfonie kommt es zu einer schlechten Laune Beethovens mit dem Horn. Einige Takte bevor das Thema wieder einsetzt, im zweiten Teil des Allegros, deutet Beethoven es mit dem Horn an, während die Violinen den zweiten Akkord weiterspielen. Das muss bei denen, die mit der Partitur nicht vertraut sind, immer den Eindruck erwecken, dass der Hornist falsch gezählt hat und in einem falschen Takt einsteigt. Bei der ersten Probe der Sinfonie, die sehr unbefriedigend war, bei der der Hornist aber den richtigen Takt hielt, stand ich neben Beethoven und rief im Glauben, es sei falsch: ‚Dieser verdammte Hornist! Kann er nicht zählen? Es klingt so schändlich falsch!‘ Beethoven hätte mir beinahe eine Ohrfeige verpasst. Es hat lange gedauert, bis er mir verziehen hat.“

Indem er schöne „Fehler“ machte, erweiterte Beethoven die Regeln der Komposition. Ries erzählt: „Während eines Spaziergangs, den ich mit ihm machte, sprach ich mit ihm über bestimmte aufeinanderfolgende Quinten, die in seinem c-Moll-Quartett op. 18 vorkommen und so überaus schön sind. Beethoven war sich ihrer nicht bewusst und behauptete, dass ich Da er die Angewohnheit hatte, immer Notenpapier bei sich zu haben, habe ich darum gebeten und die Passage in allen vier Teilen aufgeschrieben. Als er sah, dass ich recht hatte, sagte er „Nun, und wer hat sie verboten?“ Da ich nicht wusste, wie ich diese Frage beantworten sollte, wiederholte er sie, bis ich erstaunt antwortete: „Aber sie verstoßen gegen die ersten Grundregeln!“ „Wer hat sie verboten?“ wiederholte Beethoven. „Marpurg, Kirnberger, etc., etc. – alles Theoretiker“, antwortete ich. sagte Beethoven.

Der harte Beginn von Mozarts C-Dur-Quartett (Nr. 6 des Joseph Haydn gewidmeten Satzes) war Gegenstand heftiger Angriffe und Kontroversen.

Viele Musiker haben vermutet, dass sich Druckfehler in die Partitur eingeschlichen haben müssen; andere wiederum haben versucht, im Detail nachzuweisen, dass alle vier Instrumente streng nach den Regeln des Kontrapunkts behandelt werden. Otto Jahn (in seiner „Biographie Mozarts", Band IV, S. 74) findet es schön als „den betrübten und niedergedrückten Geist, der um Erlösung ringt". Das mag so sein; und es ist unnötig zu vermuten, was die Bewunderer der Passage gesagt hätten, wenn sie von einem unbekannten Komponisten stammte. So wie sie ist, ist sie jedenfalls interessant als Idee Mozarts, dessen Kompositionen sich im Allgemeinen durch große Klarheit der Form und Reinheit der Harmonie auszeichnen.

Das Festhalten an einer streng vorgeschriebenen Form kann den Komponisten leicht dazu verleiten, eine besondere Idee, die er bereits in einem früheren Werk verwendet hat, erneut zu verwenden. Besonders bei Fugen kann man dies häufig beobachten. Beethoven führt in seinen Sonaten und ebenso in seinen anderen Kompositionen in Sonatenform, wie Trios, Quartetten usw., nicht selten in die Modulation von der Tonika zur Dominante bestimmte bevorzugte Kombinationen von Akkorden und Ausdrucksweisen ein; und er hat ein oder zwei Phrasen, die in vielen seiner Kompositionen mit mehr oder weniger Modifikationen wiederzuerkennen sind. Auch Mozart hat seine bevorzugten Akkordfolgen, zum Beispiel die unterbrochene Kadenz, die die deutschen Musiker *Trugschluss nennen* . Spohr wiederholt sich vielleicht häufiger als jeder andere Komponist. Mendelssohn weist in der rhythmischen Konstruktion vieler seiner Werke eine gewisse Manier auf, die ihnen eine starke Familienähnlichkeit verleiht. Weber hat eine bestimmte Lieblingspassage von ihm, die aus Gruppen von Sechzehntelnoten besteht, so häufig verwendet, dass der Anblick einer Notation wie dieser:

ist für den Musiker nahezu identisch mit dem geschriebenen Namen Carl Maria von Weber.

Einige der besten Beispiele zur Veranschaulichung der Studien unserer großen Komponisten finden sich in jenen Kompositionen, die ursprünglich Teil früherer und vergleichsweise minderwertiger Werke waren und später von den Komponisten in ihre berühmtesten Werke aufgenommen wurden. Bei der Übernahme eines Stücks, das sonst wahrscheinlich in Vergessenheit geraten wäre, hat der Komponist es im Allgemeinen einer sorgfältigen Überarbeitung unterzogen; und es ist aufschlussreich, die Überarbeitung mit der ersten Konzeption zu vergleichen. Gluck hat in seinen Opern mehrere Stücke verwendet, die er ursprünglich für frühere, heute kaum bekannte Werke geschrieben hatte. So ist beispielsweise das berühmte Ballett der Furien in seinem „Orfeo" identisch mit dem Finale in seinem „Don Juan", wo die Harke in den brennenden Abgrund geschleudert wird; die Ouvertüre zu „Armida" gehörte ursprünglich zu seiner italienischen Oper „Telemacco"; der wilde Tanz der höllischen Hasssubjekte in „Armida" ist das Allegro der Duellszene in seinem „Don Juan".

Als Beispiel für die Übernahme eines früheren Werks, das durch die Rekonstruktion wunderbar verbessert wurde, sei Händels Sarabande in seiner Oper „Almira" genannt, die im Jahr 1705 in Hamburg zum ersten Mal aufgeführt wurde:

Aus dieser Sarabande konstruierte Händel sechs Jahre später das wunderschöne Lied „Lascia ch'io pianga" in seiner Oper „Rinaldo", die 1711 in London aufgeführt wurde:

The linked image cannot be displayed. The file may have been moved, renamed, or deleted. Verify that the link points to the correct file and location.

Las-cia ch'io pian-ga mia cru-da sorte,
e che so-spi-ri la li-ber-tà, che so-spi-ri, che so-spi-ri la li-ber -tà,Las-cia
ch'io pian-ga mia cru-da sor-te,e che so-spi-ri la li-ber-tà.

Das Duo in der französischen Sprache muss
meine Mutter allein für die ganze Familie sein und meine Mutter nur für die
ganze Familie bezahlen.

Las-cia ch'io pian-ga mia cru-da sorte,
e che so-spi-ri la li-ber-tà, che so-spi-ri, che so-spi-ri la li-ber -tà,Las-cia
ch'io pian-ga mia cru-da sor-te,e che so-spi-ri la li-ber-tà.

Beethovens dritte Ouvertüre zu seiner Oper „Leonora" (später „Fidelio"
genannt) ist eine Rekonstruktion der zweiten. Ein Vergleich dieser beiden
Ouvertüren gewährt einen interessanten Einblick in Beethovens Studien. Es
muss daran erinnert werden, dass Beethoven, der mit der ersten Ouvertüre
nicht zufrieden war, eine zweite und anschließend eine dritte und eine vierte
schrieb. Die ersten drei, die in C-Dur stehen, schrieb er, als die Oper unter
dem Namen „Leonora" bekannt war; und die vierte, die in E-Dur steht, als
die Oper in ihrer überarbeiteten Form unter dem Namen „Fidelio" erneut
auf die Bühne gebracht wurde. Die Melodie Florestans wird in den Nr. 1, 2
und 3 angedeutet, die 1805 und 1806 komponiert wurden. Nr. 2 enthält das
ferne Trompetensignal, das auf der Bühne erzeugt wird; und in Nr. 3 wird
dieser Gedanke weiter ausgeführt; aber in Nr. 4, geschrieben im Jahr 1814,
wird es weggelassen.

Ein Komponist, der aus seinen früheren Werken entlehnt, verdient ebenso
wenig Tadel wie jemand, der seinen Geldbeutel aus einer Tasche in eine
andere steckt, die er für einen besseren Platz hält. Aus den Werken anderer
zu entlehnen, wie es einige Komponisten getan haben, ist etwas völlig
anderes. Es wäre jedoch unvernünftig, ein solches Plagiat als Diebstahl zu
betrachten, es sei denn, der Plagiator verbirgt die Freiheit, die er sich nimmt,
indem er die Aneignung so verkleidet, dass sie als seine eigene Schöpfung
erscheint. Einige minderwertige Musiker zeigen bei diesem Vorgehen viel
Talent. Unsere großen Komponisten hingegen haben Kompositionen
anderer Musiker, die sie für ratsam hielten, in ihre Oratorien, Opern oder
andere kunstvolle Werke aufzunehmen, oft so wunderbar veredelt, dass sie
damit sowohl den ursprünglichen Komponisten dieser Stücke Ehre erwiesen
als auch der Kunst zugutekamen. Es ist eine bekannte Tatsache, dass Händel
in mehreren seiner Oratorien Kompositionen anderer verwendet hat. Da
diese Übernahmen von einem oder zwei Händel-Biographen erwähnt
wurden, genügt es hier, darauf hinzuweisen. Beethoven hat bemerkenswert
wenig übernommen. Seine Verwendung populärer Melodien, wo sie
besonders erforderlich sind, wie zum Beispiel in seiner Schlachtensinfonie
op. 91, kann kaum als ein Beispiel des Gegenteils angesehen werden.
Jedenfalls wurden populäre Melodien häufig von unseren großen
Komponisten übernommen, um einem Werk einen gewissen nationalen
Charakter zu verleihen. Weber hat dies in seiner „Preciosa" sehr wirkungsvoll
getan. Gluck führt in seinem „Don Juan" den spanischen Fandango ein.

Mozart tut dasselbe in seinem „Le Nozze di Figaro", 25 Jahre später. Hier hat Mozart sich wahrscheinlich von Gluck inspirieren lassen. Wie dem auch sei, es besteht kein Zweifel, dass Glucks „Don Juan" die Keimzellen mehrerer wunderschöner Phrasen enthält, die in Mozarts „Don Giovanni" vorkommen. Schon aus diesem Grund verdient es, Musikern bekannter zu sein, als es ist, unabhängig von seinem eigentlichen musikalischen Wert. Eine detaillierte Beschreibung hiervon wäre jedoch ein Versäumnis. Es genügt festzustellen, dass Glucks „Don Juan" ein Ballett ist, das im Jahr 1761 in Wien komponiert wurde, 26 Jahre bevor Mozart seinen „Don Giovanni" inszenierte. Das Programm des ersteren Werks, das nach einem in der Bibliothèque de l'Ecole Royale de Musique in Paris aufbewahrten Manuskript gedruckt wurde, zeigt, dass es mit dem Szenario des letzteren Werks nahezu identisch ist. Die Instrumentalstücke, von denen es 31 gibt, sind meist kurz und gewinnen gegen Ende des Werks an Schönheit und Ausdruckskraft. Die wohlverdiente Popularität von Glucks „Don Juan" in Wien veranlasste Mozart wahrscheinlich dazu, seinen „Don Giovanni" erstmals unter dem Titel „Il Dissoluto Punito" aufführen zu lassen, und die große Überlegenheit dieser Oper ist möglicherweise der Grund dafür, dass Glucks bezaubernde Produktion in Vergessenheit geriet.

Mozarts Erfindungsgabe war so bemerkenswert groß, dass er kaum Anreize gehabt haben dürfte, von anderen zu borgen. Plagiate kommen in seinen Werken nur selten vor, sind aber deshalb umso interessanter, wenn sie vorkommen. Nehmen wir zum Beispiel die folgende Passage aus „Ariadne von Naxos", einem Duodram von Georg Benda. Sie ist so komponiert, dass sie vom Orchester gespielt wird, während Ariadne ausruft: „Jetzt geht die Sonne auf! Wie herrlich!"

Mozart war in seiner Jugend ein großer Bewunderer dieses Duodramas. In einem seiner Briefe erwähnt er, dass er die Partitur ständig bei sich trug. Die großartige Melodie der Königin der Nacht in „Die Zauberflöte", 1. Akt, beginnt folgendermaßen:

Es ist allerdings durchaus möglich, dass Mozart sich Bendas Werk so sehr zu eigen gemacht hatte, dass er im vorliegenden Fall daraus Anleihen nahm, ohne sich dessen bewusst zu sein.

Johann Heinrich Rolle veröffentlichte im Jahr 1779 ein Oratorium mit dem Titel „Lazarus oder die Feier der Auferstehung". Der zweite Teil dieses Oratoriums beginnt mit einer einleitenden Symphonie, die wie folgt lautet:

Möglicherweise kannte Mozart Rolles Oratorium nicht, als er im Jahr 1791 seine Ouvertüre zur „Zauberflöte" schrieb. Die merkwürdige Ähnlichkeit der beiden Kompositionen ist möglicherweise ausschließlich auf die Form der Fuge zurückzuführen, in der sie geschrieben sind.

Darüber hinaus ähnelt das Thema von Mozarts Ouvertüre zur Zauberflöte auch dem Thema einer Sonate von Clementi, die zehn Jahre vor der Ouvertüre komponiert wurde. In Clementis Sonate lautet es wie folgt:

In der Gesamtausgabe der Klavierkompositionen Clementis ist diese Sonate mit dem Hinweis abgedruckt, dass Clementi sie im Jahre 1781 in Anwesenheit Mozarts dem Kaiser Joseph II. vorspielte. Mozart scheint das Thema gemocht zu haben, denn er fügt eine Reminiszenz daran in den ersten Satz seiner Sinfonie D-Dur aus dem Jahre 1786 ein.

Der erste Refrain in Mozarts „Requiem" wurde offensichtlich vom ersten Refrain in Händels „Funeral Anthem for Queen Caroline" inspiriert. Das *Motiv* beider ist jedoch ein altes deutsches Klagelied aus dem 16. Jahrhundert, das folgendermaßen beginnt:

Wenn mein Stündlein vor-handen ist,
und soll meine Straße hinfahrn.

und das sowohl Mozart als auch Händel geläufig gewesen sein dürfte.

Das *Motiv* des Kyrie Eleison in Mozarts „Requiem": –

Christi-ste e-le-
Ky-ri-e e-le ———— i-son! e-

kommt auch in Händels Oratorium „Joseph" vor:

Wir werden wieder -
Wir werden wieder - jubelnHal - le - lu - jah! Hal-le-

und in Händels „Messias":

Und durch seine Wunden werden wir geheilt,
und durch seine usw.

Ebenso in einem Quartett für Streichinstrumente von Haydn, Op. 20, also:—

In der feierlichen Phrase des Commendatore in „Don Giovanni" finden wir
ein interessantes Beispiel für das glückliche Ergebnis, mit dem Mozart die
von Gluck ausgehenden Ideen umgesetzt hat. In der Oper „Alceste" von
Gluck singt das Orakel in einem Ton, während die Orchesterbegleitung,
darunter drei Posaunen, die Harmonie in jedem folgenden Takt wie folgt
ändert:

**ORAKEL.** Mein Sohn muss jeden Tag aufs Neue leben,
wenn der andere nicht für mich lebt.


Dass Mozart von der Wirkung von Glucks Idee sehr beeindruckt war, geht
aus dem Umstand hervor, dass er sie in „Don Giovanni" und teilweise auch
in „Idomeneo" übernommen hatte. Der Commendatore in „Don Giovanni"
singt, begleitet von Posaunen: –


Di ri-der fi-n-rai pria dell' au-ro-ra.

Ri-bal-do! Au-da-ce! las-cia a'mor-ti la pa-ce!

Es kann kaum einen größeren Unterschied in den Stilen zweier Komponisten geben als zwischen dem Stil von Gluck und dem von JS Bach. Die meisterhafte Beherrschung Bachs über die Kombination verschiedener Stimmen nach den Regeln des Kontrapunkts ist genau die Fähigkeit, die Gluck fehlt. Aus diesem Grund ist es besonders interessant zu beobachten, wie Gluck eine Idee verwendet, die er offenbar von Bach übernommen hat. Der Student kann es feststellen, indem er die Arie „Je l'implore, et je tremble" in „Iphigenia in Tauris" sorgfältig mit JS Bachs wunderschöner Gigue in B-Dur vergleicht, beginnend mit:

Clementi, ein Klavierkomponist, der mit Gluck sicherlich nur wenig gemeinsam hat, hat für seine Cherubini gewidmete h-Moll-Sonate – sein vielleicht bestes Werk – ein Thema, das als das des Tanzes der Skythen in „Iphigenie auf Tauris" erkennbar ist .'

Auch hier unterscheidet sich Beethovens Stil, insbesondere in seinen späteren Werken, so weit wie möglich von Haydns; Dennoch treffen wir in Beethovens späteren Werken gelegentlich auf eine Phrase, die offenbar von Haydn vorgeschlagen wurde. Beispielsweise führt Haydn in seiner Symphonie in B-Dur (Nr. 2 von Salomons Satz) eine spielerische Wiederholung einer Sechzehntelfigur ein, die zur Wiedereinführung des Themas führt, also:

In Beethovens berühmtem e-Moll-Quartett, Op. 59, eine ähnliche Figur
führt zum Thema, also:

Ein genauerer Vergleich der beiden Passagen, als die vorliegenden kurzen
Notationen erlauben, wird den Studenten wahrscheinlich von der großen
Überlegenheit von Beethovens Konzeption überzeugen. Er war einer dieser
seltenen Meister, die alles, was sie berührten, in Gold verwandelten.

Es ist hier jedoch nicht das Ziel, eine Liste der Ähnlichkeiten und
Anpassungen zu erstellen, die in den Werken verschiedener Komponisten
erkennbar sind. Eine solche Liste würde einen ganzen Band füllen, selbst
wenn Komponisten von untergeordnetem Rang, die oft große Entlehnungen
vornehmen, außer Acht gelassen würden. Für den vorliegenden Aufsatz
müssen einige Beispiele genügen, zumal dem nachdenklichen Leser
wahrscheinlich noch weitere einfallen werden.

Einige Einblicke in die Studien unserer großen Komponisten können auch
durch den Vergleich ihrer Opern oder anderer kunstvoller
Vokalkompositionen mit Instrumentalbegleitung gewonnen werden, die auf
demselben Thema basieren. Man beachte beispielsweise die Liebesgeschichte
von Armida, die von den Verfassern der verschiedenen Libretti der Episode
von Rinaldo und Armida in Tassos „Gerusalemme Liberata" entnommen
wurde. Die Geschichte hatte offensichtlich eine große Anziehungskraft auf
die Musikkomponisten des 18. Jahrhunderts. Es wurden über dreißig Opern
zu diesem Thema geschrieben, von denen einige heute möglicherweise nur
schwer zu beschaffen sind, und eine Untersuchung dieser Opern würde die
Mühe vielleicht nicht lohnen. Die Opern zu diesem Thema, die von Lulli,
Gluck, Graun, Händel, Traetta, Jomelli, Naumann, Haydn, Sarti, Cimarosa,
Rossini, Sacchini usw. komponiert wurden, würden jedoch für diesen Zweck
ausreichen. Ebenso liefert ein Vergleich mehrerer Kompositionen, die einen
Sturm darstellen – die meisten unserer Meister haben ein solches Stück
geschrieben – dem Musikstudenten wertvolle Hinweise. Vergleichen Sie
beispielsweise die Stürme in Glucks „Iphigenie auf Tauris", Haydns
„Jahreszeiten", Beethovens „Sinfonia Pastorale" und Cherubinis „Medea".

Auch Arrangements können die Studien veranschaulichen. Nehmen Sie zum Beispiel die Bearbeitungen von Vivaldis Violinkonzerten durch JS Bach. Allerdings haben sich bedeutende Komponisten nur selten damit beschäftigt, die Werke anderer zu arrangieren. Aufschlussreiche Beispiele dieser Art sind daher selten.

Von einigen Komponisten ist überliefert, dass sie ihre Instrumentalwerke auf bestimmten poetischen Ideen basierten. Haydn soll dies fast ausnahmslos getan haben. Schindler gibt in seinen biografischen Notizen über Beethoven an, dass die beiden Klaviersonaten Op. 14 von Beethoven wurden ihm vom Komponisten als Darstellung eines Dialogs zwischen zwei Liebenden erklärt. Als Schindler nach der Bedeutung des Motivs der c-Moll-Symphonie fragte,

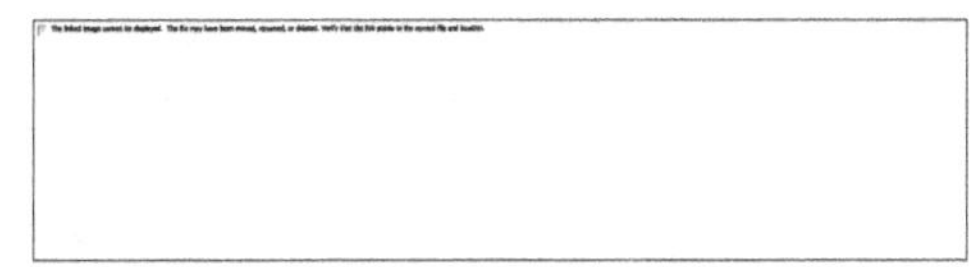

Beethoven rief aus: „So klopft das Schicksal an die Tür!" Und als Schindler ihn bat, ihm den Schlüssel zu den Sonaten in d-Moll, Op. 31, und in f-Moll, Op. 57, zu geben, lautete Beethovens Antwort: „Lesen Sie Shakespeares ‚Sturm!'" Beethoven griff wahrscheinlich nur auf solche Antworten zurück, um lästige Fragesteller zufriedenzustellen, die ein wenig dem neugierigen Herrn in Washington Irvings ‚Tales of a Traveller' ähnelten, der „nie den Kern der Nuss genießen konnte, sondern sich selbst bedrängte, mehr aus der Schale herauszuholen." Mehrere der Titel von Beethovens Instrumentalkompositionen („Pastoralsonate", „Mondscheinsonate", „Sonata appassionata" usw.) stammten nicht vom Komponisten, sondern wurden den Stücken von den Verlegern gegeben, um sie für das Publikum attraktiver zu machen. Der Titel seiner Sonate Op. 81, „Les Adieux, l'Absence et le Retour", stammt jedoch von Beethoven selbst. Dies ist insofern bemerkenswert, als es die Befürworter der beschreibenden Musik in ein unangenehmes Dilemma gebracht hat. Sie fanden in dieser Sonate eine unmissverständliche Darstellung der Trennung und der endgültigen Wiedervereinigung zweier leidenschaftlicher Liebender, als zu ihrem Unglück Beethovens Autograph der Sonate in der Bibliothek von Erzherzog Rudolph entdeckt wurde, mit der Inschrift (auf Deutsch): „Abschied, Abwesenheit und Rückkehr Seiner kaiserlichen Hoheit, des verehrten Erzherzogs Rudolph."

Ein ähnliches Thema behandelt JS Bach in einem Capriccio für Cembalo mit dem Titel „Über die Abreise eines sehr lieben Bruders", in dem die verschiedenen Sätze wie folgt überschrieben sind: „Nr. 1. Bitte der Freunde, die Reise zu verschieben. – Nr. 2. Darstellung der verschiedenen Unfälle, die ihm zustoßen könnten. – Nr. 3. Allgemeine Klage der Freunde. – Nr. 4. Da die Bitte vergeblich ist, verabschieden sich die Freunde hier. – Nr. 5. Arie des Postillons. – Nr. 6. Fuga in Imitation des Posthorns."

Dies ist nur ein bescheidener Versuch in Tonmalerei im Vergleich zu einer bestimmten Produktion von Johann Kuhnau, einem Vorgänger von Bach, der ganze biblische Geschichten in einer Reihe von sechs Sonaten für das Clavichord darstellte, die im Jahr 1700 in Leipzig veröffentlicht wurden. Jeder Sonate ist ein Programm vorangestellt, das den Spieler darüber informiert, was mit den einzelnen Sätzen gemeint ist – ein sehr notwendiges Vorgehen. Die dargestellten Geschichten stammen aus dem Alten Testament. Eine der Sonaten trägt den Titel „Jakobs Hochzeit", eine andere „Saul wird durch Davids Musik geheilt", eine andere „Der Tod Jakobs" und so weiter. Um zu zeigen, wie weit Kuhnau sich in detaillierte Beschreibungen wagt, kann die mit der Sonate „Gideon" gedruckte Erklärung hier Platz finden. Sie lautet wie folgt: „1. Gideon misstraut den Verheißungen Gottes, dass er siegreich sein werde. – 2. Seine Furcht beim Anblick der großen feindlichen Armee. – 3. Sein wachsender Mut angesichts des Traums des Feindes und seiner Deutung. – 4. Der kriegerische Klang der Posaunen und Trompeten, ebenso das Zerbrechen der Krüge und das Geschrei des Volkes. – 5. Die Flucht des Feindes und seine Verfolgung durch die Israeliten. – 6. Die Freude der Israeliten über ihren bemerkenswerten Sieg."

Noch früher, im 17. Jahrhundert, schilderte Dieterich Buxtehude in sieben Suiten für das Clavichord „Die Natur und die Eigenschaften der Planeten"; und Johann Jacob Frohberger komponierte etwa zur gleichen Zeit für das Cembalo eine „Plainte, faite à Londres, pour passer la mélancolie", in der er seine ereignisreiche Reise von Deutschland nach England beschreibt – wie er in Frankreich von Räubern überfallen und später im Kanal zwischen Calais und Dover von tunesischen Piraten ausgeplündert wurde. Frohberger komponierte auch eine *Allemande*, die an ein Ereignis erinnern soll, das er am Rhein erlebte. Die Notation ist so konstruiert, dass sie eine Brücke über den Rhein darstellt. Mattheson soll in eine seiner Partituren geschickt mithilfe der Notation die Figur eines Regenbogens eingefügt haben. Solche Musik darf man nicht hören; es genügt, wenn man sie gedruckt sieht. Es verdient, zu der Stummmusik gezählt zu werden, die in Shakespeares „Othello", 3. Akt, 1. Szene erwähnt wird:—

„ *Clown.* – Aber, Meister, hier ist Geld für Sie: Und dem General gefällt Ihre Musik so sehr, dass er möchte, dass Sie aus Liebe keinen Lärm mehr damit machen.

„ *Erster Musiker.* – Nun, Sir, das werden wir nicht.

„ *Clown.* – Wenn Sie Musik haben, die vielleicht nicht gehört wird, tun Sie es noch einmal: Aber, wie man sagt, ist es dem General egal, Musik zu hören.

„ *Erster Musiker.* – Wir haben keinen solchen, Sir."

„ *Clown.* – Dann steck deine Pfeifen in deine Tasche, denn ich werde weg: geh, verschwinde in der Luft; weg!"

Dem Liebhaber beschreibender Musik mag es gefallen, sich vorzustellen, er höre in bestimmten Chören Händels das Springen von Fröschen, das Summen von Fliegen oder das Rasseln von Hagelkörnern; der verständige Bewunderer dieser Kompositionen schätzt sie jedoch vor allem wegen ihrer rein musikalischen Schönheit. Diese lässt sich in hohem Maße auf Wohlklang in Verbindung mit Originalität zurückführen. Musik muss vor allem melodisch schön sein. Unsere großen Komponisten hatten dies im Sinn oder handelten ganz selbstverständlich danach; daher der faszinierende Charme ihrer Musik. Der Wohlklang hängt nicht von der in der Komposition vorherrschenden konsonanten Harmonie ab; wenn dies der Fall wäre, wäre Musik umso wohlklingender, je weniger dissonante Akkorde sie enthält, und die Dur-Tonart wäre für den Wohlklang besser geeignet als die Moll-Tonart, da die Dur-Tonleiter auf der einfachsten Beziehung musikalischer Intervalle beruht, die Konsonanzen ergeben. Unsere besten Kompositionen enthalten jedoch zahlreiche dissonante Akkorde; und viele – vielleicht die meisten – sind in der Moll-Tonart. Einige unserer großen Komponisten haben sicherlich bedeutendere Werke in Moll als in Dur geschrieben. Mozart offenbart in seinen Kompositionen in Dur oft außerordentliche Inspiration, sobald er in eine Moll-Tonart moduliert.

Auffallend klanglos sind die Kompositionen mancher Musiker, die Beethovens letzte Werke als Hauptmodelle für ihre Bestrebungen genommen haben und dadurch daran gehindert wurden, ihre natürliche Begabung, ihre Ideen melodisch und klar auszudrücken, richtig zu kultivieren. Darüber hinaus reden und handeln sie, als ob gekünstelte Originalität oder weit hergeholte Einfälle den Hauptreiz einer Komposition ausmachten. Nicht weniger langweilig sind die Werke mancher moderner Komponisten, die keine Originalität besitzen, aber sehr korrekt im Stil eines klassischen Komponisten schreiben. Es wurden eine Unmenge solcher abgestandener und unnützer Produktionen veröffentlicht. Musik muss, um interessant zu sein, eine gewisse Qualität in hohem Maße besitzen. Wenn sie sehr gut ist, ist sie genau das, was sie sein sollte; wenn sie sehr schlecht ist, kann man sie ehrlich verurteilen und ihrem Schicksal überlassen. Aber Musik, die weder sehr gut noch sehr schlecht ist – die weder Lob noch Tadel verdient und die man nicht leicht ignorieren kann, weil sie gut gemeint ist –, ist am langweiligsten. Und wie lang sind solche Produktionen oft! Die Komponisten zeigen durch viele Noten, dass sie wenig gefühlt haben, während unsere großen Komponisten durch wenige Noten zeigen, dass sie viel gefühlt haben.

Ein minderwertiger Komponist hat jedoch nicht selten bessere Chancen, schnell populär zu werden, als ein hervorragender. Letzterer wird wahrscheinlich nur von einigen unvoreingenommenen Richtern richtig gewürdigt – zumindest während seiner frühen Karriere –, während ersterer Qualitäten besitzen kann, die dem unkultivierten Geschmack sofort gefallen, und die Stimme der unkultivierten Mehrheit kann die Stimme der wenigen zum Schweigen bringen, deren Meinung richtig ist. Wenn Sie einen berühmten Musiker kennenlernen, werden Sie vielleicht feststellen, dass er nicht so talentiert ist, wie Sie erwartet haben; und wenn Sie einen Musiker ohne Ruf kennenlernen, werden Sie vielleicht feststellen, dass er viel talentierter ist, als Sie erwartet haben. Schüchternheit wird leicht mit mangelndem Können verwechselt. Sogar einige unserer tiefsinnigsten Denker wurden von unwissenden Leuten als Dummköpfe abgetan, als sie zugaben, dass sie ein bestimmtes Thema nicht verstanden hatten.

Komponisten, die gute Studien gemacht haben, schreiben manchmal raffinierte Erfindungen oder „gelehrte Musik", anstatt eine schöne Melodie zu erfinden. Sie neigen dazu, Fugen in ihre Werke einzubauen, wenn ihnen die Ideen ausgehen oder sie nicht wissen, wie sie weitermachen sollen. Sogar unsere großen Komponisten haben dies gelegentlich getan, als ihre Erfindungsgabe nachließ. Aber sie achteten darauf, bloße Kopfarbeit nur an den geeignetsten Stellen einzusetzen, wenn sie auf sie zurückgriffen, und es gelang ihnen im Allgemeinen, ihr einen gewissen musikalischen Reiz zu verleihen.

Sie strebten immer nach einem höheren Grad an Perfektion und waren tatsächlich ihr ganzes Leben lang Schüler. Je mehr sie lernten, desto klarer wurde ihnen, dass sie noch viel zu lernen hatten und dass ihnen die Zeit kostbar war. Beethoven studierte auf seinem Sterbebett die Partituren von Händels Oratorien und Mozart beschäftigte sich bis zum Ende seines Lebens mit den komplizierten Werken von Johann Sebastian Bach.

Zur Untermauerung der in diesem Aufsatz vertretenen Ansichten hätten viele Beispiele verschiedener Komponisten angeführt werden können. Um den Aufsatz jedoch nicht unnötig in die Länge zu ziehen, wurden nur einige Beispiele ausgewählt, die sich auf diejenigen unserer Komponisten beziehen, die allgemein als wirklich großartig anerkannt sind. Dem nachdenklichen Leser werden zweifellos noch viele weitere einfallen, wenn er mit unseren klassischen Kompositionen vertraut ist.

# Aberglaube in Bezug auf Glocken.

Es wird viel über Kirchenglocken gesprochen, die früher bei besonderen Anlässen manchmal ganz von selbst läuteten. In einigen Ländern wird auf Orte hingewiesen, an denen an bestimmten Tagen im Jahr oder bei bestimmten feierlichen Anlässen Kirchenglocken läuten, die in einen See oder Fluss gefallen oder tief im Boden versunken sind. Die Wundergläubigen gehen zu dem Ort, an dem angeblich eine Glocke versteckt ist, und hören aufmerksam zu. Im Allgemeinen hören sie bald die fernen Geräusche, die sie unbedingt hören möchten.

Eine wunderbare Glocke wird von Abraham à Sancta Clara erwähnt, der in der zweiten Hälfte des 17. Jahrhunderts so eindringlich predigte; und Montano gibt in seiner im Jahr 1726 veröffentlichten „Historischen Nachricht von denen Glocken" einen Bericht über dieselbe Glocke. Montano sagt, dass „sie in Vililla zu sehen ist, einer kleinen Stadt im Königreich Aragon". Als diese Glocke gegossen wurde, wurde eines der dreißig Silberstücke, für die der Erzverräter Judas Iskariot Jesus Christus den Hohepriestern auslieferte, mit dem Metall eingeschmolzen, was zur Folge hatte, dass die Glocke gelegentlich von selbst läutete, ohne berührt zu werden, insbesondere vor dem Eintreten einer großen nationalen Katastrophe, wie dem verheerenden Ausgang eines Kriegszuges oder dem Tod eines Königs. Im Jahr 1601, so berichtet Montano, läutete sie drei Tage lang ununterbrochen von selbst, nämlich von Donnerstag, dem 13. Juni, bis Samstag, dem 15.; Doch ob es für dieses außergewöhnliche Vorgehen einen besonderen Grund gab oder ob es lediglich einem launischen Impuls entsprang, erfahren wir von dem gelehrten Autor nicht.

Spanien scheint besonders reich an Wunderglocken gewesen zu sein. Das ist nicht verwunderlich, wenn man bedenkt, dass Wunder am häufigsten in Ländern vorkommen, deren Bevölkerung am ehesten bereit ist, sie zu akzeptieren.

Grimm berichtet von einem bedauerlichen Missverständnis, das durch eine kleine Hausklingel verursacht wurde und sich in einer deutschen Stadt ereignete; wir erfahren aber weder den Namen der Stadt noch den des Bürgers, in dessen Haus es geschah. Die Bewohner des Hauses, mit Ausnahme der Herrin, hörten das Läuten der Glocke deutlich und waren ganz sicher, dass niemand sie berührt hatte. Außerdem hörten sie sie einige Tage später ein zweites Mal. Der Hausherr, ein starker und gesunder Mann, war sofort davon überzeugt, dass dieses Omen den Tod seiner Frau ankündigte, die sehr bettlägerig war. Er verbot den Bediensteten, ihrer Herrin zu erzählen, was geschehen war, damit sie nicht erschreckt und ihr Tod beschleunigt würde. Der Zustand der Ungewissheit dauerte, nachdem die Glocke das zweite Mal gewarnt hatte, etwa sechs Wochen, als plötzlich – der Mann starb und der Frau ging es besser! Sogar nachdem die Witwe wieder geheiratet hatte, läutete die Glocke mehrmals von selbst; und wann immer dies geschah, gab es mit Sicherheit früher oder später einen Todesfall im Haus. [29]

## SCHUTZGLOCKENLÄUFER.

Die unter christlichen Völkern so verbreitete Vorstellung, dass das Klingeln und Läuten von Glocken ein Schutz gegen den Einfluss böser Geister ist, war offensichtlich auch bei den alten Ägyptern verbreitet. Einige kleine Handglocken mit Darstellungen von Typhon wurden in ägyptischen Gräbern gefunden und sind noch heute erhalten. Die hebräischen Hohepriester trugen Glocken an ihren Gewändern, und der Grund für diesen Gebrauch, der in Exodus 28, Vers 35 genannt wird, ist: „Sein Klang soll gehört werden, wenn er in das Heiligtum vor dem Herrn geht und wenn er herauskommt, damit er nicht stirbt." Was auch immer die richtige Interpretation dieses Satzes sein mag – es gibt mehr als eine –, er erinnert uns unweigerlich an die Verwendung des Sistrums durch die alten Ägypter, dessen Klingeln bei religiösen Zeremonien als unverzichtbar galt. Und was noch bemerkenswerter ist: Das Sistrum ist noch immer in Gebrauch, und zwar von den Priestern einer christlichen Sekte in Abessinien; während die Kopten in Oberägypten, die ebenfalls Christen sind, bei ihren religiösen Handlungen ein klingendes Metallinstrument namens *Maraouh schütteln* , angeblich um den Bösen fernzuhalten. Darüber hinaus kleiden sich die Schamanen in Sibirien, wenn sie sich darauf vorbereiten, Beschwörungen durchzuführen und Prophezeiungen zu machen, in Gewänder, an denen klingende und rasselnde Anhängsel befestigt sind. Ebenso verwenden die „Medizinmänner" oder Propheten der amerikanischen Indianer, wenn sie sich mit Zauberei und Geisterbeschwörung beschäftigen, wenn nicht klingendes Metall, so doch zumindest getrocknete und rasselnde Samenkapseln, lose Schnäbel bestimmter Wasservögel, mit Kieselsteinen gefüllte Kürbisse und ähnliche Vorrichtungen.

Der alte, auch heute noch nicht unübliche Glaube, dass Glockenläuten bei nahendem und anhaltendem Gewitter vor Blitzeinschlägen schützt, hat nicht selten zu einem bedauerlichen Unglück geführt, da der durch das Schwingen einer Glocke erzeugte Luftstrom das elektrische Fluid eher anzieht als, wie angenommen, es wegtreibt. In Preußen wurde der alte und geschätzte Brauch, während eines Gewitters Glocken zu läuten, im Jahr 1783 von Friedrich dem Großen klugerweise verboten, und seine Verordnung sah vor, dass das Verbot in allen Kirchen des Königreichs verlesen werden sollte.

### Bedeutsame Glockentöne.

Weit verbreitet ist die irrige Meinung, dass eine Beimischung von Silber zum Glockenmetall, bestehend aus Kupfer und Zinn, den Klang der Glocke deutlich verbessere.

Die alte Kirche zu Krempe in Holstein besaß früher eine Glocke von außerordentlichem Klang, die angeblich viel Silber enthielt. Als diese Glocke gegossen wurde, brachten die Menschen Silbermünzen und Schmuckstücke mit, die sie in das geschmolzene Metall warfen, um einen sehr feinen Klang zu gewährleisten. Der geizige Gründer wollte diese wertvollen Opfergaben unbedingt für sich behalten und legte sie daher beiseite. Doch während seiner vorübergehenden Abwesenheit nahm der Lehrling das gesamte Silber und warf es in die schmelzende Masse. Als der Meister bei seiner Rückkehr von seinem Lehrling erfuhr, dass er das Silber für den Zweck verwendet hatte, für den es ihm von den Spendern gegeben worden war, geriet der Meister in Zorn und erschlug den Knaben. Als nun die Glocke gegossen und im Turm der Kirche aufgehängt wurde, erklang ihr Klang zwar höchst klangvoll, aber auch sehr traurig; und wann immer es geläutet wurde, klang es deutlich wie „Schad' um den Jungen! Schad' um den Jungen!" („Mitleid mit dem Jungen! Mitleid mit dem Jungen!")

Die Kirchenglocke in Keitum auf der Insel Silt in der Nordsee vor der Küste Dänemarks lautet deutlich „Ing Dung!". Dies sind die Namen zweier frommer Jungfern, auf deren Kosten der alte Kirchturm vor langer Zeit errichtet wurde. Es gibt dort eine alte Prophezeiung, dass, nachdem die Glocke heruntergefallen ist und den schönsten Jüngling der Insel getötet hat, auch der Turm einstürzen und das schönste Mädchen von Silt töten wird. Tatsächlich wurde im Jahr 1739 ein schöner Jüngling durch den Fall der Glocke getötet; und seit dieser Zeit sind die jungen Mädchen von Silt im Allgemeinen sehr schüchtern, wenn sie sich dem Turm nähern, denn jede denkt, dass sie das Opfer sein könnte.

Die guten Leute aus Gellingen, im Kreis Angeln an der Grenze zu Dänemark, ließen einst in der Stadt Lübeck zwei Glocken für sich gießen. Diese Glocken wurden auf dem Wasserweg nach Schleimünde gebracht; Doch wie es das Unglück wollte, fiel einer von ihnen ins Meer und ging verloren. Wenn nun die verbleibende Glocke geläutet wird, verkündet sie deutlich, wovon sich jeder selbst überzeugen kann: „Min Mag ligger i ä Minn!" („Mein Begleiter liegt in der Schleimünde!") [30]

Die Kirche in Dambeck in Mecklenburg-Schwerin ist so alt, dass die ältesten Bewohner des Ortes behaupten, dass ihre heute nur noch erhaltenen Außenmauern vor der Sintflut erbaut wurden. Der Turm mit den Glocken ist im Müritzsee versunken; und in alten Zeiten sah man oft, wie die Glocken am Johannistag an die Wasseroberfläche stiegen. Eines Nachmittags blieben einige Kinder, die das Abendessen zu ihren Eltern getragen hatten, die auf einem angrenzenden Feld arbeiteten, am See stehen, um die Servietten zu waschen. Diese kleinen Bengel sahen die Glocken, die aus dem Wasser ragten. Eines der Kinder, ein kleines Mädchen, breitete ihre Serviette über eine der Glocken aus, um sie zu trocknen; die Folge war, dass die Glocke nicht wieder herabsteigen konnte. Aber obwohl alle reichen Leute der Stadt Röbel kamen, um sich die Glocke zu sichern, konnten sie sie nicht entfernen, obwohl sie sechzehn starke Pferde mitgebracht hatten, um sie von dort zu ziehen. Sie waren immer noch erfolglos damit beschäftigt, die Pferde anzutreiben, als zufällig ein armer Mann mit einem Ochsenpaar vom Feld kam. Als der Mann sah, was die reichen Leute vorhatten, sagte er ihnen sofort, sie sollten ihre Pferde beiseite stellen; Dann spannte er sein Ochsenpaar an die Glocke und sagte: „Nu met God foer Arme un Rieke, all to gelieke!" („Jetzt mit Gottes Hilfe für Arme und Reiche gleichermaßen.") Nachdem er diese Worte ausgesprochen hatte, trieb er die Glocke ohne die geringste Schwierigkeit nach Röbel, wo sie bald im Turm der neuen Kirche aufgehängt wurde. Wenn in Röbel ein wirklich armer Mann stirbt, wird für ihn kostenlos diese Glocke geläutet, auf der deutlich zu lesen ist: „Dambeck! Dambeck!" [31]

Man könnte noch hundert andere Beispiele nennen, in denen Kirchenglocken angeblich Sätze über bemerkenswerte Ereignisse aus längst vergangenen Zeiten verkünden. Beim Rezitieren dieser Sätze ahmen die Leute normalerweise den Klang der Glocke nach, was die Wirkung der Geschichte natürlich noch verstärkt. Die Schweiz ist besonders reich an solchen alten und geschätzten Traditionen.

Jeder echte Brite kennt die prophetischen Worte, die die Glocken der Bow Church an Whittington läuteten, als er nach London zurückkehrte. Sie bedeuteten ihm, dass er dazu bestimmt war, einen der höchsten Ehrenposten zu bekleiden, die ein Engländer anstreben kann. Manche Leute spotten über diese Tradition und sagen unverblümt: „Ich glaube kein Wort davon!" Andere antworten: „Beweisen Sie nur, dass es ein Mythos ist, und ich werde es nicht länger glauben, dessen bin ich mir ganz sicher."

## TAUFGLOCKEN.

Viele Menschen glauben noch immer, dass Taufglocken wunderbare Kräfte besitzen. In römisch-katholischen Ländern werden die großen Kirchenglocken am häufigsten nach bestimmten Heiligen benannt. Die Taufe oder die Weihe an einen Heiligen wird mit feierlichen Zeremonien durchgeführt. Die vom Priester gesprochenen Worte der Weihe lauten: „Möge diese Glocke im Namen des Vaters und des Sohnes und des Heiligen Geistes geweiht und geheiligt werden, zu Ehren des Heiligen ..." Eine echte Taufe findet nicht immer statt, aber die feierliche Weihe ähnelt einer Taufzeremonie so sehr, dass es nicht überraschend ist, dass die Menschen sie im Allgemeinen als solche betrachten; ebenso wenig ist es überraschend, dass trotz dieser Vorführungen immer noch viele abergläubische Vorstellungen in Bezug auf Wunderglocken vorherrschen.

Der ungebildete Mann in Litauen glaubt, dass eine neu gegossene Kirchenglocke keinen Ton von sich gibt, bis sie geweiht und getauft wurde; und der Klang einer getauften Glocke, so glaubt er, verscheucht alle Zauberei und sogar den Teufel. Darüber hinaus haben die Litauer eine poetische und schöne Vorstellung, nach der die Seelen der Verstorbenen mit dem Klang getaufter Glocken in den Himmel schweben. [32]

Wenn wir ein oder zwei Jahrhunderte zurückblicken, stoßen wir auf Volkstraditionen, die besagen, dass Taufglocken von vielen Menschen als Lebewesen angesehen wurden. Nehmen wir zum Beispiel die folgende Geschichte, die Montano aufgezeichnet hat: „Als die Franzosen im Jahr 1677 in ihrem grausamen Wahnsinn die Stadt Deux-Ponts (oder Zweibrücken) einnahmen, nahmen sie die Glocke aus dem Kirchturm und versuchten, sie zu zerstören, indem sie sie in Stücke schlugen. Dies gelang ihnen jedoch nicht. Sie machten daher ein großes Feuer, auf das sie die Glocke legten, um sie zu schmelzen. Alle Militäroffiziere standen bereit, um den Vorgang zu beobachten. Wie groß war ihre Überraschung, als sie sahen, dass die gequälte Glocke anfing, Blut zu schwitzen! Der ranghöchste Offizier nahm sein Taschentuch, befleckte es mit dem Blut und schickte es dem König von Frankreich; denn er hielt es für möglich, dass ohne diesen unwiderlegbaren Beweis weder der König noch sonst jemand an das Wunder glauben würde."

Die Schweizer pflegen einige merkwürdige Traditionen in Bezug auf Taufglocken. Sie haben sogar eine Medaille prägen lassen, die an ein Wunder erinnert, das geschah, als der Papst eine solche gesegnete Glocke in den Kanton Wallis schickte. Darüber hinaus wandern alle Glocken der römisch-katholischen Kirchen in der Schweiz jährlich zur Beichte nach Rom. Sie reisen am Donnerstag in der Karwoche ab und kehren am darauffolgenden Samstag zurück; jedenfalls gibt es während der angegebenen Zeit kein Glockengeläut. Rochholz sagt, dass es in der Schweiz üblich ist, bei der Taufzeremonie einer Kirchenglocke Paten zu haben, die Glocke für diesen Anlass in ein Gewand namens „Westerhemd" zu kleiden, das Glaubensbekenntnis in ihrem Namen auszusprechen und sie mit Weihwasser zu besprengen. Alle diese Riten wurden beispielsweise im Dorf Ittenthalen im Fricktal im Kanton Aargau eingehalten, wo die neue Glocke nicht nur den Namen der Taufpatin erhielt, sondern von ihr auch ein Taufgeschenk von 200 Franken erhielt. [33]

Berichten aus verschiedenen Ländern zufolge haben sich ungetaufte Glocken oft als störend erwiesen, und es werden Fälle erwähnt, in denen sie mehrere Meilen weit durch die Luft aus Türmen flogen und in einen Teich fielen, von dem man annahm, er sei bodenlos. In Moringen, einer Kleinstadt südlich von Hannover, gibt es einen bodenlosen Teich namens „Opferteich", in dessen Nähe einer alten Überlieferung zufolge die heidnischen Vorfahren der Moringer Opfer darbrachten. Eine Glocke, die aus Vernachlässigung nicht den Ritus der Taufe erhalten hatte, flog in den Teich, wo sie angeblich festgekettet war und von einem wilden Hund bewacht wurde. Eine weitere ungetaufte Glocke wurde von einem schrecklichen Sturm aus der Kirche von Grone, einem Dorf unweit von Moringen, weit durch die Luft getragen und in einem Teich versenkt, wo sie auf einem schwarz bedeckten Tisch ruht. Zumindest berichtete ein Taucher, den die Bauern mit der Bergung beauftragt hatten, dass er es an dieser Stelle gesehen hatte. Aber als sie den Taucher ein zweites Mal hinabschickten, versehen mit einem Seil, um die Glocke zu sichern, stellten sie beim Heraufziehen des Seils fest, dass der Taucher und nicht die Glocke daran befestigt war, und er war tot. [34]

In einem Morast in der Nähe der Stadt Lochen in Holland gibt es zwei Teiche mit stehendem Wasser, in denen der Böse zwei schöne Glocken versteckt hat, die er vor vielen Jahren plötzlich aus dem Kirchturm von Lochen mitnahm, da sie nicht getauft waren. Die Menschen hören diese Glocken noch heute jedes Jahr am Weihnachtsabend pünktlich um zwölf Uhr läuten. Die Holländer nennen diese beiden Teiche „Duivelskolken". [35]

## INSCHRIFTEN AUF KIRCHENGLOCKEN.

Die Inschriften auf Kirchenglocken sind manchmal so kurios und in manchen Ländern so charakteristisch, dass eine Sammlung davon wahrscheinlich unterhaltsam wäre. Nehmen wir zum Beispiel die folgenden englischen Exemplare, in denen die Namen der Spender verewigt sind:

Auf einer Glocke in Alderton stehen die Worte:—

„Ich bin hierhergekommen, um ein Geläut anzustimmen
und Mary Neale zu preisen."

Und auf einer Glocke in Binstead:—

„Doktor Nicholas gab fünf Pfund,
um dieses Geläut stimmbar und klangvoll zu machen."

Eine Alarmglocke in der Kirche von Sherborne, gegossen im Jahr 1652, trägt die Inschrift:—

„Herr, lösche diese wütende Flamme!
Steh auf, lauf, hilf und lösche sie!"

Auf der Glocke, die beim Geläut von St. Mary's in Devizes den höchsten Ton erzeugt, stehen die Worte:

„Ich bin der Erste, obwohl ich klein bin, aber
ich werde von allen gehört werden."

Die St. Helen's Church in Worcester besitzt einen Satz von acht Glocken, die zur Zeit von Königin Anne gegossen wurden und deren Inschriften die während ihrer Herrschaft errungenen Siege dokumentieren.

Ein Reisender sah kürzlich in Island in einem Dorf eine Kirchenglocke mit der Inschrift in deutscher Sprache:

"Aus dem Feuer bin ich gegossen,
Hans Meyer in Kopenhagen hat mich geflossen, Anno 1663." [36]

Es wird berichtet, dass es vor mehr als zweihundert Jahren von einem in Dänemark ansässigen deutschen Gießer gegossen wurde. Die große Glocke in der Kathedrale von Glasgow enthält die Angabe, dass sie im Jahr 1583 in Holland gegossen und im Jahr 1790 in London umgegossen wurde; und eine Glocke in der Kathedrale von St. Magnus in Kirkwall auf den Orkneyinseln verzeichnet, dass sie im Jahr 1682 nach Amsterdam geschickt wurde, um dort umgegossen zu werden. Noch häufiger als historische Angaben sind Aussagen aus der Bibel und religiöse Ermahnungen.

Um eine neu gegossene Glocke vor der Befleckung durch ihre europäischen Angreifer zu schützen, haben die Burmesen den Ausweg gefunden, sie mit einem Drohurteil zu versehen. Die Glocke befindet sich in einem buddhistischen Tempel in Moulmein. Neben einer Inschrift in burmesischen Schriftzeichen enthält es einen Satz in schlechtem Englisch, der wie folgt lautet:

„Diese Glocke wurde von Koonalinnguhjah, dem Priester, hergestellt und hat ein Gewicht von 600 Viss. Niemand hat vor, diese Glocke zu zerstören. Moulmein, 30. März 1855. Der, der diese Glocke zerstört hat, muss in der großen Hölle sein und nicht herauskommen können." ."

### Die Kirchenglocken vertreiben die Bergzwerge.

Unter der Landbevölkerung Schwedens, Dänemarks, Deutschlands und einiger anderer europäischer Länder gibt es immer noch seltsame Überlieferungen, wonach Bergzwerge und ähnliche geheimnisvolle Bewohner des Landes wegen des Glockenläutens zur Auswanderung gezwungen wurden. Um einen Fall zu erwähnen: –

In Holstein, so erzählt man sich, beschlossen eine große Anzahl Bergzwerge, die durch den Klang der vielen neuen Kirchenglocken sehr beunruhigt waren, das Land zu verlassen. Nachdem sie ihre Angelegenheiten geordnet hatten, machten sie sich in einer Gruppe auf den Weg und reisten nordwärts, bis sie an die Eider kamen, an eine Stelle, wo es eine Fähre gibt. Es war spät in der Nacht, als ein Klopfen an der Tür den Fährmann aus dem Schlaf weckte. Er dachte, er müsse geträumt haben; denn es war noch nie vorgekommen, dass ihn jemand mitten in der Nacht gerufen hatte, um ihn über den Fluss zu bringen. Er schenkte dem Klopfen daher keine Beachtung und schlief bald wieder ein. Doch nach einer Weile wurde er durch das Geräusch eines weiteren Klopfens an der Tür geweckt; und diesmal war er sicher, dass er nicht geträumt hatte. Also zog er sich schnell an und öffnete die Haustür, um zu sehen, wer da war. Aber seltsamerweise sah er niemanden an der Tür; und als er im Dunkeln rief und fragte, wer ihn suchte, erhielt er keine Antwort. Dann dachte er, das Beste wäre, wieder zu Bett zu gehen. Doch kaum hatte er seinen Mantel ausgezogen, als es an der Tür ein lautes Klopfen gab, das ihn ganz erschreckte. Er nahm einen Knüppel aus einer Zimmerecke, setzte seinen Hut auf und ging sofort aus dem Haus, um sich umzusehen.

Er war nur wenige Schritte in Richtung des Flusses gegangen, als er zu seiner großen Überraschung vor sich auf einem Feld eine Menge grau aussehender Zwerge sah, die unruhig hin und her liefen wie Ameisen, wenn man einen Ameisenhaufen öffnet. Bald darauf trat einer von ihnen, ein sehr alter Kerl mit einem langen weißen Bart, an den Fährmann heran und bat ihn, die ganze Gesellschaft über die Eider zu bringen.

„Du wirst für deine Dienste angemessen bezahlt", sagte der Zwerg mit dem langen Bart. „Lege nur deinen Hut auf das Flussufer, damit unsere Leute das Geld hineinwerfen können, wenn sie ins Boot steigen."

Der Fährmann tat, was er wollte, aber er hätte lieber nichts mit diesen Leuten zu tun gehabt. Das Boot war bald voll mit ihnen. Sie krabbelten überall herum wie Insekten, und er musste die Überfahrt mehrere Male machen, bevor er sie alle an das gegenüberliegende Flussufer gebracht hatte. Er bemerkte, dass jeder von ihnen etwas in den Hut warf, das aussah wie ein Sandkorn; aber das machte ihm nichts aus – er dachte nur daran, wie froh er sein würde, wenn er sie alle los wäre. Tatsächlich traute er ihnen nicht, besonders als der Kerl mit dem langen Bart ihm mitteilte, dass sie wegen der Kirchenglocken und des Hymnengesangs, die sie nicht länger ertragen konnten, gezwungen waren, in einen anderen Teil der Welt auszuwandern.

Als der Fährmann die letzte Ladung der kleinen Auswanderer herübergebracht hatte, sah er, dass das ganze Feld in der Nähe der Stelle, wo er sie an Land gebracht hatte, von Lichtern erstrahlte, die in alle Richtungen hin und her flatterten. Die kleinen Wanderer hatten alle ihre Laternen angezündet. Aber als er zum Ufer in der Nähe seines Hauses zurückkehrte und seinen Hut nehmen wollte, wie öffnete er die Augen! Er war in seinem ganzen Leben noch nie so überrascht gewesen. Der Hut war voller Gold!

Voller Freude trug er den Schatz in sein Haus und war von da an unermesslich reich. Kurz gesagt, dieser einfache Mann wurde in kürzester

Zeit zu einem der angesehensten Herren des Landes und starb mit einem Vermögen von Tausenden von Pfund.

## DIE VERTREIBUNG DES HEIDENTUMS AUS SCHWEDEN.

Sollte der Leser jemals Lagga besuchen, eine Gemeinde im Südwesten Schwedens, werden die Leute ihn auf einen enorm großen Stein hinweisen, den einst ein Riese auf eine Kirche warf und in dem die Spuren seiner starken Finger noch erkennbar sind. Es war, sagt Afzelius, bei Riesen in Schweden üblich, Steine auf die Kirchen zu werfen, aber sie trafen sie nie. Außerdem war ihnen der Klang der Kirchenglocke sehr verhasst. In der Nähe von Lagga befindet sich ein Berg, der als ehemaliger Wohnsitz eines Riesen gefeiert wird, der dort bis zur Zeit der Reformation lebte, als die Kirche des Ortes mit Glocken ausgestattet wurde. Eines Morgens sprach der niedergeschlagene Riese einen Bauern aus Lagga an, der Jakob hieß und sich zufällig am Fuße des Berges befand. „Jakob!", sagte der Riese mit gedämpfter Stimme, „komm herein, Jakob, und iss von meinem Eintopf!"

Aber Jacob, beunruhigt über die freundliche Einladung, antwortete eher zögernd: „Herr, wenn Sie mehr Eintopf haben, als Sie verzehren können, sollten Sie den Rest besser für morgen aufbewahren."

Auf diesen vernünftigen Rat hin beschwerte sich der niedergeschlagene Riese: „Ich kann nicht einmal bis morgen hier bleiben! Ich bin gezwungen, diesen Ort zu verlassen, weil das ständige Glockenläuten so unerträglich ist!"

Da fasste Jakob etwas Mut und fragte ihn: „Und wann gedenkst du wiederzukommen?"

Als der niedergeschlagene Riese diese Frage hörte, jammerte er: „Wieder zurückkommen? Oh! Sicherlich nicht, bis der Berg zum Meeresgrund und das Meer selbst zu fruchtbarem und fruchtbarem Land geworden ist. Wenn das jemals passieren sollte, dann könnte ich das tun." Vielleicht komme ich noch einmal zurück.

# Kuriositäten in der Musikliteratur.

Alles Neue und Unerhörte in der Musik wird von der Mehrheit der Musiker selten sofort richtig gewürdigt, so schön es auch sein mag. Daher finden wir in unserer Literatur die unterschiedlichen Meinungen zu bestimmten wichtigen Musikkompositionen.

Die „Briefe über den Musikgeschmack" von JB Schaul („Briefe über den Geschmack in der Musik. Carlsruhe, 1809") enthalten viele vernünftige Beobachtungen, die durch unvernünftige Angriffe auf Mozart getrübt werden, weil der damals neue Komponist dies in seinen Opern nicht tat Beschränken Sie sich auf die gleiche Behandlung des Orchesters, an die frühere Meister das Ohr gewöhnt hatten. Schaul war ein großer Bewunderer Boccherinis. „Was für ein Unterschied zwischen einem Mozart und einem Boccherini!" ruft er. „Ersteres führt uns zwischen zerklüfteten Felsen in einem dornigen, aber spärlich mit Blumen übersäten Wald; Letzteres führt uns in eine lächelnde Landschaft mit blühenden Wiesen, klaren und murmelnden Bächen und schattigen Hainen, wo unser Geist sich voller Freude einer Süßigkeit hingibt." Melancholie, die ihm eine angenehme Erholung bietet, auch nachdem er diese angenehmen Regionen verlassen hat.

Es gibt mehrere andere Bemerkungen dieser Art in dem Buch, die den Zorn von Carl Maria von Weber erregten und ihn dazu veranlassten, zur Feder zu greifen, um Mozart zu verteidigen, [37] was er wahrscheinlich für unnötig gehalten hätte, wenn es das Buch gegeben hätte sonst nicht eher clever.

Als im Jahre 1790 Mozarts Don Giovanni in Berlin uraufgeführt wurde, fand die neue Oper Anklang beim Publikum, bei den Kritikern jedoch keineswegs. Der folgende Auszug stammt aus der Chronik von Berlin, Bd. IX, S. 128. 133:—"Nicht indem der Komponist das Orchester überfordert, sondern indem er die Emotionen und Leidenschaften des Herzens zum Ausdruck bringt, erreicht er Großes und überliefert seinen Namen der Nachwelt. Grétry, Monsigny und Philidor sind und werden immer Beispiele für diese Wahrheit sein. Mozart wollte in seinem 'Don Giovanni' etwas Außergewöhnliches schaffen, so viel ist sicher, und er hat sicherlich etwas Außergewöhnliches geschaffen; jedoch nichts, was nicht nachgeahmt werden könnte oder was großartig ist. Nicht das Herz, sondern Laune, Exzentrizität und Stolz sind die Quellen, aus denen 'Don Giovanni' hervorgegangen ist... Diese Oper erwies sich dennoch als lukrativ für den Manager; und Galerie, Logen und Parkett werden auch in Zukunft nicht leer sein; denn ein Geist in Rüstung und Feuer speiende Furien sind ein starker Magnet." [38]

Der Akkord mit der überhöhten Oktave, der in Mozarts Ouvertüre zu „Don Giovanni" mehrfach vorkommt:

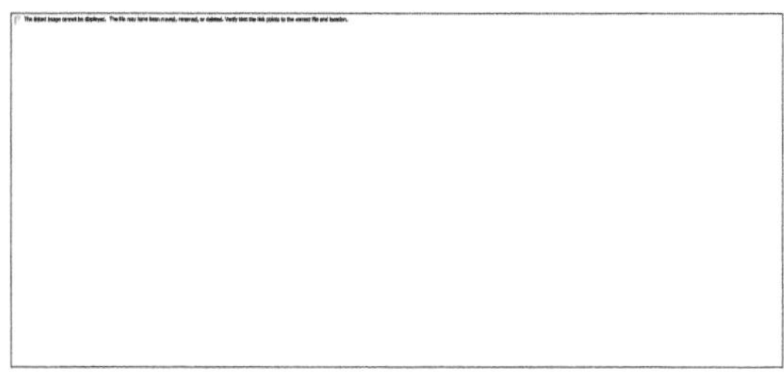

hat mehr als einen ehrlichen Theoretiker den Kopf schütteln lassen. Zweifellos sieht es abschreckend genug aus, wenn man es in einer Notation ohne die vorhergehenden und folgenden Takte betrachtet; aber sollte man es so beurteilen? Dennoch hielt es Schilling in seinem Musikalischen Wörterbuch [39] für notwendig, Mozart für die Verwendung dieses Akkords zu entschuldigen. In dem mit „Akkord" überschriebenen Artikel bemerkt er: „Türk sagt, wir besitzen keinen Akkord mit übermäßiger Oktave. Bis Mozart wurde dieses Intervall nur als Vorhalt verwendet. Mozart jedoch macht es stabil genug, indem er einen ganzen Takt im 4/4-Takt damit füllt. Der Meister weiß immer, warum er auf eine bestimmte Weise handelt und nicht anders; und da in „Don Giovanni" das Außergewöhnliche vorherrscht, kann dieses lang ausgehaltene übermäßige Intervall – dieser vorsätzliche Dolchstoß – als Warnung für unsere Libertins dienen. Wir für unseren Teil kennen nichts Schrecklicheres als diesen ausgehaltenen Akkord und die plötzliche Energie, mit der er ausgeführt werden soll."

Wenn Mozart negative Kritik hervorrufen konnte, ist es angesichts seiner großen Originalität nicht verwunderlich, dass Beethoven dies tat. Dr. Crotch sollte daher nicht als schlechterer Kritiker angesehen werden als viele andere, wenn er (in seinen „Lectures", London, 1831, S. 146) über Beethoven sagt: „Dass er jemals die Regeln der Komposition missachtet hat, ist bedauerlich." , da es in keinem einzigen Fall den geringsten Nutzen daraus gebracht zu haben scheint."

Rochlitz bemerkt in seiner Kritik an Beethovens letzten Violinquartetten, die ihm offensichtlich nicht gefielen, vorsichtig: „Als Beethoven seine ersten drei Trios für Klavier, Violine und Violoncello veröffentlicht hatte – und bald darauf seine erste Symphonie in C-Dur – dachte ein gewisser Rezensent Es ist richtig und gut, von den Trios fast scherzhaft zu sprechen und sie eher als verwirrte Explosionen der kühnen Übermut eines jungen talentierten Mannes zu behandeln, und die Symphonie, die er ernsthaft und warnend als eine seltsame Nachahmung des Stils Haydns bezeichnete, kam ihm beinahe gleich Doch dieser Kritiker war wirklich ein fähiger Musiker mit großer Erfahrung und stand seiner Zeit und ihrer Theorie standhaft gegenüber. Er hatte auch viele Werke hervorgebracht, die zu Recht geschätzt wurden, und er mochte den Mann Angesichts seines Namens, oder schuldeten wir den Toten nicht Zurückhaltung, würde jeder Leser dies zugeben, und noch mehr, wenn wir ihn noch einmal nennen würden, als Beethoven seine zweite Symphonie in D-Dur beendet hatte und Fürst Lichnowsky das Manuskript nach Leipzig brachte Spazier gab nach der Aufführung der Symphonie in seinem neuen Tagebuch mit dem Titel „Zeitung für die elegante Welt" seine Meinung dazu ab. Er nannte es ein grobes Monster – einen durchbohrten Drachen, der sich unbeugsam windet, der nicht sterben will und der im Verbluten (Finale) seinen emporgehobenen Schwanz vergeblich in alle Richtungen schwenkt. Nun war Spazier ein kluger Kerl, ein Vielseitiger und vielseitiger Mann und keineswegs unerfahren als Musiker, kannte er alle Kompositionen, die zu seiner Zeit als überlegen galten, und genoss als Kritiker einen nicht geringen Ruf. und wurde sogar gefürchtet. Seitdem sind fünfundzwanzig Jahre vergangen, und was denkt nun die ganze Welt über diese Werke?" [40]

Eine Sammlung von Musikkritiken von Reputationskritikern, die unsere Meisterwerke verurteilen, mag amüsant sein, wäre aber wahrscheinlich eher lächerlich als lehrreich. Besonders England könnte einen großen Teil solcher Kuriositäten in der Musikliteratur beisteuern. Zweifellos waren einige der Richter klug genug; Man kann nicht unbedingt sagen, dass sie nicht in der Lage waren, ihre Kritik zu verstehen; aber sie hatten zu ihrer eigenen Orientierung bei der Beurteilung einen bestimmten Kodex von Regeln zusammengestellt, die sie aus den Werken eines Lieblingskomponisten zusammengetragen hatten und die sie für die einzig richtigen hielten. Folglich verurteilten sie alles, was sie im Widerspruch zu ihrem angenommenen Kodex fanden.

JN Forkel, der gelehrte und zu Recht geschätzte Autor einer „Musikgeschichte" und mehrerer anderer nützlicher Werke, hegte eine so große Bewunderung für J.S. Bach, dass er schließlich kein Gehör mehr für einen Komponisten hatte, der sich von seinem Idol unterschied. Daher seine ungerechtfertigten Angriffe auf Gluck in seiner „Musikalisch-Kritischen Bibliothek", Gotha, 1778.

Wir besitzen in deutscher Sprache ein klug geschriebenes Buch mit dem Titel „Über Reinheit der Tonkunst", dessen erste Auflage im Jahr 1825 erschien. Der Autor dieses Buches ist ACJ Thibaut, ein angesehener Professor der Rechtswissenschaften in Heidelberg, hatte die alten italienischen und niederländischen Kirchenkomponisten aus der Zeit Palestrinas studiert, deren Werke er mit Freude bei regelmäßigen Treffen einer Reihe gut ausgebildeter Chorsänger in seinem Haus aufführte. Thibauts Begeisterung für die alten Komponisten der Vokalmusik ohne Instrumentalbegleitung war so grenzenlos, dass die großen Instrumentalkompositionen von Beethoven und anderen für ihn nur wenig Anziehungskraft ausübten. Mit viel Sarkasmus verspottet er Webers Ouvertüre zu „Oberon". Berühmte Pianisten fanden offenbar bei ihm wenig Anklang. Dennoch hatte Thibaut einen positiven Einfluss auf Musiker, und sein seltsames und temperamentvolles Buch verdient einen herausragenden Platz unter unseren Kuriositäten in der Musikliteratur.

Namhafte Komponisten erweisen sich manchmal als unzuverlässige Richter über die Verdienste anderer Komponisten, insbesondere wenn es sich bei diesen um ihre Zeitgenossen und vielleicht sogar um ihre Rivalen handelt. Aus den Biografien der Komponisten wissen wir, wie sehr Weber Rossini verabscheute; wie wenig Spohr Webers „Der Freischütz" schätzte, als die ganze Welt von der Oper begeistert war; wie Spohr an Beethovens Symphonien herumnörgelte. Und wir wissen, was Beethoven in einem unbedachten Moment über diese Komponisten sagte. Wir erinnern uns an Mozarts ungünstige Meinungen über Clementi, Abbé Vogler und einige andere musikalische Berühmtheiten seiner Zeit; ebenso an JS Bachs scherzhafte Bemerkungen gegenüber seinem Sohn Friedemann über ihre Reise nach Dresden, um die „hübschen kleinen Lieder" von Hasse zu hören; und Händels harte Worte über Gluck: „Er versteht nicht mehr von Kontrapunkt als mein Koch!" – ganz zu schweigen von anderen derartigen Gerüchten, die ziemlich skandalös sind. Angesichts dieser musikalischen Dissonanzen ist es umso angenehmer, sich an die Aufrichtigkeit zu erinnern, mit der viele unserer großen Musiker die Verdienste ihrer Kollegen anerkannt haben. Haydns Wertschätzung für Mozart wurde nur durch Mozarts Wertschätzung für Haydn übertroffen. Beethovens hohe Wertschätzung für Cherubini ist bekannt. Ebenso Schuberts Bewunderung für Beethoven. Aber es ist hier unnötig, Beispiele dieser Art aufzuzeigen.

Musikliebhaber zeigen oft eine Vorliebe für einen bestimmten Komponisten, nur weil sie zufällig mit dessen Werken vertrauter geworden sind als mit denen anderer Komponisten. Kein Wunder, dass sie mit ihren literarischen Werken, die sich auf Musik beziehen, viel zu den Kuriositäten beigetragen haben. Wenn ich hier M. Victor Schœlchers „Leben Händels" betrachte, dann mit aufrichtiger Wertschätzung für seinen Enthusiasmus und seine Ausdauer, die es ihm ermöglichten, interessante Informationen über den großen Komponisten zu sammeln. Um das „Leben Händels" zu schreiben, reicht es jedoch nicht aus, ein begeisterter Bewunderer seiner Werke zu sein. Man muss die Musiker, die zur Zeit des großen Komponisten arbeiteten, gut kennen und wissen, wie weit die Kunst zu der Zeit fortgeschritten war, als der kleine Junge Händel seine ersten Unterrichtsstunden erhielt. Man muss auch praktische Erfahrung in der musikalischen Komposition haben. Die folgende Meinung, die in dem erwähnten Werk zum Ausdruck kommt, kann als Beispiel für die literarische Kuriosität eines Musikliebhabers dienen: „Wenn ein großer Künstler wie Händel des Diebstahls beschuldigt wird, sollten die Beweise offen vorgelegt werden … Diese angeblichen Diebstähle sind nichts weiter als zufällige Ähnlichkeiten, flüchtig und völlig unabsichtlich … Wenn man Dr. Crotch glauben darf, war Händel nie etwas anderes als ein Plagiator, der sein Leben damit verbrachte, Ideen aus jeder Ecke zu suchen!" und so weiter. Nun ist es eine bekannte Tatsache, dass Händel in mehreren Fällen die Kompositionen anderer verwendet hat. Aber kein anspruchsvoller Biograph würde ihn aus diesem Grund als Dieb betrachten. Der wirklich musikalische Forscher würde es interessant finden, sorgfältig zu untersuchen, wie der große Komponist Ideen anderer behandelt und veredelt hat.

Eine Autobiographie eines berühmten Musikers kann lehrreich sein, wenn der Autor den moralischen Mut besitzt, offen zu dokumentieren, was er gedacht und gefühlt hat. Er muss die Wahrheit sagen und nichts als die Wahrheit. Wie selten ist das der Fall! Sei es aus lobenswerter Rücksichtnahme auf andere oder vielleicht aus persönlicher Eitelkeit: Aussagen über begangene Fehler, erfolglose Kämpfe und ähnliche Tatsachen werden oft weggelassen oder überbewertet. Die Briefe berühmter Musiker, die nach ihrem Tod von ihren Freunden veröffentlicht werden, sind im Allgemeinen so ausgefeilt und Sätze, von denen angenommen wird, dass sie dem Ruf des großen Künstlers schaden, so sorgfältig gelöscht, dass wir nur gelegentlich einen Einblick in das wirkliche Leben des großen Künstlers erhalten Mann. Die vielleicht liebenswürdigsten, aber auch schwächsten Veröffentlichungen dieser Art sind im Allgemeinen die biografischen Notizen, die von der Witwe eines berühmten Musikers herausgegeben wurden. Um ein Beispiel zu nennen: „Spohrs Autobiographie" ist interessant, wenn auch etwas von Selbstgefälligkeit geprägt. Nach Spohrs Tod veröffentlichte seine Witwe die Autobiographie und ergänzte sie mit lobenden Bemerkungen wie den folgenden:

„In den letzten Jahren seines Lebens äußerte er oft seine Überzeugung, dass es im Himmel sicherlich Musik geben müsse, obwohl sie sehr anders sein könnte als unsere eigene. Als seine Frau aus vollem Herzen antwortete: ,Ja, vielleicht anders; aber schöner als deine kann sie nicht sein!' – Da breitete sich ein Lächeln glücklicher Zufriedenheit und seliger Hoffnung auf seinem Gesicht aus." [41]

Dem Musiker, der mit der häufigen Wiederholung gewisser, dem Komponisten sympathischer Modulationen und Manierismen in Spohrs Werken vertraut ist, sei es verziehen, wenn ihm der Gedanke, ihnen ewig zuhören zu müssen, graut.

Lassen Sie uns nun unsere Aufmerksamkeit für einen Moment auf Bücher richten, die sich mit musikalischen Kontroversen befassen. Der Leser ist sich wahrscheinlich des Streits bewusst, den Gluck und Piccini gegen Ende des letzten Jahrhunderts in Frankreich auslösten, und der großen Zahl von Pamphleten, die infolgedessen veröffentlicht wurden, darunter einige, die von den bedeutendsten Denkern der Zeit geschrieben wurden. Der Streit um die Echtheit von Mozarts Requiem liefert ebenfalls einige interessante Beispiele musikalischer Literatur. Der Papierkrieg begann mit einem Artikel von Gottfried Weber, der im Jahr 1825 in der Musikzeitschrift „Cæcilia" veröffentlicht wurde. Den hingeworfenen Fehdehandschuh nahm im selben Jahr Abbé Stadler auf. Nach diesem Beginn der Kontroverse traten andere Verfechter, *sowohl dafür* als auch *dagegen* , in Erscheinung; und der Streit, der nicht ganz ohne persönliche Beleidigungen geführt wurde, wurde bald ebenso furchterregend wie der Kampf zwischen den Montagues und den Capulets, bei dem, zum Glück für die Eintracht, Mozarts Manuskript in die Hände fiel. Die Partitur des Requiems wurde entdeckt und enthüllte, welche Teile des Werks er selbst zu Papier gebracht hatte und welche nach seinem Tod von seinem Schüler Süßmayr geschrieben wurden.

Eine weitere Kontroverse besonderer Art, an der viele Musiker beteiligt waren und über die mehrere Dissertationen veröffentlicht wurden, entstand in einem heftigen Angriff von Giovanni Spataro auf Franchino Gafori zu Beginn des 16. Jahrhunderts. Ein Bericht über diesen Streit, der sich auf einige theoretische Fragen bezog, findet sich in Hawkins' „History of Music", London, 1776, Bd. II., S. 335. Was den Sprachstil der Kombattanten betrifft, so erinnert er eher an Fäuste und Keulen als an Nadelpistolen; aber das ist nur das, was man erwarten könnte.

Auch in Bezug auf die wissenschaftlichen Untersuchungen zum Ursprung und zur Verwendung der Musik sind einige merkwürdige Abhandlungen zu erwähnen.

Die Ansicht, dass der Mensch die Kunst der Musik aus dem Gesang der Vögel erlernte, ist sehr alt und wurde bereits fast ein Jahrhundert vor unserer christlichen Zeitrechnung vom römischen Dichter Lukrez vertreten. Guido Casoni findet in seinem Werk „Della Magia d'Amore", Venedig, 1596, den Ursprung der Musik in der Liebe. JC Ammon, ein deutscher Geistlicher, schrieb im Jahr 1746 einen Aufsatz mit dem Titel „Gründlicher Beweis, dass im ewigen Leben wirklich eine vortreffliche Musik sei". Auch Mattheson, von dessen literarischen Werken mehr als eines zu den Kuriositäten gezählt werden könnte, schrieb ausführlich über die Musik im Himmel. Ein Buch von ihm zu diesem Thema, das im Jahr 1747 veröffentlicht wurde, trägt den Titel „Behauptung der himmlischen Musik aus den Gründen der Vernunft, Kirchen-Lehre und Heiligen Schrift". In seiner Abhandlung „The Music of the Church", London 1831, klärt Latrobe diese Frage, indem er Passagen aus der Offenbarung zitiert. So wird beispielsweise die Art der instrumentalen Begleitung der Vokalmusik im Himmel seiner Meinung nach durch die

Passage „Harfner spielen auf ihren Harfen" (Offenbarung XIV, 2) klar offenbart.

Die irrige Vermutung, dass die Kunst der Musik dem Menschen ursprünglich durch das Hören der verschiedenen Klänge in der Natur entstanden ist, anstatt ihm angeboren zu sein, wurde von mehreren Autoren vertreten. Es genügt, zwei Bücher zu dieser Hypothese zu erwähnen, die im heutigen Jahrhundert geschrieben wurden: „Die Musik der Natur; oder ein Versuch zu beweisen, dass das Leidenschaftliche und Angenehme an der Kunst des Singens, Sprechens und Musizierens auf Musikinstrumenten von den Klängen der belebten Welt abgeleitet ist", von William Gardiner; London, 1832. „La Harpe d'Eole et la musique cosmique; études sur les rapports des phénomènes sonores de la nature avec la science et l'art" von JG Kastner; Paris, 1856. – Kastner ist der Autor mehrerer musikalischer Abhandlungen, die man zu den literarischen Kuriositäten zählen könnte.

Feyoo y Montenegro, ein spanischer Geistlicher, schrieb um die Mitte des 18. Jahrhunderts eine Dissertation, deren ins Englische übersetzter Titel lautet: „Die Freuden der Musik, begleitet von Tugend, sind auf Erden der Vorgeschmack des Himmels." Als Kontrast dazu sei Francesco Bocchis „Discorso sopra la Musica" aus Florenz, 1580, erwähnt, in dem der gelehrte Autor behauptet, dass Musik der Moral und den guten Manieren schade. Vicesimus Knox empfiehlt in seinen „Essays moral and literarische", London, 1778, den Erwerb musikalischer Fähigkeiten als Mittel, sich im Alter vor Verachtung und Vernachlässigung zu schützen.

Die Kuriositäten der folgenden englischen Werke werden durch ihre Titel ausreichend angedeutet: „The Schoole of Abuse conteining a Pleasaunt Inuective against Poetes, Pipers, Plaiers, Jesters, and such like Caterpillers of a Commonwelth" von Stephen Gosson; London, 1579. „Histrio-Mastix; „The Player's Scovrge, or Actors' Tragedie" von William Prynne; London, 1633. Für die Veröffentlichung dieses Werks, das eine Satire gegen die Vokalmusik enthält, wurde der Autor von König Karl I. dazu verurteilt, sich die Ohren abzuschneiden und am Pranger zu stehen.

Interessante Beispiele englischer Abhandlungen über Kirchenmusik sind: „Eine Abhandlung über die Rechtmäßigkeit der Instrumentalmusik in den heiligen Offizien" von Henry Dodwell. Zweite Ausgabe; London, 1700. „Die Tempelmusik oder ein Essay über die Methode des Singens der Psalmen Davids im Tempel vor der babylonischen Gefangenschaft" von Arthur Bedford; London, 1706. „Der große Missbrauch der Musik" von Arthur Bedford, London, 1711.

Ein deutscher Philosoph schrieb zu Beginn dieses Jahrhunderts: „Über unsere Neigung zu singen, wenn wir in fröhlicher Stimmung sind." Andere haben gezeigt, dass fröhliche Musik manche Menschen traurig macht.

Shakespeare wusste dies, um aus Jessicas Worten zu schließen (Der Kaufmann von Venedig, Akt V., Szene I.): „Ich bin nie fröhlich, wenn ich süße Musik höre."

Was interessante Abbildungen von Musikinstrumenten betrifft, verdienen die folgenden Werke besondere Beachtung:

„Musica getutscht und ausgezogen", Basel, 1511, von Sebastian Virdung. – „Musica instrumentalis", Wittenburg, 1529, von Martin Agricola. – „Musurgia seu Praxis Musicæ", Straßburg, 1536, von Ottomarus Luscinius. – Das letztgenannte Werk ist auf Latein geschrieben, die beiden anderen auf Deutsch. Alle enthalten Abbildungen der von den Autoren beschriebenen Instrumente. Sebastian Virdungs Buch ist in Dialogform geschrieben. Virdung und Luscinius (dessen deutscher Name Nachtigall war) waren Priester. Martin Agricola war Berufsmusiker und Dirigent eines Chors und Orchesters in Magdeburg. Sein Buch ist in elenden Knittelversen geschrieben, aber die Holzstiche sind sehr genau und seine Erklärungen klar und deutlich. Die Umstände, dass Martin Agricola praktische Erfahrung in der Kunst hatte und sozusagen inmitten der Instrumente lebte, die er behandelt, machen seine Beobachtungen besonders zuverlässig.

Das Gleiche gilt für Michael Prætorius, einen angesehenen Kapellmeister in Braunschweig, der Autor von „De Organographia", Wolfenbüttel, 1619. Diese wertvolle Abhandlung bildet den zweiten Band eines Werkes mit dem Titel „Syntagma Musicum" usw. Der erste Band behandelt die Geschichte der Musik, hauptsächlich der geistlichen Musik; Es ist in lateinischer Sprache verfasst und wurde 1615 veröffentlicht. Der dritte Band, der wie der zweite auf Deutsch verfasst ist, enthält einen Bericht über die verschiedenen Vokalkompositionen, die zum Zeitpunkt der Entstehung des Werks verwendet wurden. Die Holzstiche von 120 Instrumenten aus Band II. wurden mit dem separaten Titel veröffentlicht: „Theatrum Instrumentorum seu Sciagraphia", Wolfenbüttel, 1620. Der eigentliche deutsche Name von Prætorius ist Schulz. Bei den alten deutschen Autoren war es nicht ungewöhnlich, ihre Namen auf der Titelseite ihrer Bücher zu latinisieren.

Die eben erwähnten Werke sind heute so selten, dass der Musiker kaum Gelegenheit findet, sie zu konsultieren. Kaum zugänglicher ist die „Harmonie universelle", Paris, 1636, von F. Marin Mersenne, ein Werk, das besonders wegen seiner Vollständigkeit geschätzt wird. Der zweite Band enthält Beschreibungen mit Abbildungen der um das Jahr 1600 verwendeten Musikinstrumente. Mersenne war ein Mönch, ebenso wie Athanasius Kircher, dessen „Musurgia universalis" im Jahr 1650 in Rom erschien. Kirchers Werk ist weniger selten als das von Mersenne, aber auch weniger wichtig. Die Abbildungen in „Musurgia universalis" sind jedoch interessant, und hauptsächlich wegen ihnen wird das Werk von Musikhistorikern immer noch geschätzt. Die „Musurgia universalis" ist in Latein geschrieben. Athanasius Kircher beschäftigte sich auch mit akustischen Experimenten und schrieb eine Abhandlung zu diesem Thema, die mit Kupferstichen illustriert ist. Er konstruierte auch verschiedene akustische Instrumente, die nach seinem Tod zusammen mit anderen von ihm hinterlassenen Kuriositäten in einem Museum in Rom deponiert wurden. Dr. Burney, der sie im Jahr 1770 in Rom sah, bemerkt in seinem Tagebuch: „Sie sind jetzt fast alle außer Betrieb; aber ihre Konstruktion ist wirklich merkwürdig und zeigt den Einfallsreichtum sowie den Eifer dieses gelehrten Vaters bei seinen musikalischen Untersuchungen und Experimenten."

Filippo Bonanni, der wie Athanasius Kircher ein Jesuitenpater war, veröffentlichte im Jahr 1722 in Rom ein Werk mit dem Titel „Gabinetto armonico pieno d'istromenti sonori", das 138 Kupferstiche von Musikinstrumenten enthält, die meisten davon mit Darstellungen der Spieler. Es ist auf Italienisch verfasst. Eine zweite Ausgabe auf Italienisch und Französisch erschien 1776. Bonannis Werk ist eher ein unterhaltsames Bilderbuch als eine wissenschaftliche Abhandlung. Die Abbildungen sind ungenau und die Erklärungen dürftig und unbefriedigend. Der Autor hat die meisten der von ihm beschriebenen Instrumente offensichtlich nie gesehen, und viele der Abbildungen scheinen seiner Beschreibung und nicht tatsächlichen Exemplaren entnommen zu sein.

Laborde hat jedoch seinen „Essai sur la Musique", Paris, 1780, aus Bonanni und verwandten Autoren zusammengestellt. Es wäre zu einfach, falsche Aussagen zu zitieren, die Laborde von alten Autoren kopiert hat und die von späteren Autoren bis hin zu Fétis fast wörtlich rekapituliert wurden. Beim Lesen des „Essai sur la Musique" mit seinen Illustrationen, von denen viele phantasievoll sind, muss man bedenken, dass Laborde ein musikalischer Dilettant war, der sich eher durch seine Begeisterung für die Kunst als durch eine besondere Qualifikation als Autor zu dem betreffenden Thema auszeichnete.

Sir John Hawkins, ebenfalls ein musikalischer Dilettant und leidenschaftlicher Liebhaber dieser Kunst, gelang es durch beharrlichen Fleiß, eine große Menge Material für die Zusammenstellung einer 1776 veröffentlichten Musikgeschichte zusammenzutragen, die viele interessante Berichte über seltene Werke zur Musik enthält. mit Auszügen daraus; aber er war offensichtlich kein großer Musiker, und die Informationen, die er bietet, sind ohne ausreichendes Urteilsvermögen oder Ordnung zusammengestellt.

Hawkins war wahrscheinlich mit den deutschen Originalwerken, aus denen er Auszüge in der Übersetzung wiedergibt, nicht vertraut. Jedenfalls hat er einige merkwürdige Fehler gemacht. Als er beispielsweise die Veröffentlichung einer Reihe von Briefen über Musik von Steffani bemerkte, sagte er (Bd. IV, S. 303): „Mattheson erwähnt in seinem ‚Orchestra‘ zwei Personen, nämlich John Ballhorn und ( ) Weigweiser, als Autoren von Anmerkungen zu diesen Briefen von Steffani; aber laut Mattheson war keiner von ihnen in der Lage, das Original zu lesen oder in der Übersetzung zwischen der im Text wiedergegebenen Meinung des Autors und den in den Anmerkungen enthaltenen Ansichten des Übersetzers zu unterscheiden.“

Tatsache ist, dass weder John Ballhorn noch Wegweiser – oder Weigweiser, wie Hawkins das Wort schreibt – angesehene Männer waren, die einen Platz in einer „Allgemeinen Geschichte der Musik“ verdienten. „Johann Ballhorn“ bedeutet lediglich „ein Patzer“, genauso wie „Alleskönner“ eine Person bedeutet, die alles tun kann. Der alte Mattheson war ein uriger und sarkastischer Schriftsteller. Den Übersetzer von Steffanis Abhandlung vom Italienischen ins Deutsche nennt er wegen der Fehler in der Übersetzung einen „Johann Ballhorn“; und ein anderer Autor, der sich zu diesem Thema äußerte und sich als wahrer Mentor präsentierte, gibt ihm den Spitznamen Wegweiser, was einfach „Führer“ bedeutet. Der Student sollte jedoch die literarische Skrupulosität von Hawkins anerkennen, die darin zum Ausdruck kommt, dass er vor „Weigweiser“ ein kleines Leerzeichen freigelassen hat, um es jedem Leser, der zufällig den Vornamen dieses Herrn kennt, zu ermöglichen, ihn dort einzufügen. Dennoch kann man Hawkins durchaus entschuldigen, wenn man bedenkt, dass selbst Nagler in seinem bekannten, auf Deutsch verfassten Künstlerlexikon einen etwas ähnlichen „John Ballhorn“ vorstellt. Er erwähnt einen Mr. „Somebody“ unter den englischen Graveuren und gibt an, dass dieser Künstler das von West gemalte „Tod von General Wolfe“ graviert hat.

Ein Musikgeschichtsschreiber muss vor allem ein Musiker mit praktischer Erfahrung sein – ein versierter Spieler auf mindestens einem Instrument, damit er sich mit den Kompositionen verschiedener Meister gründlicher vertraut machen kann, als es sonst möglich wäre; und ein Komponist, um sich ein korrektes Urteil über die Kompositionen anderer zu bilden. Die Meinung eines Schriftstellers über Händel oder Bach, der im Kontrapunkt nur unvollkommen geübt ist und nicht in der Lage ist, eine Fuge oder eine andere komplizierte Komposition, die nach festen Regeln aufgebaut ist, korrekt zu komponieren, wird für den Studenten der Musikgeschichte wahrscheinlich nicht von Nutzen sein. Burney besaß viele Eigenschaften, die ein Musikhistoriker braucht. Er war ein professioneller Musiker, der sich systematisch in dieser Kunst ausbildete, und ein intelligenter Forscher ohne Pedanterie oder Vorurteile. Darüber hinaus hatte er den moralischen Mut, eine Meinung zu widerrufen, wenn er feststellte, dass sie falsch war. In Bezug auf eine Meinung, die er früher über die deutsche Musik vertrat, bekennt er beispielsweise offen („Geschichte der Musik“, Bd. IV, S. 606): „Sie wurde rücksichtslos in die erste Ausgabe meiner ‚Deutschen Tournee‘ eingefügt, bevor ich …" war in der Lage, die Wahrheit zu untersuchen … Bisher habe ich daher meine Feder und meine Prinzipien lange Zeit doppelt gehütet, damit ich nicht zulasse, dass ein Vorurteil aus zweiter Hand mein Urteilsvermögen verfälscht oder meine Meinung beim Schreiben meiner Allgemeinen Geschichte beeinflusst."

Die wertvollsten literarischen Erzeugnisse findet man im Allgemeinen unter den Untersuchungen, die sich auf einen bestimmten Zweig der Kunst beschränken. Die Werke, die vorgeben, die ganze Wissenschaft dieser Kunst zu umfassen, sind oft bloße Zusammenstellungen von Schriftstellern, die wie Bottom, der Weber, nicht nur Pyramus, sondern zugleich auch Thisbe und den Löwen darstellen wollen. [42]

Zu den anstößigen Kuriositäten der Musikliteratur können auch gewisse Kompilationen gezählt werden, die scharfsinnige Beobachtungen mit albernen Bemerkungen durchsetzt enthalten. Im Vorwort erklärt der Autor, dass er es als angenehme Pflicht ansieht, seine Verpflichtungen gegenüber anderen Autoren anzuerkennen; da er jedoch im weiteren Verlauf des Buches die Quellen, aus denen er geschöpft hat, nicht angibt, bleibt den meisten Lesern die Tatsache verborgen, dass die scharfsinnigen Beobachtungen eigentlich in Anführungszeichen hätten stehen müssen.

Ebenso zu beanstanden sind gewisse Werke, die sich mit der Ästhetik der Musik befassen, in denen der Autor mit hochtrabenden Worten zeigt, dass er sich selbst nicht ganz im Klaren darüber ist, was er vorschlägt. Es erscheint jedenfalls merkwürdig, dass gerade solchen wertlosen Werken oft die Bemerkung vorangestellt wird, das Thema des Buches sei noch nie richtig behandelt worden, während es doch in der Regel viel bessere Werke zu demselben Thema gibt, die Musikern wohlbekannt sind.

Hier können auch gewisse großspurige Veröffentlichungen erwähnt werden, die den literarischen Erzeugnissen von Quacksalbern ähneln. Manche sind merkwürdig, so anstößig sie auch sein mögen. Wir haben Anleitungen, die vorgeben zu lehren, wie man ein brillanter Spieler wird, ohne sich die Mühe zu machen, ein Instrument zu üben; wie man mit Hilfe von Würfeln statt musikalischem Wissen schöne Musik komponiert; wie man im Chor singt, ohne eine Stimme zu haben; und ähnliche verlockende Vorschläge.

Auch die phantasievollen Reformpläne im Bereich der Musiktheorie, der Notenschrift, des Instrumentenbaus usw. dürfen nicht unbemerkt bleiben. Einige davon sind sehr extravagant, während andere sich als praktischer erwiesen haben als erwartet. Hier ist nur Platz für drei kuriose Beispiele vorgeschlagener Innovationen, von denen zwei aus englischsprachigen Veröffentlichungen dieser Beschreibung ausgewählt werden sollen.

„Ein Essay zur Weiterentwicklung der Musik, indem die Verwirrung verschiedener Klippen beseitigt und alle Arten von Musik – Laute, Bratsche, Violine, Orgel, Cembalo, Stimme usw. – in einem universellen Charakter vereint werden." von Thomas Salmon, London, 1672.

„Ein neues Musiksystem, sowohl theoretisch als auch praktisch, und doch nicht mathematisch; in einer völlig neuen Weise geschrieben, das heißt in einem schlichten und verständlichen Stil; und darauf angelegt, die Kunst reizvoller, den Unterricht nicht nur weniger langweilig, sondern auch gewinnbringender und das Lernen um drei Viertel einfacher zu machen. All dies wird erreicht, indem der Schleier zerrissen wird, der so viele Jahrhunderte lang vor dieser edlen Wissenschaft hing"; von John Francis De La Fond, London, 1725. – Der Autor schlägt vor, die Notenschlüssel ganz abzuschaffen, da er sie nur lästig findet.

Wilhelm Kühnau veröffentlichte im Jahr 1810 in Berlin ein Buch mit dem Titel „Die blinden Tonkünstler", das die Biografien von siebzig blinden Musikern enthält. Der Autor verwirft alle in der deutschen Musik verwendeten Fremdwörter und ersetzt sie durch deutsche Wörter, die er selbst geprägt hat. Als Kapellmeister schlägt er „Tonmeister" vor; für Klarinette, „Gellflöte"; für Mundharmonika, „Hauchspiel"; und so weiter. Als solch skurriler Erneuerer steht er jedoch nicht allein da. Zehn Jahre später prägte Beethoven das Wort „Hammer-Klavièr" für Pianoforte und verwendete es auf der Titelseite seiner großen Sonate B-Dur op. 106.

Als Beispiele für Schmähschriften seien genannt: Joel Colliers „Musical Travels through England", London 1774, das sich über Dr. Charles Burney lustig macht; und L. Rellstabs „Henriette, oder die schöne Sängerin", Leipzig 1826, das gewisse Bewunderer der berühmten Sängerin und ehrenwerten Dame Henriette Sontag in Berlin karikiert. Zu diesen Musikliebhabern gehörten mehrere hochrangige Adlige und ein ausländischer Botschafter am preußischen Hof, die unter erfundenen Namen beschrieben wurden, um leicht erkannt zu werden. Die dadurch ausgelösten skandalösen Gerüchte veranlassten die Regierung, das anstößige, wenn auch witzige Buch zu konfiszieren und Rellstab zu drei Monaten Gefängnis in der Festung Spandau zu verurteilen. Die Bestrafung des Autors steigerte natürlich die Popularität des Buches enorm. Da es von der obersten Autorität verboten war, wurde es überall vorgelesen – sogar im Kreise der Gäste in den Kaffeehäusern und Weinstuben Berlins –, bis die Neugier befriedigt war.

Was Musikromane betrifft, so sind es vor allem diejenigen, die man als neugierig bezeichnen kann, weil sie exzentrisch und unwahrscheinlich sind. Es könnten jedoch einige interessante Ausnahmen hervorgehoben werden. Die Helden der Romane sind nicht selten dem Leben entnommen, da sie bestimmte berühmte Musiker darstellen.

ETA Hoffmann, der temperamentvolle und einfallsreiche Romanautor, hat sich, so wird allgemein angenommen, den exzentrischen Musiker Louis Böhner zum Vorbild für seinen berühmten „Kapellmeister Kreisler" genommen. Nachdem er mehrere Jahre lang durch Deutschland gereist war und seine eigenen Kompositionen in Konzerten an verschiedenen Höfen aufgeführt hatte, zog sich Louis Böhner, der als Künstler mehr denn je geschätzt wurde, in sein Heimatdorf in Thüringen zurück, wo er in großer Armut starb. Sein Konzert D-Dur für Klavier, Op. 8, das etwa zehn Jahre vor der Komposition von „Der Freischütz" durch Weber veröffentlicht wurde, enthält die folgende Passage:

in dem man die Melodie von Agathas großer Scena wiedererkennen kann. Darüber hinaus gibt es in Böhners Konzert einige andere leichte Ähnlichkeiten mit Phrasen im „Freischütz". Es heißt, Böhner habe das Konzert bei einer bestimmten Gelegenheit in Anwesenheit von Weber gespielt. Die Ähnlichkeiten sind nicht sehr auffällig und können zufällig sein. Ihre Entdeckung hat jedoch einige Beiträge zu unserer literarischen Neugier hervorgerufen.

Die Tagebücher von Musikern, die in entfernte Teile der Welt reisen, enthalten erwartungsgemäß oft interessante Beobachtungen über Musik, die in den Tagebüchern anderer Reisender wahrscheinlich nicht zu finden sind. Auch wenn sie nicht besonders lehrreich sind, sind sie zumindest oft amüsant für Musiker, die es vorziehen, etwas Neueres und Erfrischenderes über ihre Kunst zu lesen, als sie wahrscheinlich in ihren Abhandlungen über den Generalbass finden. A. Anton, ein gebürtiger Deutscher, der Kapellmeister in der bengalischen Armee war, veröffentlichte nach seiner Rückkehr ins Vaterland einige unprätentiöse Auszüge aus seinem Tagebuch unter dem Titel „Von Darmstadt nach Ostindien; Erlebnisse und Abenteuer eines Musikers auf der Reise durch Arabien nach Lahore. Die denkwürdigen Ereignisse der letzten Jahre nach seinem Tagebuch wahrheitsgetreu geschildert. („Von Darmstadt nach Ostindien; Leben und Abenteuer eines Musikers während seiner Reise durch Arabien nach Lahore. Die denkwürdigen Ereignisse der letzten Jahre wahrheitsgetreu aus seinem Tagebuch geschildert;" Darmstadt, 1860.)

M. Hauser, ein versierter Geiger, hat in einer Reihe von Briefen, die unter dem Titel „Aus dem Wanderbuche eines österreichischen Virtuosen; Briefe aus Kalifornien, Südamerika und Australien.' („Aus dem Reisetagebuch eines österreichischen Virtuosen; Briefe aus Kalifornien, Südamerika und

Australien"; Leipzig, 1859.) Hausers großes Prunkstück war offensichtlich eine Art beschreibende Komposition von ihm selbst, genannt „Der kleine Vogel in." Der Baum", in dem er geschickt das Zwitschern des kleinen gefiederten Sängers nachahmte. Ob er es nachahmte, indem er sich über oder unter der Brücke verneigte, gibt er nicht an. In Tahiti spielte er es mit Erfolg der Königin Pomare vor; und auf den Goldfeldern bezauberte er damit die Goldgräber so sehr, dass sie ihn mit einer Prise Goldstaub und Nuggets frisch aus der Erde belohnten. Da er selbst von „Der kleine Vogel im Baum" völlig genug hatte, obwohl es seine eigene Komposition war, und weil er die Menschen mit wirklich guter Musik verwöhnen wollte, wagte er es bei einem Konzert in einer Stadt an der Landenge von Panama Spielen Sie Beethovens berühmtes Violinkonzert. Sein Publikum war zunächst verwirrt und wusste nicht, was es von der Musik halten sollte; Bald jedoch verwandelte sich das Schweigen in ein allgemeines Gespräch über Neuigkeiten aus der Stadt und ähnliche Themen. Um Gehör und Geld zu gewinnen, blieb dem *Virtuosen keine andere Wahl*, als auf „Der kleine Vogel im Baum" zurückzugreifen. Mit dieser Überzeugung legte er die klassische Musik beiseite und beschloss gleichzeitig, sie zu Hause umso inbrünstiger zu genießen, nachdem er sein Vermögen gemacht hatte. Seine Notizen enthalten interessante Aussagen über die Musikpflege in den verschiedenen Ländern, die er besuchte.

Man könnte vielleicht annehmen, dass das Tagebuch eines vagabundierenden Musikers nur wenig Anziehungskraft ausübt. Wenn jedoch der vagabundierende Musiker ein intelligenter Mann ist, der den Vorteil einer Universitätsausbildung genossen hat, können seine Beobachtungen viel interessanter sein als die eines modischen *Virtuosen*, der sich in den höchsten Kreisen der Gesellschaft bewegt, dessen Wissen jedoch fast vollständig begrenzt ist zu seinem Beruf. Ernst Kratz war so ein Mann. Er veröffentlichte seine Zeitschrift in zwei Bänden mit dem Titel „Kunstreise durch Nord-Deutschland" („Streifzüge eines Künstlers durch Norddeutschland"; Sonderburg, 1822). Dieses seltsame Tagebuch, das der Autor auf eigene Kosten herausbrachte, wird weder von Fétis noch von Forkel erwähnt. Wahrscheinlich ist es nie über den üblichen Buchhandel bekannt geworden. Es wird die letzte Produktion sein, die in der vorliegenden Übersicht über literarische Kuriositäten berücksichtigt wird; aber wenn man bedenkt, dass es ebenso selten wie einzigartig ist, könnte ein ausführlicherer Bericht darüber, als über die zuvor erwähnten außergewöhnlichen Veröffentlichungen gegeben wurde, für den Musikleser von Interesse sein.

Ernst Kratz war ein Preuße, geboren in der zweiten Hälfte des letzten Jahrhunderts. Sein Tagebuch beginnt mit einem Bericht über seine erfolglosen Versuche im Jahr 1813, eine Offiziersstelle in der preußischen Armee gegen die Franzosen zu erhalten. Er hatte damals gerade die

Universität Halle verlassen. Warum er seinen Anwaltsberuf aufgeben wollte, ist nicht klar; vielleicht ließen seine überschäumende Energie und seine Abenteuerlust das ruhige und geregelte Leben eines friedlichen Bürgers für ihn nur als elendes Dasein erscheinen. Obwohl er von großzügiger Natur war, war er offensichtlich ein eigensinniger und streitsüchtiger Mann, der den Anweisungen anderer, die ihm vielleicht in der Stellung überlegen, aber in Talent und Wissen unterlegen waren, nicht unterwürfig folgte. Da er eine schöne Bassstimme und ein gewisses Können im Klavier- und Geigenspiel hatte, kam ihm bei einem Besuch bei einem wohlhabenden Schwager, der in einer kleinen Stadt in der Provinz Brandenburg lebte, die Idee, ein Konzert zugunsten der verwundeten Soldaten zu organisieren, die im Krieg gegen Napoleon I. behindert waren.

Der Eifer, mit dem er sich diesem lobenswerten Vorhaben widmete, sicherte ihm die Mitarbeit der musikalischen Dilettanten unter dem Adel und den niederen Familien der Stadt und ihrer Umgebung. Das Konzert erwies sich als durchschlagender Erfolg, und zur Freude aller konnte eine schöne Summe Geld an die Kasse für die verwundeten Soldaten überwiesen werden.

Das Ergebnis seines ersten Versuchs veranlasste Kratz, ähnliche Konzerte in verschiedenen Provinzstädten für denselben wohltätigen Zweck zu geben. Die Vorbereitungen bereiteten ihm unendliche Mühe, da er in der Regel vorher mit jedem der Laiensänger nur seinen Part üben musste, um ihnen eine erträgliche Korrektheit zu ermöglichen. Das Ergebnis war teilweise nicht nur musikalisch, sondern auch finanziell unbefriedigend, da die unvermeidbaren Ausgaben die Einnahmen fast verschlangen. Inzwischen erhielt Kratz von der Prinzessin Wilhelm von Preußen, der Schirmherrin der Gesellschaft zur Linderung verwundeter Soldaten, in Anerkennung seiner wohlwollenden Bemühungen den Titel „Kammersänger". Die ihm verliehene Ehre verstärkte seine Vorliebe für ein ausschweifendes Leben, während sie ihm kaum oder gar nichts nützte, um seinen Lebensunterhalt zu bestreiten.

Bald bereiste er große Gebiete Mittel- und Norddeutschlands und gab Konzerte, die er mit deklamatorischem Vortrag verband. Die Erfahrung lehrte ihn, seine Besuche fast ausschließlich auf Kleinstädte und Badeorte zu beschränken, wo er wenig Geld ausgeben musste und keine Rivalität zu befürchten hatte. Während dieser Wanderungen traf er gelegentlich einen Geistlichen, einen Arzt oder einen Anwalt, mit dem er in Halle studiert hatte; und die gastfreundliche Art, mit der ihn die meisten seiner früheren Bekannten empfingen, lässt darauf schließen, dass sie angenehme Erinnerungen an seine Kameradschaft gehabt haben müssen.

Er versäumt es selten, in seinem Tagebuch die Zahl der Konzertbesucher, die Einnahmen und Ausgaben sowie andere kleine geschäftliche Einzelheiten zu vermerken. Diese Notizen versieht er mit verschiedenen Beobachtungen, von denen die folgende ein Beispiel ist:

„Ich möchte diese Gelegenheit nutzen, um die von vielen vertretene irrige Meinung zu widerlegen, dass ein geschickter Musikdirektor jeden falschen Ton im Orchester hören könne . Dies mag möglich sein, wenn für jede Stimme nur ein Instrument vorhanden ist, aber sonst nicht; und auch nicht, wenn das Orchester *forte* spielt . Der Musikdirektor Türk in Halle, bekannt als großer Theoretiker und guter Komponist, hatte bei seinen Winterkonzerten gewöhnlich die Hilfe einiger Studenten, da sie ihm keine Kosten verursachten und sein Orchester vollständiger machten. Ich bot an, als Geiger zu assistieren; aber da die Zahl der Geiger ausreichte, während nur ein Tenorspieler vorhanden war, ernannte er mich zum Tenor. Das gefiel mir recht gut, da die Aufführungen hauptsächlich aus Opernmusik und Oratorien bestanden, sodass ich den Texten mit der Musik flüchtig folgen konnte. Ohne Kenntnis der Texte ist die Musik der Lieder kaum verständlich. Mein Kollege tat dasselbe. Nicht selten vertieften wir uns so sehr in diese Beschäftigung, dass wir falsch spielten – ja, unsere Rolle verloren – ohne Türk Es kam dagegen nicht selten vor, daß er uns zurief: „ *Die Prätschel!* " [43], wenn wir richtig spielten. Dies ist leicht zu erklären. Wenn z. B. fünf Sopransängerinnen unisono eine Stelle ziemlich schnell ausführen und eine von ihnen einen falschen Ton nicht sehr laut einführt, wird das auch der beste Kapellmeister nicht bemerken; noch weniger, wenn der Fehler in den Mittelstimmen geschieht, wo die anderen Stimmen den falschen Ton überdecken. Etwas anderes ist es natürlich, wenn der Ton lange ausgehalten und laut gesungen wird."

Wenn Kratz sich einigermaßen lächerlich gemacht hat, kann er über den Vorfall philosophieren, sodass er ihn sehr interessant findet. Nehmen wir zum Beispiel seinen Bericht über eine Probe, bei der er es wagte, ein Violinkonzert zu spielen, das über seine Kräfte hinausging:

„Als das Orchester das einleitende Tutti gespielt hatte und ich das Solo beginnen sollte, – plötzlich wird es mir neblig vor den Augen, mein ganzer Körper zittert, ich kann die Noten nicht klar sehen, meine Finger nicht beherrschen, den Bogen nicht führen. Wir beginnen wieder und ein drittes Mal; aber es ist nicht viel besser, obwohl wir einige Fortschritte machen. Allmählich werde ich gesammelter; doch bleibt mein Spiel bis zum Ende ein kläglicher Versuch, der das unterdrückte und laute Gelächter der Musiker hervorruft. Keine der etwas schwierigen Stellen, die ich auswendig kannte, konnte ich spielen. Ich bin kein Virtuose *auf* der Geige; aber wenn man eine gewisse Fertigkeit erlangt hat, muss man jene Stücke spielen können, die man richtig gelernt hat. So bereicherte diese Probe meine Psychologie, indem sie mir als Beispiel für den Satz diente: – Es ist sehr schwierig, wenn nicht unmöglich, in späteren Jahren in einer Eigenschaft vor das Publikum zu treten, in der man in der frühen Jugend nicht aufgetreten ist. Die Angst vor dem Lehrer unterdrückt in der Jugend die Scheu vor das Publikum und gewöhnt uns daran, ihm zu widerstehen und ihn nicht zu einem Hindernis werden zu lassen. Die Angst vor dem Lehrer ist eine Stütze, die wir später vermissen, während die Schüchternheit, die uns überkommt, umso stärker ist, seit wir den Wert der Meinung kennengelernt haben, die sich früher nur auf den Lehrer konzentrierte und mit der wir vorher gut vertraut waren. Während ich mich als Sänger und Deklamator am wohlsten fühle, wenn ich vor einem großen Publikum, bei der Probe, nur in Anwesenheit eines Orchesters auftrete, könnte ich kein Violinkonzert spielen, nur weil ich das erstere seit früher Jugend öffentlich getan habe und dies nie zuvor."

Die Einnahmen aus seinen Konzerten teilte er in zwei gleiche Teile auf, von denen er einen regelmäßig nach dem Konzert an den Hilfsfonds für verwundete Soldaten überwies und die andere Hälfte für seine Reisekosten einbehielt. Seine Konzerte waren jedoch oft so dünn besucht, dass sie keine Einnahmen zum Teilen einbrachten und kaum für seinen Lebensunterhalt ausreichten. Er fürchtete, in den Verdacht zu geraten, sich mehr angemaßt zu haben, als ihm zustand, und er war verärgert über die Andeutungen, die er manchmal in den Bemerkungen von Fremden zu entdecken glaubte, die andeuteten, die verwundeten Soldaten seien ihm nützlicher als er ihnen.

Auf dieses Äußerste reduziert, beschloss Kratz, sich nicht weiter um die verwundeten Soldaten zu kümmern und seine musikalisch-deklamatorischen Unterhaltungen fortan nur zu seinem eigenen Vorteil anzubieten. Und mit diesem Schritt beginnt eine neue Epoche in seinem Leben, in der er sich in seinem Tagebuch als waschechten vagabundierenden Musiker darstellt. Nach zweijährigem Streifzug schreibt er: „Ich muss erwähnen, dass sich mein Geldbeutel derzeit in einem sehr schlechten Zustand befindet. Das ist etwas, das allen reisenden Künstlern mit oder ohne Ruf sehr gemeinsam ist und jetzt nicht zum ersten Mal passiert." In Schlesien und anderen Provinzen hatte ich bereits die gleichen Schwierigkeiten erlebt, und ich hatte von Anfang an nicht damit gerechnet, dass ich bei meinen Streifzügen viel Geld verdienen würde Aufgrund meiner sehr gemäßigten Gewohnheiten und auch aufgrund der Tatsache, dass meine starke körperliche Verfassung es mir ermöglicht, allen Widrigkeiten zu trotzen, wenn meine Bemühungen, in einer Stadt eine Audienz zu erhalten, sofort Einschränkungen und Entbehrungen unterworfen sind Ich finde das erwähnenswert, zeigte es nicht, wie sehr ich unter den Frankenhausener Musikfestspielen leiden musste? Tatsächlich wurde ich dadurch zum ersten Mal ziemlich mittellos. Dies geschah im Jahr 1815. Das Musikfest in Frankenhausen stand unter der Leitung des Musikdirektors GF Bischoff. Die Hauptattraktion bildete eine neue Kantate von Spohr, die in Anwesenheit des Komponisten aufgeführt wurde, der anschließend ein Violinkonzert spielte. Es spricht viel für die Liebe von

Kratz zur Musik, dass er trotz seiner miserablen Umstände seine Absicht, das Festival zu besuchen, in die Tat umsetzte. Seine Bitte um Erlaubnis, im Orchester oder im Chor mitwirken zu dürfen, wurde mit der Begründung abgelehnt, es sei zu spät gekommen, da alle Plätze besetzt seien. Enttäuscht machte er sich auf den Weg nach Heringen, einer benachbarten Kleinstadt, mit der Absicht, dort eine musikalisch-deklamatorische Unterhaltung zu bieten, die ihm zu etwas Essen und zum Preis einer Eintrittskarte für das Konzert in Frankenhausen verhelfen sollte. Seine Kämpfe dokumentiert er getreulich wie folgt:

"In Ashausen, einem Dorf, eine dreiviertel Stunde Fußmarsch von Heringen entfernt, ging ich ins Gasthaus, um zu übernachten. Es war Sonntag. Das Zimmer unten war voll. Ich hörte Musik im oberen Zimmer, ging die Treppe hinauf und sah, dass dort getanzt wurde. Ich beobachtete die Tänzer lange. Dann stellte ich mich, bloß aus Liebe zur Musik, unter die Musiker und spielte gelegentlich mit ihnen. Als sie mich so als Musiker erkannten, bewirteten sie mich – leider mit Branntwein. Manchmal wurde ihnen jedoch Butterbrot und öfter Kuchen gereicht, von dem ich auch zu essen gebeten wurde; das gefiel mir besser. Nachdem der Tanz vorüber war, versammelten sich mehrere Bauern um den neuen Musiker, und ich spielte ihnen Tanzlieder auf der Geige vor, die ihnen besser gefielen als die Melodien ihrer eigenen Kapelle. Ich nahm ein Horn, da ich das Instrument früher gelernt hatte, und blies ihnen ein oder zwei Stücke vor. Sie wollten mich nun mit Branntwein bewirten, was ich jedoch ablehnen musste, obwohl es feiner Likör war; denn ich bin kein Branntweintrinker. Der Kuchen war leider verzehrt. Ich erfuhr nun, dass sie die Taufe eines Kindes feierten. Ich wünschte nur, sie könnten die ganze Nacht weitermachen, da ich mir dann die Kosten für ein Bett sparen würde. Gegen drei Uhr morgens verließen jedoch die letzten Gäste die Gesellschaft, und ich musste in den Gastraum hinuntergehen, wo ich mich auf eine Bank warf, um nicht für ein Bett bezahlen zu müssen. Trotzdem verlangte der unvernünftige Wirt, dass ich ihm dafür bezahlen sollte, dass ich in seinem Haus geschlafen hatte; dies tat ich jedoch nicht, da ich nur zwei Groschen [44] besaß und mich nicht ganz von Bargeld trennen konnte. Ich zahlte ihm daher nur einen halben Groschen für eine Tasse Kaffee am Morgen.

Kam am Montag in Heringen an: „Nachmittags komme ich zufällig an der Kirche vorbei, die geöffnet ist. Ich gehe hinein, setze mich und verweile in der Nähe meines einzigen Freundes. Dort bleibe ich lange Zeit allein und bin mit meinen Überlegungen beschäftigt; denn ich stehe so allein auf der Welt. – Am Abend naht die entscheidende Stunde; das Konzert in Frankenhausen steht auf dem Spiel, und – Siehe, ich habe ein Publikum von neunzehn Personen, wenig Aufwand, meint der Rathauswirt Es geht mir gut, und Frankenhausen ist sicher!“

Kratz zeigt sich immer dann von größtem Vorteil, wenn es ihm sehr schlecht geht. Sobald er ein wenig Geld verdient, wird er im Allgemeinen streitsüchtig. Es wäre nur schmerzlich, seine Höhen und Tiefen – die ersteren treten nur gelegentlich auf und sind nur geringfügig – bis zu seiner Ankunft in Kassel zu verfolgen. In dieser Stadt macht ihm der Direktor des Theaters, vielleicht in einem unbedachten Moment des Mitleids, Hoffnung auf ein Engagement als Sänger. Der Musikdirektor Guhr macht ihm dieselbe Ermutigung, die fast einem Versprechen gleichkommt. Später stellen sie fest, dass ihre Absicht unmöglich ausgeführt werden kann. Kratz, sehr enttäuscht, verklagt sie wegen Bruchs seines Versprechens. Andere Personen werden in diesen furchtbaren Rechtsstreit verwickelt, der etwa zwei Jahre lang geführt wird. Während der ganzen Zeit unternimmt Kratz ständig Fußreisen aufs Land, gibt musikalisch-deklamatorische Unterhaltungen in den kleinen Städten und Dörfern, lebt von der einfachsten Kost und schläft auf Stroh. Wenn er ein paar Taler zusammengekratzt hat, kehrt er nach Kassel zurück, um sie seinem Anwalt zu übergeben. Man kann seine Energie nur bewundern; Hätte er nur die Hälfte davon für eine edle Sache eingesetzt, hätte er viel Gutes bewirken können. Er verlor seinen Prozess und verließ Kassel.

Am Silvesterabend des Jahres 1816 finden wir ihn in voller Tracht auf einem Ball, den ein ehemaliger Kommilitone, jetzt eine hochrangige Person in Quedlinburg, gab, der ihn für eine Woche in sein Haus aufgenommen und herausgeputzt hatte . Am nächsten Tag reflektiert Kratz in seinem Tagebuch das Ereignis wie folgt:

„1. Januar 1817. Alles ändert sich im Leben. Auf den betäubenden Winter folgt der belebende Frühling; aus dem feuchten Auge strahlt wieder der Sonnenstrahl der Freude. Der erste Tag des letzten Jahres fand mich in der Hütte eines Ein Bauer, der auf einer Strohliege schläft, und meine Ruhe wird durch das Abfeuern von Salven der Bauernjungen unangenehm gestört. Der erste Tag dieses Jahres findet mich wach in einem hell erleuchteten Saloon, wo ich von bunten Gestalten umgeben bin, die sich im Raum bewegen Helligkeit des Lichts, wo der Klang der Musik angenehm um meine Ohren schwebt, während ich glückselig mit dem bezauberndsten Mädchen im Raum herumtanze.

Leider war dieser glückselige Zustand für Kratz nur von kurzer Dauer. Bald finden wir ihn wieder wie zuvor in seinen „Wanderungen eines Künstlers", nur dass er sich jetzt allmählich nach Norden bewegt, bis er Hamburg erreicht, das er betritt und wo wir ihn aus den Augen verlieren.

In der vorliegenden Übersicht wurden mehrere Bücher erwähnt, die nur wenig Wert besitzen. Dennoch verdienen sie einen Platz unter den phantasievollen, paradoxen, extravaganten und kuriosen Veröffentlichungen über die Kunst der Musik. Es hätten noch einige mehr zitiert werden können;

aber die Liste ist wahrscheinlich lang genug, um den Musikliebhaber davon
zu überzeugen, dass es in unserer Musikliteratur keineswegs an Kuriositäten
mangelt.

# DIE ENGLISCHEN INSTRUMENTALISTEN.

Gegen Ende des 16. und zu Beginn des 17. Jahrhunderts besuchten englische Schauspielertruppen Deutschland, um an den Höfen der Fürsten und bei öffentlichen Festlichkeiten aufzutreten. Die Deutschen nannten diese Schauspieler „die englischen Comödianten" und die sie begleitenden Musiker „die englischen Instrumentisten". Über die englischen Comödianten wurde von Shakespeare-Forschern bereits viel geschrieben. Die musikalischen Leistungen dieser Wandertruppen haben jedoch nicht genügend Aufmerksamkeit erhalten, um die Musiker zufriedenzustellen. Obwohl sie nicht bemerkenswert zu sein scheinen, sind sie insofern interessant, als sie mit den Aufführungen von Shakespeares Dramen in Verbindung gebracht wurden und auch, weil die englischen Instrumentalisten, mit wenigen Ausnahmen, die einzigen englischen Musiker waren, die jemals Deutschland besuchten, um dort ihren Lebensunterhalt durch die Zurschaustellung ihres Könnens zu verdienen.

Einige Hinweise darauf finden sich in den im Laufe des Jahrhunderts veröffentlichten historischen Aufzeichnungen der deutschen Theater.

Was veranlasste diese Schauspieler und Musiker, ihr Heimatland zu verlassen? – Mangelnde Unterstützung zu Hause. Es gab zu viele von ihnen in England. Im 16. Jahrhundert standen viele im Dienst englischer Adliger. Es war üblich, dass sich der Adel eine Gesellschaft von Instrumentalisten und Schauspielern unterhielt; und zu diesen gesellten sich nicht selten geschickte Akrobaten oder Akrobaten, die sich anscheinend großer Beliebtheit erfreuten. Wandernde Truppen der letzteren besuchten die Provinzstädte. W. Kelly sagt in seinen „Notices illustrative of the Drama, and other popular amusements in Leicester, during the 16th and 17centurys": „Die erste Nachricht über Besuche von Akrobatengruppen in der Stadt stammt aus dem Jahr 1590." Diese Persönlichkeiten spielten zweifellos auch Musikinstrumente. In den erwähnten deutschen Aufzeichnungen werden sie *Springer genannt* ( d. h. „Springer" oder „Tänzer"), und es scheint, dass nicht alle englischen Instrumentalisten, sondern nur die unterste Klasse von ihnen die Kunst des Tanzens und Purzelns mit der Musik verbanden. Die Mehrheit waren eher Musikschauspieler als Berufsmusiker; während andere sich fast ausschließlich mit dem Spielen von Musikinstrumenten wie Laute, Diskantgambe, Viola da Gamba, Blockflöte, Kornett, Trompete usw. beschäftigten.

In einer Proklamation der Königin Elisabeth aus dem Jahr 1571 werden diese Wanderkünstler in eher anrüchiger Gesellschaft erwähnt: „Alle Fechter, Bearewardes, gewöhnliche Enterludiumsspieler und Minnesänger, die keinem Baron dieses Königreichs oder einer anderen ehrenwerten

Persönlichkeit von höherem Stand angehören; alle Gaukler, Hausierer, Stecher und kleine Kapellmeister; die besagten Fechter, Bearewardes, gewöhnliche Enterludiumsspieler, Minnesänger, Gaukler, Hausierer, Stecher und kleine Kapellmeister sollen umherziehen und nicht die Erlaubnis zweier Friedensrichter beim Fest haben, von denen einer dem Quorum angehört. Wo und in welchem Bezirk sie auch umherziehen, sollen sie für verurteilt und als Wanderer und tapfere Bettler erachtet werden" usw. [45]

Einige interessante Einzelheiten über die Art der Darbietungen der englischen Volksmusikanten zur Zeit der Veröffentlichung dieser Proklamation können aus „A Dialogue between Custome and Veritie, concerne the use and abuse of Dauncinge and Mynstralsye" von Thomas Lovell, London, 1581, entnommen werden. Das Buch ist in Versen geschrieben. Die Tradition verteidigt und entschuldigt Tanz und Minnesängertum, während Verity diese angreift und missbraucht. In Bezug auf die Minnesänger bemerkt Verity:

"Sie gelten
per Parlamentsbeschluss als vagabundierende Gauner. Warum sollten sie
dann nicht wie Gauner ins Gefängnis geschickt werden, es sei denn, sie
gehören Männern von hohem Rang an, wie wir in den Worten dieses
Gesetzes ausdrücklich sehen können. Ich denke, nur wenige dieser eitlen
Pfeifer gehören zu solchen. Für Männer, die so große Schande sind, wäre es
eine große Schande, sie als leidenschaftliche Spielleute zu unterhalten. Es
wäre eine große Schande für sie, ihre Kleidung auf den Rücken derer zu
schicken, die ihr Leben so lüstern verbringen."

Über die Darbietungen der Minnesänger, sowohl vokal als auch instrumental, sagt Verity:

"Wenn Sie ihren Gesang betrachten,
ist er zu verabscheuen: Er ist gegen das heilige Wort und die Schrift des
Herrn. Aber dies vergessen die Minnesänger ganz bestimmt: Sie haben
einige fromme Lieder, einige böse und unpassende Balladen, wie es sich die
Gesellschaften wünschen. Für die Schmutzigen haben sie schmutzige
Lieder, für die lasziven Verse; für das ehrliche Gute, für die nüchternen,
ernsten Lieder; so achten sie auf ihre Zeit.
Unter den Liebhabern der Wahrheit
singen sie Lieder der Wahrheit; unter den Papisten, wie sie aus ihrer
gottlosen Legende stammen. Denn wer nicht nörgeln und scherzen kann,
gottloses Gespött und Gehabe, gilt als unpassend, um mit der Pfeife, auf
der Trommel oder zu trommeln. Die Minnesänger halten sich mit
Instrumenten, mit Liedern oder mit Scherzen über Wasser, aber wie sie es
tun, ist nichts davon das Beste."

Dieser Dialog, dessen Autor ein Puritaner gewesen sein soll, endet damit, dass Verity Custom überzeugt und bekehrt. [46]

Eine Bewilligung unter dem Geheimsiegel von James I. zur Ausstellung von Patenten zugunsten von Thomas Downton und anderen, die ihre Dienste als Schauspieler an Kurfürst Friedrich übertragen sollten, datiert auf den 4. Januar 1613, enthält die folgenden Namen von Schauspielern und Musikern: Thomas Downton, William Bird, Edward Juby, Samuell Rowle, Charles Massey, Humfrey Jeffs, Franck Grace, William Cartwright, Edward Colbrand, William Parr, William Stratford, Richard Gunnell, John Shanck und Richard Price. Diese und „der Rest ihrer Gefährten" wurden als Bedienstete des Kurfürsten von der Pfalz lizenziert und autorisiert, „die Kunst und Fähigkeit des Spielens von Komödien, Tragödien, Historien, Enterludien, Moralen, Pastoralen, Bühnenstücken und dergleichen, die sie bereits erlernt haben oder künftig erlernen oder anwenden werden, zu nutzen und auszuüben."

In einem Patent von James I., das die Aufführung von Theaterstücken durch die Diener seiner Majestät im Privathaus in Blackfriars sowie im Globe vom 27. März 1620 genehmigte, werden erwähnt: John Hemings, Richard Burbadge, Henry Condall, John Lowen, Nicholas Tooley, John Underwood, Nathan Feild, Robert Benfeild, Robert Gough, William Ecclestone, Richard Robinson und John Shancks. In einem Patent von Charles I. vom 24. Juni 1625, das das von James I. erneuert, finden wir neben den gerade erwähnten Namen Joseph Taylor, William Rowley, John Rice, Elliart Swanston, George Birch, Richard Sharpe und Thomas Pollard. [47]

Die Namen werden hier angegeben, um dem Leser einen Vergleich mit den oft willkürlich geschriebenen Namen der englischen Schauspieler und Instrumentalisten in den deutschen Aufzeichnungen zu ermöglichen.

Der erste Bericht über das Auftreten dieser Fremden in Deutschland stammt aus dem Jahr 1556, als eine englische Schauspielertruppe den Hof des Markgrafen von Brandenburg besuchte. In Berlin fanden sie eine gut organisierte Musikkapelle des Kurfürsten Joachim II. vor, deren Satzung aus dem Jahr 1570 noch vorhanden ist. In einer umfassenderen Satzung des Kurfürsten Johann Georg aus dem Jahr 1580 werden folgende Instrumente als von den Musikern des Kurfürsten gespielt angegeben: *Positif* , *Zimphonien* , *Geygen* , *Zinckenn* , *Qwerpfeiffen* , *Schalmeyenn* , *Krumbhörner* , *Dultzian* , *Trummeten* , *Posaunen* , *Bombarten* . ( [48] ))

Zu Beginn des 17. Jahrhunderts finden wir im Dienste des Kurfürsten von Brandenburg einige englische Musiker, die wahrscheinlich mit den englischen Schauspielern nach Deutschland gekommen waren. Die folgenden werden in den preußischen Aufzeichnungen erwähnt, wobei ihre Namen mehr oder weniger eingedeutscht sind.

Johann Kroker (John Croker), Berlin, 1608. Er muss ein ziemlich angesehener Musiker gewesen sein, denn Kurfürst Joachim Friedrich ernannte ihn zum Vizekapellmeister, also zum zweiten Leiter des Orchesters.

Johann Spencer. In einem Brief vom „Königsberg, 14. Juli 1609" empfiehlt Kurfürst Johann Sigismund dem Kurfürsten von Sachsen Johann Spencer als englischen Musiker, der ihm vom Herzog Franz von Stettin empfohlen worden war und sich seit einiger Zeit in Berlin aufhielt. Der Kurfürst fügt hinzu, dass ihm Johann Spencers Musik sehr gut gefallen habe. [49] Es kann kaum ein Zweifel daran bestehen, dass es sich bei diesem Musiker um denselben John Spencer handelt, der Leiter einer Truppe englischer Komödianten war, die in Holland und Deutschland unterwegs war.

Walter Rowe (auch Roe geschrieben) Berlin, 1614. Ein bekannter Viola-da-Gamba-Spieler. Er muss mindestens 33 Jahre im Dienste des Kurfürsten gestanden haben, denn 1647 wird er noch als Mitglied des Orchesters erwähnt. Um das Jahr 1626 residierte er einige Zeit am Hof des Herzogs von Mecklenburg-Güstrow . Sein Sohn Walter Rowe war ebenfalls Musiker im Kurfürstlichen Orchester in Berlin.

Lambert Blome (wahrscheinlich Bloom) wird im Jahr 1621 als *Clarin-Bläser* (Trompeter) im Berliner Orchester erwähnt.

Valentin Flood wurde 1627 in Berlin als Spieler der Diskantgambe engagiert.

John Stanley, ein Theorbenspieler, war im Herbst des Jahres 1628 am Hofe des Kurfürsten von Brandenburg und trat im Jahr 1631 in die Dienste des Landgrafen Wilhelm von Hessen-Kassel.

Johann Boldt (wahrscheinlich John Bolt), Berlin, 1635. Zinkspieler.

Diese Musiker waren nicht die einzigen Ausländer in der kurfürstlichen Kapelle in Berlin. In den Aufzeichnungen werden mehrere Italiener erwähnt, und sogar ein oder zwei polnische Zitherspieler. Schon im Jahr 1564 wird ein italienischer Virtuose, Antonio Bontempi, erwähnt, der als Lauten-, Theorben- und Zinkspieler engagiert wurde.

Obwohl die englischen Komödianten höchstwahrscheinlich die Niederlande besuchten, bevor sie in Deutschland auftraten, treffen wir sie in Holland erst im Jahr 1604. Eine Kompanie, die 1605 in Leyden auftrat, war zuvor in Berlin ansässig und wurde gestellt mit Empfehlungsschreiben des Kurfürsten von Brandenburg. [50] Darüber hinaus gab es in der zweiten Hälfte des 16. Jahrhunderts in Dänemark eine Gruppe englischer Komiker. Fünf von ihnen, die in den alten Urkunden als Instrumentalisten erwähnt werden, wohl weil sie hauptsächlich Musiker waren, gelangten im Jahr 1586 an den Hof des sächsischen Kurfürsten Christian II. Abgesehen von denjenigen, die nur als Schauspieler erwähnt werden, finden wir in Dresden die folgenden englischen Instrumentalisten, deren Namen in den deutschen Dokumenten buchstabiert sind:

Tomas Konigk (Thomas King), Dresden, 1586. Er war zuvor in Dänemark gewesen.

Tomas Stephan (Thomas Stephan), Dresden, 1586.

George Bryandt (George Bryant), Dresden, 1586; auch als Schauspieler bekannt.

Thomas Pabst (Thomas Pope), Dresden, 1586. Er soll ein persönlicher Bekannter Shakespeares gewesen sein. [51]

Rupert Persten (wahrscheinlich Rupert Pierst). Dresden, 1586.

Diese Musiker werden in ihrer Ernennung als *Geyger und Instrumentisten bezeichnet* und ihre Pflichten sind wie folgt vorgeschrieben: „Sie müssen aufmerksam und gehorsam sein und sich an unserem Hof gut benehmen; sie müssen uns auf unseren Reisen folgen, wenn wir es wünschen. Wann immer wir ein Bankett abhalten und auch bei anderen Gelegenheiten, so oft sie dazu aufgefordert werden, müssen sie mit ihren Geigen und anderen erforderlichen Instrumenten erscheinen, um Musik zu spielen. Und sie müssen uns auch mit ihrer Kunst des Purzelns und anderen anmutigen Dingen, die sie gelernt haben, unterhalten. Von ihnen wird erwartet, dass sie sich uns gegenüber so benehmen, wie es sich für treue und aufmerksame Diener gehört; das haben sie auch versprochen und sich verpflichtet, einzuhalten." [52]

John Price, der im Jahr 1629 nach Dresden kam, war ein *Virtuose* auf der Flöte. Der Kurfürst von Sachsen gab ihm eine höhere Position in seinem Orchester. Mersenne („Harmonie universelle", Paris, 1636) erwähnt ihn als brillanten Spieler. Die kleine Flöte, die er hauptsächlich benutzte, hatte nur drei Grifflöcher; aber es heißt, er habe es durch verschiedene Mittel oder Kniffe geschafft, einen Tonumfang von drei Oktaven zu erreichen. Zuvor hatte er ein Engagement am württembergischen Hof, zusammen mit John Dixon, der als englischer Instrumentalist erwähnt wird, sowie mit John Morell, David Morell und zwei weiteren Engländern, die wahrscheinlich Komödianten waren.

Im Jahr 1626 führte eine Gruppe englischer Komiker in Dresden unter anderem Shakespeares „Romeo und Julia", „Hamlet", „König Lear" und „Julius Cäsar" auf. [53] Eine Truppe englischer Komiker, die im Jahr 1611 Königsberg besuchte, bestand aus fünfunddreißig Mitgliedern, von denen neunzehn in den Aufzeichnungen als Schauspieler und sechzehn als Instrumentalisten aufgeführt sind. [54] Zweifellos waren die meisten der als Schauspieler bezeichneten Personen auch Musiker; Aber der Umstand, dass fast die Hälfte der Truppe aus professionellen Musikern bestand, zeigt hinreichend, wie stark die Unterhaltungen aus musikalischen Darbietungen bestanden. Ein weiterer Beweis dafür ist die Aufzeichnung, dass in Hildesheim eine Truppe englischer Schauspieler auf Englisch auftrat. [55]

Es gab wahrscheinlich nur wenige Leute im Publikum, die Englisch verstanden. Man kann daher davon ausgehen, dass die Musik die Hauptattraktion der Unterhaltung darstellte. Es gab jedoch auch lustiges Springen und Tanzen und den lustigen Clown – den englischen Jack-Pudding, den holländischen Pekelharing, die deutsche Hanswurst, den französischen Jean Potage und den italienischen Signor Maccaroni. Der Clown hat seinen Spitznamen von dem Lieblingsgericht des Pöbels.

Um die Aktivitäten der englischen Schauspieler und Instrumentalisten nachzuverfolgen, ist es nicht notwendig, ihnen bei ihren Besuchen in allen deutschen Städten zu folgen, in denen Aufzeichnungen über sie aufbewahrt werden. Es genügt, ihren Aufenthalt in Kassel zu erwähnen, wo sie im Jahr 1600 ankamen. Der Landgraf Moritz von Hessen-Kassel nahm sie in seine Dienste und baute für sie 1605 ein Theater in Form eines Zirkus, dem er zu Ehren seines ältesten Sohnes Otto den Namen Ottoneum gab. Die Wände dieses Gebäudes waren wunderschön mit Fresken verziert.

Doch im Jahr 1607 erklärte Landgraf Moritz, er sei der „verdammten Tänzer und Springer", wie er sie nannte, überdrüssig; und er entließ die Gesellschaft aus ihren Diensten, mit Ausnahme einiger kluger Mitglieder, die er bis zum Jahr 1613 behielt. Der Landgraf Moritz war ein gelehrter Mann und ebenso ein Dichter und Musikkomponist. Seine Meinung ist daher nicht ohne Gewicht. Nach ihrer Abreise aus Kassel wanderte die Gesellschaft mehrere Jahre lang durch Deutschland und schien überall guten Empfang gefunden zu haben, insbesondere in Nürnberg, wo 1612 ihre „neuen schönen Komödien" große Bewunderung fanden.

Hier können vier Namen englischer Schauspieler genannt werden, die im Jahr 1591 nach Deutschland reisten, mit der erklärten Absicht, ihre ärmlichen Verhältnisse zu verbessern. Es sind: Robert Brown, John Broadstreet (oder Breadstreet), Thomas Sackville und Richard Jones. Da in dem Empfehlungsschreiben dieser Männer, das in den Archiven Den Haags entdeckt wurde, ihre musikalischen Leistungen vor ihren anderen Leistungen erwähnt werden – es wird angegeben, dass sie zu reisen beabsichtigten, um „ihren Beruf auszuüben, indem sie Musik aufführten, Geschicklichkeitskunststücke vorführten und Komödien, Tragödien und Historien spielten" [56] – ist es offensichtlich, dass Musik eine ihrer am häufigsten ausgeübten Künste gewesen sein muss, wenn nicht sogar ihr ursprünglicher Beruf.

Im Jahr 1603 wurde Lord Spencer von James I. in einer Sonderbotschaft zum Herzog Friedrich von Württemberg geschickt, um ihm den Hosenbandorden zu verleihen. Zu Lord Spencers Gefolge gehörten vier geschickte Musiker, die offenbar ausgewählte englische Instrumentalisten waren, wenn man nach dem Lob geht, das Erhardus Cellius ihnen in seinem Bericht über den Besuch schenkte, der im Jahr 1605 in Tübingen veröffentlicht wurde. Das folgende Zitat ist eine Übersetzung, wobei die Erzählung von Erhardus Cellius ursprünglich in lateinischer Sprache verfasst war: „Die königlichen englischen Musiker, die der berühmte königliche Botschafter mitgebracht hatte, um die Pracht der Botschaft und die gegenwärtige Zeremonie [die Investitur des Hosenbandordens durch den Herzog] zu steigern ] waren zwar zahlreich, aber in der Kunst hervorragend bewandert, denn England bringt viele hervorragende Musiker, Komiker und Tragiker hervor, die in der theatralischen Kunst äußerst geschickt sind und von denen es gewohnt ist, dass sie für eine Zeit ihren eigenen Wohnsitz verlassen Zu bestimmten Jahreszeiten besuchten sie fremde Länder und stellten ihre Kunst hauptsächlich an den Fürstenhöfen aus. Vor einigen Jahren kamen einige englische Musiker mit dieser Absicht nach Deutschland und blieben einige Zeit an den Höfen großer Fürsten. und ihre Fähigkeiten sowohl in der Musik als auch in der theatralischen Kunst verschafften ihnen solche Gunst, dass sie großzügig belohnt und mit Gold und Silber beladen nach Hause zurückkehrten." [57] Erhardus Cellius war Professor für Poesie und Geschichte in Tübingen.

Erwähnenswert sind noch einige englische Musiker, die etwa zur Zeit der Besuche der englischen Komiker nach Deutschland kamen, aber offenbar mit keinem der Unternehmen in Verbindung standen.

John Dowland, ein *Lautenvirtuose* und auch Komponist, besuchte um das Jahr 1585 die Höfe von Hessen-Kassel und Braunschweig-Wolfenbüttel. Danach war er einige Zeit lang Lautenist im Dienste des Königs von Dänemark, wo er möglicherweise mit den englischen Komikern in Verbindung stand. John Dowland war offensichtlich ein persönlicher Bekannter von Shakespeare, der ihn in seinem „Passionate Pilgrim" verewigt hat:

„Wenn Musik und süße Poesie übereinstimmen,
wie sie die Schwester und den Bruder brauchen müssen, dann muss die
Liebe zwischen dir und mir groß sein, weil du das eine liebst und ich das
andere. Dowland ist dir lieb, dessen himmlische Berührung der Laute den
menschlichen Sinn verzaubert; Spenser für mich, dessen tiefe Einbildung so
groß ist, dass sie alle Einbildung übertrifft,
Du liebst es, den süßen, melodischen Klang zu hören
, den Phoebus' Laute, die Königin der Musik, macht Ich bin in tiefer
Freude am meisten ertrunken, wenn er sich zum Singen begibt. Ein Gott ist

der Gott beider, wie Dichter behaupten; ein Ritter liebt beide, und beide bleiben in dir.

Zu schließen, dass Shakespeare ein praktischer Musiker gewesen sein muss, weil er wunderschöne Gedichte über den Charme und die Kraft der Musik schrieb, wäre ebenso verwegen, als würde man aus bestimmten Passagen seiner Dramen annehmen, dass er ursprünglich ein Anwalt, ein Soldat, ein Kesselflicker usw. war ein Pferdehändler. Tatsächlich ist sein schönes Sonett über Dowland, wenn man es als kritische Meinung betrachtet, weniger wertvoll als das Urteil von Dr. Burney, der bemerkt: „Nachdem ich mir die Mühe gemacht hatte, mehrere von Dowlands Kompositionen zu vertonen, war ich gleichermaßen enttäuscht und erstaunt über seine dürftigen Fähigkeiten." im Kontrapunkt, und der große Ruf, den er sich bei seinen Zeitgenossen erwarb, der ihm entweder durch Trägheit oder Unwissenheit gegenüber denen, die Gelegenheit hatten, über ihn zu sprechen, höflich weitergeführt wurde und die es für selbstverständlich hielten, dass sein Titel zum Ruhm, als ein profunder Musiker, war fundiert." [58]

John Bull, ein weiterer englischer Musiker von einigem Ruf, war ein Virtuose auf Cembalo und Orgel. Vielleicht hielt ihn die Tatsache, dass er diese Instrumente spielte, von den englischen Komödianten auf dem Kontinent fern; sonst hätte ihn sein ruheloses und unstetes Leben gut für ihre Gesellschaft geeignet gemacht. John Bull wurde etwa Mitte des 16. Jahrhunderts in Somersetshire geboren und unternahm im Jahr 1601 seine erste Reise nach Holland, Frankreich und Deutschland, wo seine Orgelspiele und sogar seine Kompositionen Bewunderer fanden. Nach seiner Rückkehr nach England reiste er 1607 ein zweites Mal auf den Kontinent, um, wie es heißt, seine angeschlagene Gesundheit wiederherzustellen – oder vielleicht, wie Dr. Burney vermutet, seine angeschlagene finanzielle Lage zu verbessern. Er starb in Deutschland. Sir John Hawkins gibt in seiner „History of Music" zwei Rätselkanons von John Bull an, die in Form eines Dreiecks geschrieben sind. Die Anekdote von der wunderbaren Geschicklichkeit dieses Musikers, die sich darin zeigt, dass er einem aus vierzig Stimmen komponierten Lied vierzig weitere Stimmen hinzufügte, [59] ist so absurd, dass sie kaum einem mit der Musiktheorie vertrauten Menschen ein Lächeln entlocken wird. John Bull ist auch dafür gelobt worden, einige Stücke für das Virginal komponiert zu haben, die so schwierig sind, dass selbst heutige Pianisten von seinen schnellen Passagen in Terzen und Sexten erschrecken. Aber wenn man bedenkt, wie grob und unmelodisch diese Erfindungen sind, würde er größeres Lob verdienen, wenn seine Musik leicht auszuführen, eindrucksvoll und besser für das Instrument geeignet wäre, für das sie komponiert wurde, als dies der Fall ist. Wenn R. Clarks Behauptung, wonach John Bull der Komponist der englischen Nationalhymne ist, richtig wäre, hätte er einen größeren Anspruch auf Beachtung, als er gegenwärtig verdient. Die

Komponisten alter populärer Melodien sind selten bekannt; es ist daher nur richtig, die ganze Nation als Komponist ihrer wichtigsten Nationalmelodie anzusehen, wenn ihr Ursprung nicht definitiv festgestellt wurde; und in diesem Sinne ist es vielleicht richtig, John Bull die Komposition der englischen Nationalhymne zuzuschreiben.

Ein anderer englischer Musiker, Thomas Cutting, ging 1607 nach Dänemark. Er war Lautenist. Es gibt keine Aufzeichnungen darüber, dass er in Deutschland gewesen wäre. John Abell, ein englischer Sänger und Lautenist, gab zur Zeit Karls II. Konzerte in Holland, Deutschland und Polen, also nach der Zeit, als die englischen Komödianten den Kontinent besuchten.

Es ist eine bemerkenswerte Tatsache, dass England vor dem Auftreten dieser Musiker in Deutschland bereits von ausländischen Musikern besucht worden war, deren Talente, in Anbetracht der Positionen, die einige von ihnen erlangten, erheblichen Einfluss auf den Geschmack ihrer englischen Kollegen gehabt haben müssen. Im Jahr 1483 standen fünf deutsche Musiker im Dienste von Richard III., 18 ausländische Musiker im Dienste von Heinrich VIII. und soweit sich aus der falschen Schreibweise der Namen schließen lässt, bestanden die Kapellen von Eduard VI. und Königin Elisabeth aus etwa ebenso vielen Ausländern wie die von Heinrich VIII. Die niederländischen Lautenisten Philip van Welder und Peter van Welder hatten in der Kapelle von Eduard VI. eine höhere Stellung inne. Ersterer war bereits von Heinrich VIII. als Lautenlehrer für die königlichen Kinder engagiert worden. Der angesehene Lautenist Jacques Gaulter (oder Gouter) im Dienste von Karl I. war ein Franzose.

Die allgemein anerkannte Überlegenheit der ausländischen Musiker erklärt die Unzufriedenheit mit dem populären Geschmack, der in den Werken mehrerer englischer Musiker zum Ausdruck kommt. Bereits John Dowland beklagt in seinen Vorworten die Vernachlässigung. Matthew Lock bemerkt in seinem „Little Consort of three parts, featuring Pavans, Ayres, Corants, and Sarabands, for Viols or Violins, for Viols or Violins“, London, 1657: „Für jene geistreichen Trottel, die es für nötig halten, alles herabzuwürdigen, was ihnen begegnet.“ Da Fremde einige hervorragende Dinge getan haben und tun, werde ich mich trauen, ihnen zu sagen (und ich hoffe, meine bekannte Erfahrung in dieser Wissenschaft wird sie dazu zwingen, mich als kompetenten Richter zu bekennen), dass ich es niemals tun werde Dennoch hielt er jede ausländische Instrumentalkomposition (mit Ausnahme einiger französischer Corants) für würdig, von einem Engländer transkribiert zu werden. John Playford beklagt sich in seinem „Musick's Delight on the Cithren“, London, 1666: „Man beobachtet, dass in den letzten Jahren alle feierliche und ernste Musik vielfach beiseite gelegt wurde, da sie als zu schwer und langweilig für die leichten Heilungen und das Gehirn von angesehen wurde.“ In diesem flinken und mutwilligen Alter wird keine Musik akzeptiert oder geschätzt, die nicht von Ausländern dargeboten wird: Sie ist zwar keine Stadtfrau, aber sie ist ehrgeizig, ihre Töchter von Monsieur La Novo Kickshawibus unterrichten zu lassen die Gittar, ein neues, altes Instrument, das zur Zeit Königin Marys in London verwendet wurde. Auch in seiner „Einführung in die Kunst des Musizierens" beklagt sich John Playford: „Unsere späte und feierliche Musik, sowohl Gesangs- als auch Instrumentalmusik, wird jetzt von den neuen Corants und Jigs der Ausländer zu Unrecht missachtet, zum Leidwesen von." alles nüchterne und vernünftige Verständnis dieser ehemals soliden und guten Musik." Dies ist eine Kopie der 1683 veröffentlichten Ausgabe; die erste Ausgabe erschien 1655. Christopher Simpson behauptet in seinem „Compendium of Practical Musick", London, 1667, kühn: „Sie brauchen keine ausgefallenen Autoren zu suchen, insbesondere für Instrumentalmusik; meiner Meinung nach gibt es keine Nation, die mit der vergleichbar ist." Englisch auf diese Weise; sowohl für ihre hervorragenden als auch für ihre verschiedenen und zahlreichen Consorts aus drei, vier, fünf und sechs Stimmen, die für Instrumente geeignet sind" usw. So auch Christopher Simpson am Ende seines „The Division Violist", or an Introduction to the Playing upon a Ground", London, 1659, heißt es: „Und hier könnte ich (wäre es nicht aus dem Rode meines Entwurfs) verschiedene andere [außer Mr. John Jenkins] erwähnen; die bedeutendsten Männer von Diese unsere Nation, die mit ihren hervorragenden und vielfältigen Kompositionen, insbesondere für Instrumente, meiner Meinung nach diese Nationen weit übertroffen hat, schrie so sehr nach ihrer Exzellenz in der Musik.

Die Bevorzugung der eigenen Musik durch diese Musiker wirft jedoch wenig Licht auf die Frage: Welcher Art war die Musik der englischen Instrumentalisten, die die Komiker auf dem Kontinent begleiteten?

Eine zufriedenstellende Antwort auf diese Frage kann eine Untersuchung der weltlichen Musik, die vor etwa dreihundert Jahren in England populär war, und der Regieanweisungen in den Dramen erhalten, die von den spazierenden Schauspielern aufgeführt wurden.

Was die Verbreitung musikalischen Wissens in England zur Zeit von Königin Elisabeth betrifft, enthalten die historischen Aufzeichnungen widersprüchliche Angaben, die jedoch mit etwas Unterscheidungsvermögen miteinander in Einklang gebracht werden können. Es ist bekannt, dass England zu dieser Zeit einige ehrenwerte Komponisten geistlicher Musik besaß, die wahrscheinlich auf dem Kontinent Gehör gefunden hätten, wenn sie nicht von den hervorragenden flämischen und italienischen Kirchenkomponisten überschattet worden wären. Einige intelligente Ausländer, die zur Zeit von Königin Elisabeth eine Reise nach England machten, loben die Musik, die sie in den wichtigsten Kirchen des Landes hörten. Paul Hentzner, ein deutscher Gelehrter, der England im Jahr 1598 besuchte, bemerkt in seinem Tagebuch: „Die Engländer sind hervorragend im Tanzen und in der Musik, denn sie sind aktiv und lebhaft, obwohl sie von kräftigerer Statur sind als die Franzosen." Später äußert er eine weniger positive Meinung über den Musikgeschmack der Engländer: „Sie haben eine große Vorliebe für laute Geräusche, die das Ohr erfüllen, wie Kanonenschüsse, Trommeln und Glockengeläut." [60] Diese Aussage stimmt mit einer Bemerkung von Dr. Burney in seiner History of Music, Band III, S. 143 überein; und ebenso mit Händels Rat an Gluck, als dieser nach der Aufführung seiner Oper 'Caduta de' Giganti' in London im Jahr 1746 über mangelnden Erfolg klagte: "Für den Engländer muss man etwas komponieren, das kraftvoll ist und auf sein Tympanon einwirkt." [61] Musik wurde auch Lärm genannt. Zum Beispiel in Shakespeares Heinrich IV., Teil II, Akt 2, Szene 4:—

„Und schau, ob du Sneaks Geräusch finden kannst. Mistress Tearsheet würde gern etwas Musik hören."

Man kann annehmen, dass der populäre Geschmack für laute Musik vor einigen Jahrhunderten im Großen und Ganzen derselbe war wie heute, wo Quantität oft wichtiger ist als Qualität. Es gibt jedoch einige Aufzeichnungen, aus denen hervorgeht, dass die Musikkultivierung in der gebildeten Klasse allgemein verbreitet war. Henry Peacham zählt in seinem „Compleat Gentleman", London, 1634, neben den vielen erforderlichen Errungenschaften eines Gentleman auch einige praktische und theoretische Kenntnisse der Musikkunst auf. Allerdings beschreibt er den Herrn nicht so, wie er ihn findet, sondern wie er seiner Meinung nach sein sollte. Aus seiner Beschreibung zu schließen, dass im 17. Jahrhundert jeder englische Gentleman musikalisch war, wäre ebenso ungerechtfertigt wie die Schlussfolgerung aus Lord Chesterfields wohlbekanntem Rat an seinen Sohn, das Geigenspiel den professionellen Musikern zu überlassen, die im 18. Jahrhundert Engländer waren Die Bildung betrachtete es als abwertend, ein Musikinstrument zu spielen.

In Thomas Morleys „Introduction to Practical Musick", London 1597, das als Dialog geschrieben ist, sagt Philomathes zu Beginn der Rede zu Polymathes, dass er kürzlich, als er auf einer Party nach dem Abendessen nicht in ihren Madrigalgesang einstimmen konnte, „alle begannen sich zu wundern. Ja, einige flüsterten anderen zu und fragten, wie ich erzogen worden sei: so dass ich mich meiner Unwissenheit schäme und jetzt meinen alten Freund Meister Gnorimus aufsuche, um sein Schüler zu werden." Diese Aussage scheint jedoch im Widerspruch zu einer Aussage zu stehen, die etwa zur gleichen Zeit in einem anderen Lehrbuch mit dem Titel „Die Schule von Mvsicke" gemacht wurde; darin wird die perfekte Methode der Fingertechnik für Laute, Pandora, Orpharion und Viol-da-Gamba beschrieben; mit den unfehlbarsten allgemeinen Regeln, die sowohl einfach als auch angenehm sind. Außerdem eine Methode, wie Sie mit Hilfe Ihrer Laute ohne einen anderen Lehrer Ihr eigener Lehrer für Prick-Gesang sein können: mit Lektionen aller Art für Ihre weitere und bessere Ausbildung. Neu komponiert von Thomas Robinson, Lautenist; London, 1603.' Auch dieses Buch ist in Dialogform geschrieben, die Gesprächspartner sind „Knight" und „Timothevs". Zu Beginn des Dialogs bemerkt Knight: „Meiner Meinung nach ist es unmöglich, ein guter Musiker zu sein, außer man ist in allen modernen freien Wissenschaften bewandert; denn ich kenne viele große Gelehrte in Theologie, Philosophie, Recht, Philosophie usw., die wenig oder überhaupt keine Kenntnisse in Musik haben, ja manche lehnen sie sogar völlig ab."

Zweifellos dürfen diese einander widersprechenden Aussagen zweier Berufsmusiker über die Pflege der Musik durch englische Gentlemen gegen Ende der Herrschaft von Königin Elisabeth nicht wörtlich genommen werden, sondern sind vielmehr eine von den Autoren als geistreiche und elegante Art und Weise betrachtete Art zu beweisen, dass ihre Werke einen Mangel decken. So behauptet Thomas Morley, der Vokalmusik unterrichtet, dass von jedem jungen Gentleman erwartet wird, ein Sänger zu sein; und Thomas Robinson, der Laute und Zither unterrichtet, drückt seine Unzufriedenheit darüber aus, dass viele Gentlemen nichts über Musikinstrumente wissen – ja, nichts über Musik. Darüber hinaus ist Thomas Robinson ein „Student aller freien Wissenschaften"; das wissen wir aus seiner eigenen Aussage auf der Titelseite seiner „New Citharen Lessons", London, 1609; und da er ein gelehrter Mann ist, hält er es für unmöglich, ein guter Musiker zu sein, ohne in „allen wichtigen freien Wissenschaften" bewandert zu sein.

Die Tatsache, dass es kein englisches Buch aus dem 16., 17. oder 18. Jahrhundert gibt, das Beschreibungen und Abbildungen der verschiedenen Musikinstrumente enthält, die früher in England verwendet wurden, während eine beträchtliche Anzahl solcher Bücher auf dem Kontinent veröffentlicht wurde, beweist hinreichend, dass Instrumentalmusik nicht so sehr in England als vielmehr auf dem Kontinent gepflegt wurde, wenn es an anderen Beweisen mangelt. Die englischen Lehrbücher für bestimmte Instrumente waren im Allgemeinen nur schlechte Zusammenstellungen, die von den Verlegern selbst zusammengestellt wurden. Die Abbildungen von Musikinstrumenten in Hawkins' „History of Music" wurden größtenteils von Luscinius und Mersenne kopiert. Hawkins scheint nicht gewusst zu haben, dass diese Instrumente, deren Beschreibungen er aus ausländischen Quellen bezieht, früher auch in England verwendet wurden. Jedenfalls erwähnt er mehrere von ihnen mit ihren deutschen Namen, ohne ihre englischen Namen anzugeben.

Einige englische Musiker, die zur Zeit von James I. den Kontinent besuchten, italienisierten ihre Namen, ein eher unpatriotischer Akt, zu dem sie wahrscheinlich nicht auf die Idee gekommen wären, darauf zurückzugreifen, wenn sie nicht von der Überlegenheit der kontinentalen Musik überzeugt worden wären. John Cooper nannte sich Giovanni Coperario; und Peter Phillips, der eine Zeit lang in den Niederlanden lebte, änderte seinen Namen in Pietro Philippi.

Was die Nationalmusik Englands zur Zeit der umherwandernden Instrumentalisten betrifft, kann der Forscher zuverlässige Informationen erhalten, indem er eine alte Sammlung populärer Melodien mit dem Titel „The Dancing Master; oder Anweisungen zum Tanzen von Country-Tänzen mit den Melodien zu jedem Tanz für die Diskantvioline. Die erste Ausgabe wurde etwa in der Mitte des 16. Jahrhunderts von John Playford veröffentlicht. Das Werk, das nur aus einem Band bestand, erfreute sich großer Beliebtheit und erlebte viele Auflagen mit Erweiterungen, bis es um das Jahr 1700 auf drei Bände mit fast tausend Melodien ausgedehnt wurde. Man kann vermuten, dass diese Sammlung fast alle Melodien weltlicher Lieder umfasst, die zur Zeit der Instrumentalisten in England populär waren. Es muss daran erinnert werden, dass die meisten Melodien auch als Tanzmelodien verwendet wurden und dass vergleichsweise nur wenige der Tanzmelodien in den früheren Ausgaben der Sammlung Instrumentalstücke sind, die nicht von Vokalmusik abgeleitet sind. Ob alle diese Melodien englischen Ursprungs sind, ist eine andere Frage. Einige sind bekanntermaßen Waliser, andere Iren, wieder andere Schotten; und einige scheinen vom Kontinent abgeleitet zu sein. Einige der Tänze sind ausländischen Ursprungs und höchstwahrscheinlich wurden sie erstmals mit den dazugehörigen Melodien bekannt, als sie in England eingeführt wurden. Danach wurden neue Melodien zu ihnen komponiert, die mehr oder weniger den alten ähnelten. Trotz all der Melodien im „Dancing Master“, die offenbar nicht englisch sind, gibt es immer noch eine beträchtliche Anzahl von Exemplaren, die als echte englische Melodien akzeptiert werden können. Sie sollten so geprüft werden, wie sie veröffentlicht wurden, ohne moderne Harmonie oder andere Arrangements, die ihren ursprünglichen Charakter verschleiern. Einige davon sind sicherlich seltsam. Nehmen wir zum Beispiel den „Kissentanz“ mit seiner melancholischen Melodie, bei der sich die Tänzer mit den Musikern singend unterhalten.

JOAN SANDERSON ODER DER KISSENTANZ.
EIN ALTER RUNDTANZ.

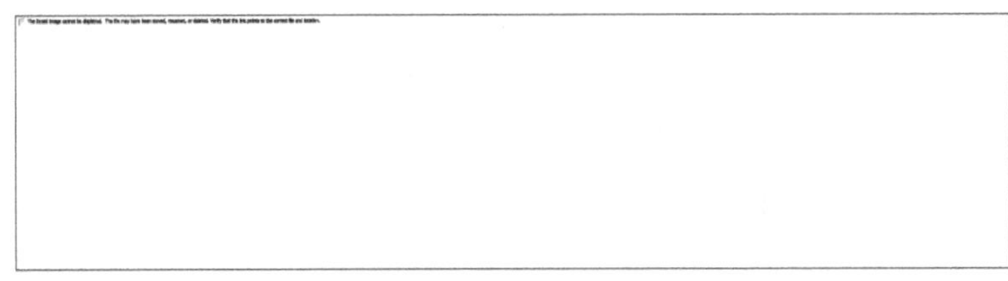



*Anmerkung:* Die erste Sorte zweimal, die zweite einmal und die letzte so oft wie nötig."

"Dieser Tanz wird von einer einzelnen Person (Mann oder Frau) begonnen, die ein Kissen in die Hand nimmt und durch den Raum tanzt. Am Ende der Melodie halten sie inne und singen: *Dieser Tanz geht nicht weiter*. Die Musiker antworten: *Ich bitte Sie, guter Herr, warum sagen Sie das?* Mann: *Weil Jean Sanderson nicht mitkommen wird*. Musiker: *Sie muss auch kommen, und sie wird auch kommen, und sie muss kommen, ob sie will oder nicht*. Dann legt er das Kissen vor einer Frau nieder, auf dem sie kniet, und er küsst sie und singt: *Willkommen, Jean Sanderson, willkommen, willkommen*. Dann steht sie auf, nimmt das Kissen und beide tanzen und singen: *Prinkum-prankum ist ein schöner Tanz, und sollen wir ihn noch einmal tanzen, noch einmal und noch einmal, und sollen wir ihn noch einmal tanzen?* Dann hält die Frau inne und singt wie zuvor: *Der Tanz* usw. Musiker: *Ich bitte Sie*, Madam usw. Frau: *Weil John Sanderson* usw. Musiker: *Er muss* usw. Und so legt sie sich hin das Kissen vor einem Mann, der darauf kniet und sie grüßt, während sie „ *Willkommen, John Sanderson*" usw. singt. Dann nimmt er das Kissen, sie fassen sich an den Händen und tanzen singend herum, wie zuvor; und so machen sie es, bis die ganze Gesellschaft in den Ring gebracht wurde. Und wenn genug Gesellschaft da ist, bilden Sie in der Mitte einen kleinen Ring, und stellen Sie in diesen Ring einen Stuhl, und legen Sie das Kissen darauf, und der erste Mann setzt sich darauf. Dann wird das Kissen vor den ersten Mann gelegt, und die Frau singt „ *Diesen Tanz*" usw. (wie zuvor), nur dass sie statt „ *Komm auch*" „ *Geh her*" singen und statt „ *Willkommen, John Sanderson*" usw. „*Lebe wohl, John Sanderson, Lebe wohl, Lebe wohl*" singen ; und so gehen sie einer nach dem anderen hinaus, wie sie hereingekommen sind. *Anmerkung:* Die Frau wird von allen Männern im Ring geküsst, als sie hereinkommt und hinausgeht, und ebenso der Mann von allen Frauen."

Die Volksweisen fast aller europäischen Nationen haben bestimmte Eigenheiten, die der Kenner nationaler Musik feststellen und definieren kann. Sich über die ursprüngliche Heimat einer Nationalmelodie zu äußern, ist natürlich oft ebenso gewagt, wie sich anhand der Physiognomie einer Person über ihr Heimatland zu äußern. Es gibt Deutsche, die Engländern sehr ähnlich sehen, aber eine Anzahl von Deutschen, die man zusammen sieht, würde man nicht so leicht mit Engländern verwechseln. Dasselbe kann man in jeder Nation beobachten. Wir können gelegentlich einem Engländer begegnen, der wie ein Franzose, ein Chinese oder ein Zigeuner aussieht; aber eine Versammlung von Engländern offenbart eine gewisse Familienähnlichkeit, die der englischen Rasse zu eigen ist. So weist auch eine Sammlung der Volksweisen einer Nation im Allgemeinen bestimmte vorherrschende Eigenheiten auf, die es uns ermöglichen, festzustellen, woher die Melodien stammen. Die Melodien im „Dancing Master" weisen, kollektiv betrachtet, keine Familienähnlichkeit auf, die man durch Worte oder Notenschrift andeuten könnte. Sie scheinen aus ebenso vielen Quellen zu stammen wie die Worte der englischen Sprache. Die Sprache weist jedoch einen stark ausgeprägten individuellen Charakter auf, da die verschiedenen übernommenen Wörter anglisiert wurden; die musikalischen Kompositionen der Engländer wiederum weisen keinen Stempel auf, der sie als englisch erkennen ließe.

Die englischen Instrumentalisten spielten natürlich hauptsächlich die populären Melodien ihrer Zeit. Es erübrigt sich, im Detail zu erklären, wie die Musik in die dramatischen Aufführungen eingeführt wurde. Die Werke Shakespeares, mit denen der Leser vermutlich vertraut ist, zeigen dies hinreichend. Sie enthalten auch viele Beispiele für die Aufnahme populärer Lieder oder Balladen, wie zum Beispiel Desdemonas „Sing Willow, Willow, Willow"; Ophelias „Woher soll ich deine wahre Liebe wissen?" oder das Clowns „O meine Herrin, wo wanderst du umher?" in der zwölften Nacht. Gelegentlich wurde auch Vokalmusik eingeführt, die für zwei oder mehr Stimmen komponiert war — sogar der scherzhafte Ton, der in England besonders beliebt war und über den Shakespeare sich lustig macht (Zwölfte Nacht, Akt II, Szene 3): —

„ *Sir Toby Belch.* — Sollen wir die Nachteule mit einem Fang wecken, der einem Weber drei Seelen entlockt? Sollen wir das tun?'

Nach einigen Wortspielen singen Sir Toby, Sir Andrew Aguecheek und der Clown gemeinsam „Catch".

*kommt herein .*

„ *Maria.* — Was für ein Katzengejammer führst du hier? Wenn meine Dame nicht ihren Verwalter Malvolio gerufen und ihn gebeten hat, dich hinauszuwerfen, dann vertrau mir nie."

In „Hamlet", Akt III, Szene 2, werden spazierende Schauspieler vorgestellt und mit ihnen Musiker, die auf Hautboys und Blockflöten spielen. Bei den Darstellungen der englischen Komödianten im Ottoneum zu Kassel anno 1606 stimmten die Instrumentalisten immer nach jedem Akt an. [62] Zweifellos spielten sie neben ihren englischen Liedern auch die beliebtesten deutschen Lieder, was ihnen einen günstigeren Empfang verschaffen würde.

Für reisende Musiker, die in der Öffentlichkeit auftreten, ist es fast immer von Vorteil, den Geschmack ihres Publikums zu treffen. Und es erscheint ebenfalls sehr wahrscheinlich, dass die englischen Instrumentalisten bei ihrer Rückkehr nach Hause ihr Publikum in England mit den populären Melodien und vielleicht einigen aufwändigeren Stücken unterhielten, die sie auf dem Kontinent kennengelernt hatten und die den Engländern galten Das Publikum würde den Charme des Neuen besitzen.

Wie dem auch sei, die Lage der Instrumentalisten in der Heimat war nach Beendigung ihrer Kontinentaltournee keineswegs beneidenswert. Dies geht aus „The Actors' Remonstrance, or Complaint for the silencing of their profession and banishment from their severall Play-houses", London, 1643, hervor. Darin bemerken die niedergeschlagenen Schauspieler: „Unsere Musik, die sie für so köstlich und wertvoll hielten, dass sie es verschmähten, für weniger als zwanzig Schilling Gehalt für zwei Stunden in eine Taverne zu kommen, wandert nun mit ihren Instrumenten unter ihren Umhängen – ich meine, wenn sie welche haben – in alle Häuser der guten Kameradschaft und grüßt in jedem Raum, in dem sie Gesellschaft haben. Wollen Sie Musik haben, meine Herren?" [63]

Die englischen Komiker in Deutschland traten überwiegend in deutscher Sprache auf. Das muss lustig gewesen sein – vielleicht nicht zuletzt in pathetischen Passagen, feierlichen Ermahnungen oder in nachdenklichen Monologen, in denen selbst die geringste fremde Aussprache das Erhabene ins Lächerliche verwandeln kann. Hier muss Kürze oft wünschenswert gewesen sein, und das Eingreifen der Band mag Erleichterung gebracht haben. Daher sind die englischen Instrumentalisten, obwohl sie keinen Einfluss auf die Kultivierung der Musikkunst hatten, sicherlich insofern interessant, als sie bei den frühesten Darstellungen der Dramen Shakespeares mitgewirkt haben.

# MUSIKALISCHE FEEN UND IHRE VERWANDTEN.

Feen haben bekanntermaßen eine große Vorliebe für Musik. Man kann sie nachts im Mondlicht auf Wiesen tanzen sehen; und die Menschen finden morgens oft Spuren im Tau, die sogenannten Feenringe. In europäischen Ländern sind ihre Lieblingsmusikinstrumente offensichtlich die Harfe und die Geige. Sie sind auch oft hervorragende Sängerinnen und gelten in fast allen Teilen der Welt als bezaubernde Sängerinnen.

Ihre Musik ähnelt, wie zu erwarten, den alten Melodien der Landbevölkerung in dem Gebiet, in dem sie leben. Die folgende Melodie der irischen Feen ist aus T. Crofton Crokers „Fairy Legends and Traditions of the South of Ireland" kopiert:

Diese Melodie, die natürlich sehr alt sein soll, wird von jedem geschickten Erzähler eines bestimmten irischen Märchens, zu dem sie gehört, gesungen, um die Wirkung der Geschichte zu verstärken.

## DIE FEEN DER MAORIES.

Die Feen Neuseelands werden als ein sehr zahlreiches, fröhliches Volk beschrieben, das immer wie Grillen singt. Im Aussehen unterscheiden sie sich deutlich von den Maoris, den Ureinwohnern Neuseelands; Sie ähneln eher Europäern, ihr Haar und ihre Hautfarbe sind bemerkenswert hell.

Eines Tages, als Te Kanawa, ein Häuptling eines der Maori-Stämme, zufällig auf einem Hügel im Bezirk Waikato mit einer Gruppe Feen zusammenstieß, hörte er sie deutlich einige geheimnisvolle Verse singen, die er anschließend seinen Freunden wiederholte: und die noch heute in der Poesie der Neuseeländer erhalten sind.

Te Kanawa war gestorben, bevor die Europäer in Neuseeland ankamen, aber die Einzelheiten seiner Begegnung mit den Feen sind bei den Menschen nicht vergessen. Sie sagen, er sei mit seinen Hunden ausgegangen, um Kiwis zu fangen, [64] als es Nacht wurde und er sich auf dem Gipfel des Pukemore, eines hohen Hügels, befand. Dort näherten sich die Feen dem tapferen Häuptling und erschreckten ihn fast zu Tode. Er zündete ein Feuer an und erschreckte sie damit ein wenig. Immer wenn das Feuer hell aufloderte, gingen die Feen weg und versteckten sich, indem sie hinter Baumstümpfen hervorlugten; und wenn es herunterbrannte, kamen sie wieder näher heran und sangen und tanzten fröhlich.

Der zitternde Häuptling kam plötzlich auf den Gedanken, dass er die Feen vielleicht zum Weggehen bewegen könnte, wenn er ihnen die Juwelen geben würde, die er bei sich hatte; Deshalb nahm er eine wunderschöne kleine Figur aus grünem Jaspis ab, die er als Halsschmuck trug. Dann zog er seinen fein geschnitzten Ohrhänger aus Jaspis heraus und auch seinen Ohrring aus dem Zahn eines Tigerhais. Aus Angst, die Feen könnten ihn berühren, nahm er einen Stock, steckte ihn in die Erde und hängte die kostbaren Geschenke daran auf. Gleich nachdem die Feen ihr Lied beendet hatten, untersuchten sie die Schmuckstücke; und sie nahmen den Schatten von sich und reichten ihn von einem zum anderen durch die ganze Gruppe. Plötzlich verschwanden sie alle und trugen die Schatten der Juwelen mit sich, ließen aber die Juwelen selbst zurück.

Die Verse, die Te Kanawa die Feen singen hörte, sind, wie bereits gesagt, noch immer bekannt, und die Maoris zitieren sie als Beweis dafür, dass alles ihrem tapferen Häuptling Te Kanawa zugestoßen ist, wie es erzählt wird. [65]


## ABENTEUER IM HOCHLAND.

Die Feen in den schottischen Highlands haben ihre Behausungen im Allgemeinen in schroffen Abgründen und felsigen Höhlen, die sich in Gegenden befinden, die sich besonders durch ihre wilde Landschaft auszeichnen. Ihre Lieblingsvergnügen sind Musik und Tanz, und ihre Walzen sollen manchmal ein ganzes Jahr und sogar länger ohne Unterbrechung durchhalten.

Ein Bauer aus der Gegend von Cairngorm in Strathspey, der sich mit seiner Frau und seinen Kindern im Wald von Glenavon niedergelassen hatte, schickte seine beiden Söhne eines Abends in den Wald, um nach einigen Schafen zu sehen, die sich verirrt hatten. Die Jungen durchquerten den Wald in alle Richtungen und stießen auf eine Feenhütte, aus der die süßeste Musik erklang, die man sich vorstellen kann – oder vielmehr eine viel süßere Musik, als man sich vorstellen kann. Der jüngere Bruder, der von diesem Zauber völlig fasziniert war, betrat mit einem Sprung die Feenhütte, aus der er leider nicht mehr zurückkehren konnte. Der ältere Bruder, der ihn als verloren aufgeben musste, rannte nach Hause zu seinen Eltern, um ihnen zu erzählen, was geschehen war.

Nun lebte in der Nachbarschaft ein „weiser Mann", den sie in dieser Angelegenheit am besten um Rat fragen sollten. Dieser Mann brachte dem älteren Bruder einige geheimnisvolle Worte der Ernüchterung bei und forderte ihn auf, sich an die Stelle zu begeben, wo der Junge in die Klippe gezogen worden war, und die Worte feierlich auszusprechen; dies muss jedoch genau ein Jahr nach Eintritt des Ereignisses erfolgen. Der ältere Bruder kam der einstweiligen Verfügung mit aller Ernsthaftigkeit nach. Als das Jahr vergangen war, stand er am selben Tag und genau zur selben Stunde vor der Feenhöhle, als sein Bruder ihn verlassen hatte. Die Musik lief noch, und durch die geheimnisvollen Worte gelang es ihm tatsächlich, seinen noch tanzenden Bruder zu befreien. Der mutige kleine Junge glaubte fest daran, dass er erst seit einer halben Stunde mit den Feen tanzte; denn er sagte, er habe die ganze Zeit getanzt, und die erste Rolle sei noch nicht vorbei. Doch als er wieder zu Hause ankam, bemerkten seine Eltern sofort, wie sehr seine Arme, Beine und sein ganzer Körper im Laufe des Jahres gewachsen waren.

Nicht weniger bemerkenswert ist das folgende Abenteuer eines Dorfgeistlichen, erzählt in den schottischen Highlands.

Ein Pfarrer, der den Ruf eines sehr frommen Mannes genoss, kehrte eines Nachts in sein Dorf zurück, nachdem er einem sterbenden Mitglied seiner Gemeinde spirituellen Trost gespendet hatte. Die Nacht war schon weit fortgeschritten und er musste viel „unheimliches" Land durchqueren; er wusste jedoch, dass er ein gewissenhafter Prediger des Evangeliums war, und fürchtete keinen Geist. Als er das Ende des Sees erreichte, der sich ein Stück weit entlang der Straße zum Dorf erstreckt, war er sehr überrascht, als er plötzlich Musik hörte, die melodischer war, als er sie jemals zuvor in seinem Leben gehört hatte. Überwältigt von Entzücken konnte der fromme Pfarrer es nicht lassen, sich hinzusetzen und den melodischen Klängen zu lauschen; außerdem war er sehr darauf bedacht, wenn möglich die Natur und Quelle dieser bezaubernden Musik herauszufinden. Er hatte noch nicht viele Minuten da gesessen und zugehört, als er deutlich wahrnehmen konnte, wie sich die Musik allmählich näherte; er bemerkte auch ein Licht in der Richtung, aus der die Musik kam, das über den See auf ihn zu glitt. Anstatt davonzulaufen, wie es jeder ungläubige Mensch getan hätte, beschloss der fromme Pfarrer, völlig furchtlos, das Ende des sonderbaren Phänomens abzuwarten. Als das Licht und die Musik näher kamen, konnte er schließlich ein menschenähnliches Objekt erkennen, das auf der Wasseroberfläche lief, begleitet von einer Gruppe kleiner Musiker, von denen einige Lichter trugen und andere Musikinstrumente, auf denen sie jene melodischen Klänge spielten, die zuerst seine Aufmerksamkeit erregt hatten. Der Leiter der Kapelle entließ seine Begleiter, landete am Strand und gab dem Pfarrer reichlich Gelegenheit, sein Aussehen zu begutachten.

Es war ein kleiner, primitiv aussehender, grauhaariger Mann, der das groteskeste Gewand trug, das man je gesehen hatte; ja, sein ganzes Erscheinungsbild war so, dass der ehrwürdige Pfarrer sofort seinen wahren Charakter vermuten ließ. Er ging auf den Pfarrer zu, grüßte ihn sehr anmutig und entschuldigte sich für die Störung. Der Pfarrer erwiderte sein Kompliment höflich und lud ihn ohne weitere Erklärung ein, sich neben ihn zu setzen. Der Einladung wurde Folge geleistet, woraufhin der Pfarrer die folgende Frage stellte:

„Wer bist du, Fremder, und woher?"

Auf diese Frage antwortete die Fee mit gesenktem Blick, dass er eines dieser Wesen sei, die manchmal „Doane Shee", „Menschen des Friedens" oder „Gute Männer" genannt werden, obwohl die Umkehrung dieses Titels vielleicht passender sei Bezeichnung für sie. Ursprünglich war er in seiner Natur und seinen Eigenschaften engelhaft und einst Teilhaber der unbeschreiblichen Freuden der Regionen des Lichts, wurde er von Satan verführt, sich ihm an einer wahnsinnigen Verschwörung anzuschließen; und als Strafe für seine Übertretung wurde er aus diesen Regionen der Glückseligkeit verstoßen und war nun dazu verdammt, zusammen mit Millionen von Leidensgenossen durch Meere und Berge zu wandern, bis der große Tag kam. Was ihr Schicksal danach sein würde, konnten sie nicht ahnen. [66]

## DIE WICHTIGEN ELFEN.

In Dänemark wird ein fast unglaublicher Vorfall berichtet, der einem jungen Mann unweit der Stadt Apenrade in Schleswig zugestoßen sein soll. Der junge Mann hatte sich auf einen Hügel namens Hanbierre gesetzt und war eingeschlafen. In der Nähe dieses Hügels befindet sich ein Erlenhain – genau die Art von Ort, an dem man Elfen häufig erwarten würde. Der junge Mann erwachte erst um Mitternacht. Plötzlich hörte er um sich herum die hinreißendste Musik, und als er sich erstaunt umsah, sah er zwei wunderschöne Mädchen, die im Mondlicht sangen und tanzten. Nach einer Weile kamen sie näher und sprachen mit ihm. Aber er wusste, dass es gefährlich ist, sich mit Elfen zu unterhalten, und blieb still. Sie stellten ihm viele Fragen, um ihn zum Sprechen zu bewegen, und als er immer noch darauf beharrte, ihnen nicht zu antworten, drohten sie ihm und sangen: „Höre, oh junger Mann! Willst du heute Nacht nicht mit uns sprechen, bevor der Hahn kräht, wird dein silbernes Messer sicherlich dein Herz zur Ruhe bringen!" – Wieder sangen sie die süßesten und hinreißendsten Melodien. Er konnte nicht länger widerstehen und wollte sie gerade ansprechen, als zu seinem Glück der Hahn krähte und sie verschwanden.

Aufgrund dieses Ereignisses erhielt der Hügel den Namen Hanbierre oder Hahnenberg, was „Hahnhügel" bedeutet.

## BÖSE GEISTER.

Ein kurzer Auszug aus einer Abhandlung über Geister, die vor etwa dreihundert Jahren von einem englischen Erforscher ihrer Natur und

Neigungen verfasst wurde, findet hier Platz. Diese Beschreibung findet sich in einem Werk von Thomas Nash, Gentleman, mit dem Titel „Pierce Penilesse, seine Bitte an den Teufel; Beschreibung der Ausbreitung des Lasters und der Unterdrückung der Tugend; angenehm verflochten mit wechselnden Freuden und pathetisch vermischt mit eingebildeten Vorwürfen. London, 1592." Es ist nicht klar, ob sich die Bemerkungen des Autors speziell auf die Geister Englands beziehen sollen; wahrscheinlich ist dies aber der Fall. Er beschreibt sie zwar als übellauniger als es denen auf dem Kontinent im Allgemeinen nachgesagt wird; aber dies liegt vielleicht nur an dem trüben englischen Klima. Wie dem auch sei, diese lästigen Geister sind höchstwahrscheinlich nicht so schlimm, wie sie hier dargestellt werden; denn ist es nicht eine allgemein bekannte Tatsache, die auch von Thomas Nash erwähnt wurde, Gentleman, dass sie Musik lieben?

„Die Geister der Erde halten sich zum größten Teil in Wäldern und Wäldern auf und machen den Jägern viel Ärger; und manchmal auch auf den weiten Feldern, wo sie Menschen aus dem rechten Weg führen oder Menschen mit deformierten Erscheinungen erschrecken oder machen durch übermäßige Melancholie wahnsinnig werden, wie Aiax Telamonious, und so sehr verletzend für sich selbst und gefährlich für andere: Von dieser Zahl sind die Häuptlinge Samaab und Achymael, Geister des Ostens, die keine Macht haben, großen Schaden anzurichten aufgrund der Die Unbeständigkeit ihrer Zuneigungen sind solche, die in Höhlen und kleinen Höhlen der Erde und in hohlen Spalten der Berge lauern, um nach Lust und Laune in die Eingeweide der Erde einzudringen: Sie graben Metalle und bewachen Schätze, die sie fortwährend von Ort zu Ort transportieren, damit niemand sie sehen kann: Sie erwecken Winde, die Flammen spucken, und erschüttern die Fundamente von Gebäuden, sie tanzen in Runden durch angenehme Rasenflächen und grüne Wiesen, mit Musik- und Minstralgeräuschen und verschwinden, wenn jemand in ihre Nähe kommt. Sie werden jedes Gleichnis annehmen, außer dem einer Frau, und Männer in der Gestalt toter Männergeister in der Nacht erschrecken.

## DER MUSIKER UND DIE ZWERGE.

Das folgende Abenteuer wurde zuerst von einem lustigen jungen Deutschen erzählt, der sagte, er kenne einen Freund der Person, der es passiert sei.

Es war einmal ein armer Musiker, der in der Gegend von Hildesheim, einer Altstadt im ehemaligen Königreich Hannover, lebte und spät abends aus einer einsamen Mühle nach Hause kam, wo er bei einer Tauffeier Tanzlieder gespielt hatte. Die Mühle ist noch erhalten. Der Name lautet „Die Mordmühle", wahrscheinlich weil dort vor Jahren etwas Schreckliches passiert sein könnte. Sein Weg führte ihn an einer Klippe vorbei, in der sich ein Zwergenloch befand. Als er einen Blick auf das Loch warf, sah er zu seinem Erstaunen davor einen Zwerg sitzen, der nicht größer als einen Meter war. Kaum hatte er sich von seinem ersten Schrecken erholt, fühlte er sich plötzlich von unsichtbaren Händen gepackt und viele Meilen tief in den Berg hineingezogen. All dies geschah in einem Augenblick. Sofort stellte der arme Musiker fest, dass er in einen wunderschönen Saal gebracht worden war, der von vielen tausend Lichtern in verschiedenen leuchtenden Farben erleuchtet war. Der Bodenbelag der Halle war aus reinem Silber und die Wände waren alle aus reinstem Gold; die Kronleuchter waren aus Smaragden und Diamanten.

Bald darauf forderten die Zwerge den Spielmann auf, seine besten Melodien zu spielen. Während er spielte, hörte er ganz deutlich, wie die kleinen Leute zu seiner Musik tanzten; er hörte sie auch husten, kichern und lachen; aber er sah kein Wesen außer dem Zwerg, der ihn dorthin gebracht hatte. Nach einer Weile brachte derselbe Zwerg eine Flasche köstlichen Weins herein und stellte sie vor den Spielmann. Als der arme Geiger sich mehrmals aus der Flasche bedient hatte, begann er sich wohler zu fühlen und wurde ein wenig gesprächig.

„Nun, mein guter Herr", sagte er, „ich spiele und spiele hier eine Melodie nach der anderen und höre allerlei Geräusche, aber ich sehe keine christliche Seele außer Ihnen: Könnte ich nicht einen Blick auf die vornehmen Leute werfen, denen ich die Ehre habe, mit meiner Musik zu dienen?"

Auf diese vernünftige Bitte antwortete der Zwerg: „Das ist doch ganz sicher! Das ist ungefährlich. Nimm einfach meinen Hut und setze ihn dir auf."

Sobald der Musiker dem Zwerg den großen runden Hut aufgesetzt hatte, sah er den Saal voller Tausender kleiner Zwergdamen und -herren, sehr elegant gekleidet, die auf und ab spazierten und sich voreinander verbeugten und knicksen; und mit ihnen waren einige kleine Kinder, sicherlich nicht größer als ein Daumen. Nachdem er zum Abschluss des Balls einen Bauerntanz gespielt hatte, wurde der Musiker entlassen, aber erst nachdem der Zwerg, der ihn dorthin gebracht hatte, seine Taschen mit Holzspänen gefüllt hatte, von denen ein großer Haufen direkt am Eingang des Saals aufgestapelt lag .

„Was nützt mir das Zeug!" dachte der Musiker; und das erste, was er tat, als er wieder frei im Freien war, war, seine Taschen zu leeren und alle Hobelspäne auf die Straße zu werfen. Herzmüde erreichte er sein Zuhause. Am nächsten Morgen steckte er die Hand in die Tasche seines Mantels, um nachzusehen, ob vielleicht noch Späne übrig waren. wann, siehe! Was sollte er herausholen, aber ein Stück reinstes Gold! Sofort machte er sich wieder auf den Weg zu der Straße, wo er sich in der Nacht zuvor von den Spänen befreit hatte. Aber er konnte nichts finden; alle Spuren des Schatzes waren verschwunden. [67]

### Die kleinen Leute.

Ein junges Mädchen, das auf einem Bauernhof in der Provinz Schleswig in Deutschland arbeitete, musste täglich so hart arbeiten, dass sie schließlich mit ihrem Schicksal ganz unzufrieden wurde.

Eines Morgens, als ihr Herr sie aufs Feld schickte, um die Kühe zu holen, musste sie an einem Hügel vorbei, auf dem man oft die unterirdischen kleinen Leute singen und tanzen hörte. Das Mädchen dachte bei sich, wie beneidenswert glücklich diese lieben Zwerge auf dem Hügel sein mussten, die so gemächlich arbeiten und so fröhlich singen. „Ach!" rief sie aus, „könnte ich nur bei ihnen leben, wie gern würde ich meinem jetzigen Zuhause Lebewohl sagen!"

Ihre Worte wurden von einem der Zwerge gehört, einem jungen Burschen, der gerade ernsthaft darüber nachgedacht hatte, wie ratsam es für ihn wäre, sich nach einer Frau umzusehen. Als das Mädchen vom Feld zurückkam, stellte er sich ihr vor und überredete sie bald, ihn zu heiraten. Sie sollen viele Jahre lang sehr glücklich zusammen auf dem Hügel gelebt haben. Sie hatten auch etwa ein halbes Dutzend Kinder; das müssen echt merkwürdig kleine, liebe Wesen gewesen sein.

Die Zwerge in dieser Gegend besaßen früher eine besondere Art von Wiegenlied, von dem die lauschenden Bauern einige Fragmente aufschnappten und die noch heute erhalten sind.

Die Musik, die die Zwerge spielen, ist, wie man erwarten könnte, bemerkenswert sanft und beruhigend. Laute und lärmende Musik ist überhaupt nicht nach dem Geschmack der kleinen Leute. Ein Bauer, der eines Tages in die Stadt gegangen war, um Reis, Rosinen und andere Köstlichkeiten für die Hochzeit seiner Tochter zu kaufen, die am nächsten Morgen stattfinden sollte, traf einen der Zwerge in der Nähe eines alten Friedhofs, der dicht an der Straße lag. Im Laufe des Gesprächs, das sie miteinander führten, äußerte der Zwerg den Wunsch, dem Fest beiwohnen zu dürfen, und versprach, als Hochzeitsgeschenk einen Klumpen Gold mitzubringen, der so groß wie ein Männerkopf sei.

Der erfreute Bauer sagte, es würde ihn sehr freuen, den großzügigen Gast begrüßen zu dürfen; er würde es sogar als eine wahre Ehre betrachten.

„ *Apropos!* " bemerkte der Zwerg, als sie sich zum Abschied die Hände schüttelten. „Was für Musik gibt es morgen?"

Worauf der jubelnde Bauer etwas prahlerisch antwortete: „Musik vom Feinsten! Wir werden Trompeten und Pauken haben!"

Da bat der Zwerg darum, ihm das Kommen zu verwehren; denn er könne Trompeten und Pauken nicht ertragen, sagte er. [68]

## MACRUIMEANS DUDELSACK.

In Schottland gibt es eine Familie von Dudelsackspielern mit dem Namen Macruimean (oder M'Crimmon). Es ist allgemein bekannt, wie der berühmte Dudelsackspieler Macruimean zu seiner schönen Musik kam. Eines Tages pflügte er in der Nähe eines verwunschenen Hügels, als eines der „Kleinen Leute", ein kleiner grüner Mann, heraufkam und ihn in den Berg einlud. Nachdem sie eine Höhle betreten hatten, gab der kleine grüne Mann Macruimean einen außerordentlich schönen Dudelsack und sagte ihm, dass sie, solange irgendein Teil des Instruments bei ihm oder seinen Nachkommen bliebe, die besten Dudelsackspieler Schottlands bleiben würden. Als der glückliche Macruimean mit seinem Dudelsack bei ihm zu Hause ankam, stellte er zu seiner Überraschung fest, dass er jede Melodie, die ihm in den Sinn kam, wunderbar darauf spielen konnte. Tatsächlich war sein Spiel so kraftvoll und eindrucksvoll, dass es jeden in Erstaunen versetzte; und bei den Leuten im Hochland gibt es noch immer das Sprichwort: „ *Co ard ri Piob mhoir Mic-Chruimean* " („ *So laut wie Macruimeans Flöte* ") .

Es gibt auch noch immer in den Highlands eine Höhle namens *Uamh na'm Piobairean* – d. h . „Die Dudelsackhöhle", in die sich der berühmte Macruimean mit seinen Kindern zurückzog, um Dudelsack zu üben. Diese Höhle befindet sich auf einem Hügel, acht Meilen nördlich von Dunvegan Castle. Sogar seine Töchter, so sagt man, schlichen sich gelegentlich in die Höhle, wenn sie die Lieblingspfeife ihres Vaters ergattern konnten, und übten dort etwa eine Stunde lang ausgiebig. Außerdem kann heute niemand mehr sagen, wann die Familie Macruimean erstmals als erbliche Dudelsackspieler der Lairds of MacLeod gegründet wurde; es ist nämlich schon so lange her. [69]

## DIE FAMILIE GYGUR.

Von den Giganten gibt es in den europäischen Ländern heutzutage nur noch sehr wenige. Früher, so scheint es, gab es sie in Hülle und Fülle, und die Menschen weisen noch heute auf viele Spuren ihrer Behausung und Tätigkeit hin. Aus Rücksicht auf die Kapazitäten der Giganten für Musik ist jedoch wenig überliefert. Jacob Grimm spielt auf die bezaubernden musikalischen Kräfte von Gygur an, einer skandinavischen Riesin und Zauberin, und er hält es für wahrscheinlich, dass ein alter deutscher Name für die Geige, nämlich *Geige* , von Gygur abgeleitet wurde. [70] Wenn dem so ist, könnte man annehmen, dass das französische *Gigue* und das englische *Jig ihren Ursprung ebenfalls auf den Namen dieses geheimnisvollen Monsters haben.* Offensichtlich gab es in alter Zeit eine ganze Gygur-Familie; aber es ist sehr zweifelhaft, ob eines seiner Mitglieder noch vorhanden ist. Wenn es noch welche gibt, muss es im

Norden sein, vielleicht in Norwegen, Schweden oder Island; jedenfalls sprechen die Menschen in diesen Ländern immer noch gelegentlich von ihren alten Riesen, oder Trollen, wie sie auch genannt werden.

## LINUS, DER SOHN DES KÖNIGS.

Diese Geschichte ist in Island aktuell. Es wurde einem deutschen Reisenden in diesem abgelegenen Teil der Welt von einem armen Tischler erzählt – offensichtlich einem waschechten Isländer, der sich mit der Folklore seines Landes gut auskennt, aber ein etwas prositischer Erzähler ist. Die Geschichte wird hier in komprimierter Form wiedergegeben. Allerdings wird darin nicht viel über Musik gesagt; aber die Hauptereignisse werden durch Zauberlieder hervorgerufen. Der Gesang der Schwäne wiegt den Königssohn in einen totenähnlichen Schlaf, und die süße Pflegeschwester des Linus, als sie ihn auf dem Sofa liegend findet, geschieht mithilfe der Musik – aber all das wird der Leser darin sehen die Geschichte selbst, und sie erst in einer Einleitung und dann ein zweites Mal zu erzählen, wäre noch schlimmer als die Weitschweifigkeit des ehrlichen isländischen Tischlers. Fahren wir also mit der Geschichte fort.

Es war einmal ein König und eine Königin, die einen Sohn hatten, der Linus hieß. Jeder im ganzen Königreich bewunderte den jungen Prinzen für seine gute Persönlichkeit und seine vielen Leistungen.

Nun geschah es, dass Linus, der Sohn des Königs, als er zwanzig Jahre alt geworden war, plötzlich verschwand und niemand konnte sagen, was aus ihm geworden war.

Unweit des Königspalastes lebte mit ihren Eltern in einer kleinen Hütte ein junges Mädchen, die Pflegeschwester des Prinzen; und er hatte sie immer sehr gern gehabt. Kein Wunder, dass er sie so sehr mochte, denn sie war ebenso schön wie liebenswürdig.

„Mutter", sagte das Mädchen, „bete, lass mich jetzt gehen, dass ich ihn suchen kann, bis ich ihn wiederfinde!"

Als die Mutter sie so reden hörte, war sie überzeugt, dass alles Abbringen nutzlos war, und sie erlaubte ihrer Tochter zu gehen. Sie gab ihr jedoch einen magischen Wollknäuel und lehrte sie, ihn vor sich herzuwerfen, um sie zum verborgenen Wohnsitz des Königssohnes zu führen; denn die alte Dame war in den Geheimnissen der Zauberei nicht ganz unerfahren. Das Mädchen nahm den Wollknäuel und ließ ihn vor sich herlaufen; und er rollte und rollte viele Meilen über Berge und durch Täler, bis er plötzlich in der Nähe einer jähen Klippe stehen blieb.

„Hier muss er sein!" rief das Mädchen und schaute ängstlich nach, ob es nicht irgendwo einen Eingang in die Klippe gäbe. Aber alles, was sie nach sorgfältiger Suche finden konnte, war eine schmale Spalte, die von einem vorspringenden Felsen etwas verdeckt war und kaum breit genug war, als dass sie sich hindurchzwängen konnte. Als es ihr gelungen war, die Klippe zu betreten, befand sie sich in einer großen Höhle, deren Wände glatt gehobelt waren und an denen allerlei seltsame Geräte hingen. Als sie die Höhle mit einer Neugier, die nicht frei von Furcht war, betrachtete, entdeckte sie auf einer Seite einen kurzen Gang, der in eine andere Höhle führte, die nicht ganz so groß wie die erste, aber schöner aussah. Als sie die zweite Höhle betrat, bemerkte sie ein prächtiges Bett, das in der Mitte des Raumes stand. Zitternd vor Hoffnung und Angst näherte sie sich dem Bett, und siehe da! dort fand sie ihn schlafend, den geliebten Linus, den Königssohn!

Ihr erster Gedanke war, ihn so schnell wie möglich aufzuwecken, damit er mit ihr aus dem Berg fliegen konnte. Aber all ihre Bemühungen, ihn aufzuwecken, blieben wirkungslos, obwohl sie verschiedene Mittel ausprobierte, die ihn eigentlich hätten aufwecken sollen. Während sie überlegte, was sie tun sollte, erschrak sie plötzlich vor einem rumpelnden Geräusch wie entfernter Donner, das allmählich immer lauter wurde, bis es ganz in der Nähe des Höhleneingangs zu sein schien. Sie hatte gerade noch Zeit, sich hinter einigen Möbeln in der Ecke zu verstecken, als sich die Klippe weit öffnete und eine Riesin hereinkam, die auf einem mit Gold eingelegten Elfenbeinwagen saß und eine goldene Peitsche in der Hand hielt.

Sobald die Riesin, die auch eine große Zauberin war, die Höhle betreten hatte, schloss sich die Öffnung in der Felswand wieder. Sie ging sofort zu dem Bett, auf dem der Königssohn ruhte, rief zwei Schwäne vom Ende der Höhle herbei und sprach den Zauberspruch:

„Singt, singt, meine Schwäne,
um Linus, den Sohn des Königs, zu wecken!"

Sofort begannen die Schwäne ein Lied zu singen, das unbeschreiblich bezaubernd war; und während sie sangen, erwachte der Jüngling. Dann setzte sich die schreckliche Riesin an die Seite des Königssohns und erzählte ihm, wie sehr sie ihn liebte; und dass sie niemals glücklich sein sollte, bis er ihr Ehemann war. Aber Linus, der Sohn des Königs, lächelte, ohne ihr zu antworten; und als er den Kopf zur Seite drehte, dachte er an seine Pflegeschwester in der kleinen Hütte unweit des Palastes seines Vaters. Wie wenig ahnte er, dass das liebe Mädchen in seiner Nähe war, versteckt in der Höhle!

Als die Riesin jedoch merkte, dass sie umsonst redete, beschloss sie schließlich, einen günstigeren Zeitpunkt abzuwarten. Also rief sie erneut ihre Schwäne und sprach den Zauberspruch:

„Singt, singt, meine Schwäne,
um den Königssohn zum Schlafen zu bringen!"

Sofort sangen die Schwäne ein unbeschreiblich beruhigendes Lied, und der Königssohn schlief wieder ein. Die Riesin dachte, der Jüngling sei in Sicherheit, nahm ihre goldene Peitsche, setzte sich in den mit Gold eingelegten Elfenbeinwagen und rezitierte den Zauberspruch:

„Lauf, lauf, mein kostbarer Wagen,
und trag mich zum Lifsteinn!"

Sobald sie diese Worte gesprochen hatte, öffnete sich die Klippe und der Wagen flog wie ein Blitz davon. Als das wachsame Mädchen nun hörte, wie das Donnern allmählich zu einem schwachen Murmeln wurde, wusste sie, dass sie sich aus ihrem Versteck wagen konnte. Das erste, was sie tat, war, den Schwänen zu befehlen:

„Singt, singt, meine Schwäne,
um Linus, den Königssohn, zu wecken!"

Sofort begannen die Schwäne ganz bezaubernd zu singen und der geliebte Linus erwachte. Oh! wie unaussprechlich glücklich war er, als er seine liebe Pflegeschwester vor sich stehen sah! Eine Zeit lang war die Höhle für sie ein Paradies – doch bald stellte sich die bange Frage, wie sie den Klauen der Riesin entkommen könnten.

Dann schlug das schlagfertige Mädchen einen Plan vor, den Linus hoffentlich annahm; und nachdem sie die Schwäne herbeigerufen hatte, um den Jüngling wieder einzuschläfern, zog sie sich in ihr Versteck zurück; denn das zunehmende Rumpeln des Streitwagens warnte sie vor der drohenden Gefahr.

Die Riesin war noch nicht lange in die Höhle zurückgekehrt, als sie beschloss, einen weiteren Versuch zu unternehmen, die Zuneigung des Königssohns zu gewinnen. Also befahl sie den Schwänen, ihn wach zu singen. Der Prinz erhob sich, zeigte sich viel gefügiger als zuvor und erklärte sich bereit, sie am nächsten Tag zu heiraten, wenn es nicht anders bestimmt wäre.

Als Antwort auf seine Fragen enthüllte ihm die verliebte Riesin verschiedene Geheimnisse ihrer Zauberkräfte, und als er sie bat, ihm freimütig zu erzählen, wohin sie so oft mit ihrem Wagen fuhr, antwortete sie:

„Ach, mein lieber Junge, es gibt keinen Grund zur Eifersucht! Tatsache ist, ich habe einen Bruder, der ein großer Riese ist, und wir beide, mein Bruder und ich, haben nur ein Leben, und das ist an einen Lifsteinn ('Stein des Lebens') gebunden. Nun musst du wissen, dass der Lifsteinn sehr spröde ist, und wenn er zerbrechen sollte, wäre unser Tod sicher. Täglich besuche ich meinen Bruder, der weit weg in einem Tal in der Nähe einer tiefen Quelle unter drei hohen Bäumen lebt. Dann holen wir unseren Lifsteinn, der in der tiefen Quelle liegt, und untersuchen ihn sorgfältig; denn nichts verschafft uns eine größere Befriedigung, als unseren Lifsteinn unversehrt vorzufinden."

Das junge Mädchen in ihrem Versteck hörte dieser wertvollen Information mit atemloser Aufmerksamkeit zu; Und als die Riesin, nachdem sie zuvor den Schwänen befohlen hatte, den Sohn des Königs in den Schlaf zu singen, sich im Streitwagen auf den Weg gemacht hatte, verlor das Mädchen keine Zeit und eilte aus der Höhle. und sie rollte das Garnknäuel vor sich her und folgte ihm über Berge und durch Täler, bis sie die tiefe Quelle unter den drei hohen Bäumen erreicht hatte. Der große Riese, dessen bloßer Atem alle Blätter der Bäume erzittern ließ, legte gerade den Lifsteinn in den Schoß der Riesin – als das mutige Mädchen hinter den Bäumen hervorsprang, ihn aufhob, ihn auf den Boden warf und … zerschmetterte es in Stücke. Im Nu fielen sowohl der Riese als auch die Riesin tot um.

Nun bestieg das Mädchen den elfenbeingoldenen Streitwagen, ergriff die goldene Peitsche, schlug darauf und sprach den Zauberspruch:

„Lauf, lauf, mein kostbarer Streitwagen,
und bring mich zu Linus, dem Königssohn!"

Als der Wagen die Höhle erreicht hatte, befahl sie den Schwänen sofort, den Königssohn zu wecken. Und das taten sie mit einer Musik, die so melodisch schön war, dass kein Sterblicher sie je gehört hatte. Linus und seine liebe Milchschwester, die sich mit so vielen Juwelen und so viel Gold und Silber aus der Höhle versorgt hatten, wie sie tragen konnten, nahmen in dem Wagen Platz und befahlen ihm, sie direkt zum Palast des Königs zu bringen. Oh, wie freuten sie sich im ganzen Königreich! Die Festlichkeiten nahmen kein Ende!

Aber das herrlichste Fest war das, als sie die Hochzeit von Linus, dem Sohn des Königs, mit seiner süßen Pflegeschwester feierten. An diesem Tag verzichtete der alte König in seinem Glück zugunsten seines lieben Sohnes auf die Krone. Natürlich waren König Linus und seine geliebte Königin damals und bis heute sehr glücklich. [71]

## HÄLSE.

Die Necks oder Wassergeister sind bekannt für ihre Liebe und ihr Talent zur Musik. Man sagt, dass es verschiedene Arten dieser interessanten Kreaturen gibt. Die Schweden erzählen wundervolle Geschichten über das wunderbare Harfenspiel eines Neck namens Strömkarl, der im Allgemeinen die Nähe von Wassermühlen und Wasserfällen als Wohnsitz bevorzugt. In alten Zeiten, vor der Einführung des Christentums in Schweden, opferten die Menschen dem Strömkarl ein schwarzes Lamm, der ihnen im Gegenzug seine bezaubernde Musik beibrachte. Auch die Norweger opferten früher einen ähnlichen Hals, genannt Fossegrim. Er lehrte sein bezauberndes Harfenspiel jedem, der an einem Donnerstagabend einen jungen weißen Widder in einen nach Norden fließenden Fluss warf und dabei sein Gesicht abwandte. [72]

Der Neck oder Nicker ist in England ein ziemlicher Fremdling geworden. Einige Engländer bewahren seinen Namen jedoch lieber, indem sie ihn auf einen Geist anwenden, der nicht aus Wasser besteht, und jeder weiß sofort, wen sie meinen, wenn sie von „Old Nick" sprechen.

Es heißt, dass es in Schweden noch immer Minnesänger gibt, die ihre Musik von den Necks gelernt haben. Ein bestimmter Bauernhof in Småland namens Neckaryd hat seinen Namen der Volkstradition zufolge davon, dass dort in alter Zeit eine Minnesängerfamilie namens Neckar lebte, die ihre Musik von einem Neck lernte. Die letzten Überlebenden dieser bemerkenswerten Familie sind noch heute in Erinnerung. Es waren vier Brüder, die bei Hochzeiten und anderen festlichen Anlässen spielten. Ihr Großvater soll als Erster den folgenden Necken-Polska gespielt haben, der in Schweden noch heute ein beliebter Nationaltanz ist.

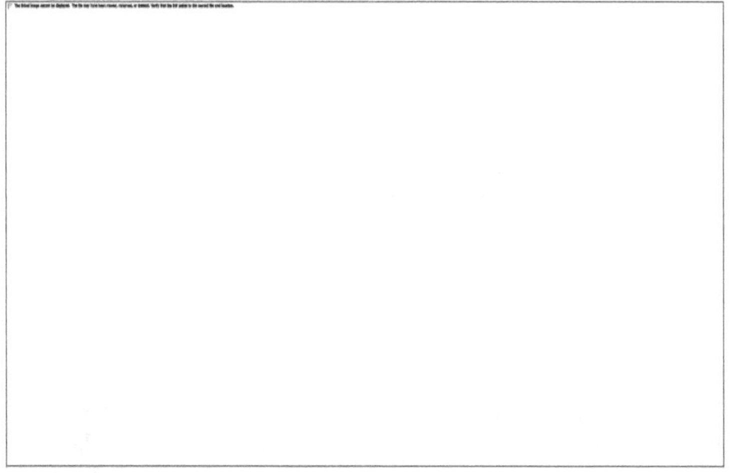

In einigen Bezirken Schwedens wird diese Melodie im ersten Takt mit C-Natur anstelle von Cis gespielt. Erstere ist die ältere Form und kann daher als eine genauere Darstellung der ursprünglich vom Hals abgeleiteten Melodie angesehen werden als die heutige Notation mit Cis, die jedoch mittlerweile fast allgemein übernommen wird. Eine andere Melodie, von der man ebenfalls sagt, dass sie von einem Hals gespielt wurde und die sicherlich ein sehr alter Volksliebling ist, lautet wie folgt:

Diese Melodie weist weniger die Merkmale der alten schwedischen Tanzmelodien auf als die erstere, die, wie die meisten von ihnen, in der Moll-Tonart steht.

## DER CHRISTLICHE HALS.

Die musikalischen Darbietungen des Neck beschränken sich nicht mehr auf weltliche Musik. Die Landbevölkerung in einigen Teilen Schwedens behauptet, sie habe ihn gelegentlich heilige Melodien auf seiner goldenen Harfe spielen hören. So wird uns von einem Neck in der Nähe der Hornborga-Brücke erzählt, der mit süßer Stimme zu spielen und zu singen pflegte: „Ich weiß, ich weiß, ich weiß, dass mein Erlöser lebt!"

Einige Jungen, die ihn zufällig hörten, riefen ihm zu: „Was nützt es dir, so zu singen und zu spielen? Du wirst nie das ewige Glück erlangen!"

Da begann der arme Neck bitterlich zu weinen und versteckte sich unter Wasser.

Eines Abends hörte ein Geistlicher in Schweden, als er über eine Brücke ritt, die entzückendsten Klänge eines Saiteninstruments. Er schaute sich um und sah auf der Wasseroberfläche einen Jüngling, der eine kleine rote Mütze trug und langes, gewelltes goldenes Haar hatte, das ihm über die Schultern fiel. In seiner Hand hielt er eine goldene Harfe. Der Geistliche wusste sofort, dass es sich um einen Hals handeln musste; Deshalb rief er ihm in seinem Eifer zu:
„Wie kannst du so fröhlich auf deiner Harfe spielen? Es ist ebenso wahrscheinlich, dass dieser trockene Stab, den ich in meiner Hand trage, knospt und blüht, als dass du das ewige Leben erben würdest!"
Der unglückliche Neck warf voller Trauer seine goldene Harfe in den Bach und setzte sich auf das Wasser und weinte am meisten mitleiderregend.

Der Geistliche gab seinem Pferd die Sporen und setzte seinen Weg fort. Aber er war noch nicht weit gekommen, als er zu seiner großen Überraschung sah, dass sein alter Wanderstock anfing, Blätter auszutreiben; und bald erschienen zwischen ihnen Blumen, schöner als er sie je gesehen hatte. Er verstand dies als ein Zeichen des Himmels, dass er die tröstende Lehre der Versöhnung in einem liberaleren Geist lehren sollte, als er es bisher getan hatte. Also eilte er direkt zurück zu Neck, der immer noch kummervoll auf dem Wasser saß; und er zeigte ihm den grünen Stab und sagte: –

„Siehst du jetzt, dass mein alter Stab knospt und blüht, wie eine junge Pflanze in einem Rosengarten? So erblüht auch die Hoffnung in den Herzen aller geschaffenen Wesen, denn ihr Erlöser lebt!"

Getröstet griff der Hals wieder zu seiner goldenen Harfe, und die ganze Nacht hindurch hallten himmlische Freudenklänge weit über dem Wasser wider, und viele Menschen hörten sie am Ufer des Baches.

## MAURICE CONNOR.

Wie die Sirene verzaubert auch der weibliche Hals die Jugendlichen mit süßer Musik und zieht sie ins Wasser. So wird in der griechischen Mythologie auch an Hylas, den Sohn eines Königs, gedacht, der von Nymphen, die in den schönen Jüngling verliebt waren, ins Wasser gezogen wurde.

Die Iren erzählen eine ähnliche Geschichte über einen berühmten Dudelsackspieler namens Maurice Connor, der den Ruf hatte, der beste Dudelsackspieler in der ganzen Provinz Munster zu sein. Eines Tages, als er an der Küste an einem einsamen Ort in der Grafschaft Kerry spielte, kam eine wunderschöne Dame mit grünem Haar aus dem Meer, die ganz bezaubernd sang und tanzte; und als sie ihn einlud, mit ihr zu gehen und sie zu heiraten, konnte er nicht widerstehen. So wurde Maurice Connor der Ehemann der grünhaarigen Dame tief im Meer. Die Verbindung erwies sich offensichtlich als glücklich. Mehrere Jahre danach hörten die Seefahrer in stillen Nächten oft die Klänge eines Dudelsacks vor der Küste, und einige sagen, sie seien ganz sicher, dass es Maurice Connors Musik war, die sie hörten. [73]

## WASSERLILIEN.

Die Seerose ( *Nymphæa* ) gilt bei den Germanen als Blume der Nixen oder Wassernymphen. Diese bezaubernden Wesen, so heißt es, sind so musik- und tanzbegeistert, dass sie gelegentlich, besonders bei Totenwachen, aus dem Wasser in die nahegelegenen Dörfer kommen, um an den Festlichkeiten teilzunehmen. Bleiben sie aber bei diesen Besuchen zu lange und kehren nicht vor dem Krähen des Hahns nach Hause zurück, so müssen sie ihr Leben verlieren, und auf der glasigen Wasseroberfläche, in die sie wieder hinabgestiegen sind, kann man einen Blutfleck sehen.

Eines Abends im Herbst, nachdem die Weinlese beendet war, tanzten die jungen Leute von Jupille in Belgien fröhlich auf dem Dorfplatz, als plötzlich drei schöne Mädchen vom Ufer der Maas herbeikamen und sich den

Fröhlichen anschlossen. Sie waren in strahlend weiße Gewänder gekleidet; und auf ihrem blonden, gewellten Haar trugen sie gerade entfaltete Kränze aus Seerosen. Ob sie über die Erde gingen oder nur schwebten, konnte niemand sagen; Aber sicherlich hatten die Jugendlichen von Jupille noch nie so luftige Partner gehabt.

Nach dem Tanz setzte sich die ganze Gesellschaft im Kreis zusammen, und die drei Mädchen begannen mit so schönen Stimmen zu singen, dass alle mit gespannter Aufmerksamkeit zuhörten, ohne zu bemerken, wie schnell die Zeit verging. Als die Uhr jedoch zwölf schlug, flüsterten die drei Mädchen einander einige Worte zu, grüßten alle und verschwanden außer Sichtweite.

Am nächsten Abend, gerade als der Mond aufgegangen war, kamen sie wieder. Die Jünglinge eilten sofort herbei, um sie zum Tanz aufzufordern. Da die Luft schwül war, zog eine von ihnen ihre Handschuhe aus, und ihr Partner kümmerte sich darum. An diesem Abend wurde mit noch größerem Elan getanzt als zuvor, und sie waren noch immer dabei, als die Uhr zwölf schlug. Erschrocken von dem Geräusch hörten die drei Mädchen auf zu tanzen, und eine von ihnen fragte hastig: „Wo sind meine Handschuhe?"

Der Jüngling aber wollte die Handschuhe als Zeichen seiner Liebe behalten, und das Mädchen war gezwungen, sie liegen zu lassen und mit ihren Gefährtinnen davonzueilen. Der Jüngling folgte den drei Mädchen eilends, denn er wollte vor allem wissen, wo seine schöne Gefährtin wohnte. Immer weiter verfolgte er sie, bis sie an die Maas kamen. Die drei Mädchen warfen sich in den Strom und verschwanden.

Als der liebeskranke Jüngling am nächsten Morgen zum Fluss zurückkehrte, wo er seine Partnerin aus den Augen verloren hatte, fand er das Wasser an dieser Stelle blutrot vor; und die drei Jungfrauen sind nie wieder erschienen.
[74]

### IGNIS FATUUS.

Über Irrlichter gibt es in der Volkskunde verschiedene Meinungen. Die Germanen betrachten diese feurigen Erscheinungen im Allgemeinen als wandernde Seelen, die aus irgendeinem schuldhaften Grund nicht an der himmlischen Ruhe teilhaben konnten. Dazu zählen insbesondere die Seelen habgieriger Bauern, die beim Bestellen ihrer Felder das Eigentum ihrer Nachbarn verletzten, sowie die Seelen ungetaufter Kinder. Ein holländischer Pfarrer, der eines Abends zufällig in sein Dorf nach Hause ging, begegnete dort drei Irrlichtern. Da er sich daran erinnerte, dass es sich um die Seelen ungetaufter Kinder handelte, streckte er feierlich seine Hand aus und sprach die Taufworte über sie. Doch was war die Folge? Tausende und mehr dieser Erscheinungen erschienen plötzlich, offensichtlich alle, die getauft werden wollten. Sie erschreckten den guten Mann so sehr, dass er Reißaus nahm und so schnell er konnte nach Hause lief. [75]

Auf dem Höhenrücken der Hochrhön, bei Bischofsheim, wo sich heute zwei Moraste befinden, der Rote und der Schwarze Morast, standen früher zwei Dörfer, die durch das ausschweifende Leben der Bewohner in der Erde versanken. Auf diesen Sümpfen erscheinen nachts Jungfrauen in Form blendender Lichterscheinungen. Sie schweben und flattern über dem Gelände ihres ehemaligen Zuhauses; aber sie werden jetzt seltener gesehen als in der alten Zeit. Vor vielen Jahren kamen gelegentlich zwei oder drei dieser feurigen Jungfrauen in das Dorf Wüstersachsen und mischten sich bei Totenwachen unter die Tänzer. Sie sangen mit unaussprechlicher Süße; aber sie blieben nie länger als Mitternacht. Als ihre Zeit abgelaufen war, flog immer eine weiße Taube herbei, der sie folgten. Dann gingen sie singend auf den Berg und verschwanden bald außer Sichtweite der Menschen, die ihnen folgten und sie neugierig beobachteten. [76]

## DIE MÄRCHENMUSIK UNSERER KOMPONISTEN.

Antike Mythen und Wunder waren schon immer beliebte Themen für Opern, und dem Musikliebhaber muss man nicht sagen, dass es einigen unserer Dramatikern hervorragend gelungen ist, Musik der Feen und anderer luftiger Fantasievorstellungen zu schaffen. Aber nicht nur in ihren großen Opernwerken, sondern auch in Balladen mit Klavierbegleitung begegnen wir herrlich bezaubernden Klängen der Feenmusik. Nehmen wir zum Beispiel Franz Schuberts „Erlkönig" oder Carl Lœwes „Herr Oluf". Und es gab auch Komponisten, die Musik dieser Art rein instrumental komponierten. Mendelssohns Ouvertüre zu „Ein Sommernachtstraum", sein erstes bedeutendes Orchesterwerk und vielleicht auch sein bestes, scheint die Feen darzustellen, die in einer Mondnacht in einem Reigen tanzen. Aber wahrscheinlich hat kein Komponist so schöne Instrumentalstücke geschrieben, die man der Feenmusik zuordnen könnte wie Beethoven. Das *Largo assai* in seinem Pianofortetrio D-Dur op. 70 ist ein bemerkenswertes Beispiel. Beethoven leitet diesen Satz nicht mit Worten ein, die andeuten, dass er ein Märchen in Tönen erzählen will. Sehr gut möglich, dass er nicht einmal an die Feen dachte, als er diese wunderbare Musik komponierte. Wie dem auch sei, seine zitternden Akkorde mit ihren zart vibrierenden Passagen, die *pianissimo die Tonleiter hinabsteigen* , gelegentlich laut anschwellen und dann wieder in ihr früheres sanftes äolisches Murmeln versinken – und vor allem seine mysteriösen und unheimlichen Modulationen – vermitteln einen Eindruck, der der Wirkung einiger unserer besten Märchen ähnlicher ist als dies bei vielen musikalischen Kompositionen der Fall ist, die offenkundig von solchen Geschichten inspiriert wurden.

# HEILIGE LIEDER CHRISTLICHER SEKTEN.

Eine Sammlung von Beispielen der heiligen Lieder mit den Melodien, die von den verschiedenen christlichen Sekten verwendet werden, wäre sehr interessant und könnte für den Musiker lehrreich sein, wenn sie nach dem folgenden Plan zusammengestellt würde.

Die Sammlung sollte die charakteristischsten und beliebtesten Lieder enthalten, die heute im öffentlichen Gottesdienst und in der Familienandacht verwendet werden. Wahrscheinlich wären von jeder Sekte mindestens ein Dutzend Beispiele erforderlich, um die Merkmale der gängigen Lieder deutlich zu zeigen. Darüber hinaus sollten jedoch auch Beispiele der Lieder gegeben werden, die bei religiösen Festen und ähnlichen außergewöhnlichen Anlässen aufgeführt werden.

Die Melodien sollten genau so notiert werden, wie sie normalerweise gesungen werden. Wenn die Leute sie im Einklang singen, sollten sie nicht harmonisiert werden; und wenn sie im Einklang gesungen werden, sollten die einzelnen Stimmen getreulich niedergeschrieben werden, wie auch immer sie sein mögen, ohne jeden Versuch der Verbesserung und ohne ungerechtfertigte Zusätze.

Wenn eine instrumentale Begleitung verwendet wird, sollte diese nicht für ein anderes Instrument arrangiert werden als das, auf dem sie üblicherweise gespielt wird; ihre ursprünglichen Eigenheiten sollten strikt gewahrt bleiben.

Es gibt nicht selten verschiedene Lesarten derselben Melodie. Wo immer dies der Fall ist, sollte die gebräuchlichste Lesart zuerst angegeben werden. Von den Abweichungen oder Varianten der Melodie, die manche Gemeinden vielleicht bevorzugen, sollten die gebräuchlichsten in kleinen Anmerkungen nach der Notation der Melodie angegeben werden, wie sie am häufigsten gesungen wird.

Viele der Melodien, die zu den Liedern gehören, sind sehr alt, und einige von ihnen wurden aus weltlichen Liedern abgeleitet. Eine historische Beschreibung dieser Lieder würde den Wert der Sammlung erheblich steigern. Die Änderungen, die sie im Laufe der Zeit erfahren haben, könnten, sofern sie nachvollziehbar sind, in Notationen mit Bezug auf verschiedene Jahrhunderte oder Zeiträume dargestellt werden; und wenn die weltliche Melodie, aus der die geistliche Melodie abgeleitet wurde, noch vorhanden ist, könnte sie ebenfalls angegeben werden.

Den Beispielen von Liedern einer Sekte sollte ein Bericht über die Lehren und religiösen Zeremonien dieser Sekte und insbesondere eine klare Erklärung der vorherrschenden Art und Weise der Ausführung der Musik vorangestellt werden.

Darüber hinaus würde der Wert der Sammlung erhöht, wenn auch Beispiele der beliebtesten Instrumentalstücke aufgenommen würden, die im Gottesdienst verwendet werden; oder auf jeden Fall durch eine Beschreibung davon, falls sie zum Einfügen zu lang sind. Der Forschungs- und Auswahlbereich für die Vorbereitung eines solchen Werkes ist so umfangreich, dass viel Urteilsvermögen erforderlich wäre, um die besonderen Merkmale der Musik jeder Sekte klar darzustellen, ohne das Werk auf eine unpraktische Größe zu vergrößern .

Die große Zahl der seit der Reformation erschienenen, mit oder ohne Notenschrift veröffentlichten Gesangbücher für den Gemeindegebrauch ist für den Schüler fast überwältigend und erschwert die Arbeit bei der Auswahl der bemerkenswertesten Beispiele für ein Werk wie das in Frage stehende eher, als dass sie sie erleichtert. Hier könnte jedoch eine sorgfältige Bezugnahme auf bestimmte hymnologische Werke von C. von Winterfeld, G. von Tucher, Hoffmann von Fallersleben, P. Wackernagel und anderen wertvolle Hilfe bieten.

Obwohl der Gemeindegesang seit der Reformation besonders gepflegt wird, ist er der römisch-katholischen Kirche nicht fremd; tatsächlich ließe sich eine sehr interessante Sammlung alter Lieder mit der Musik zusammenstellen, die gelegentlich von römisch-katholischen Gemeinden aufgeführt wurde. Neben ihren geistlichen Liedern und Hymnen in Latein, die im Mittelalter komponiert wurden, hatten sie geistliche Lieder in ihrer Volkssprache, die aus einer Zeit vor der Reformation stammten. Nachdem der Gemeindegesang der römisch-katholischen Kirche im 17. Jahrhundert besonders in Deutschland floriert hatte, geriet er allmählich immer mehr außer Gebrauch, bis im heutigen Jahrhundert in einigen Diözesen Versuche unternommen wurden, ihn wiederzubeleben. Das älteste bekannte römisch-katholische Gesangbuch in deutscher Sprache stammt aus dem Jahr 1517 und wurde von Michael Vehe zusammengestellt. Es enthält 74 Melodien, von denen einige speziell für das Buch komponiert wurden; die anderen waren alte und bekannte Melodien. Die umfassendste der alten Sammlungen geistlicher Lieder für den Volksgebrauch stammt jedoch aus dem Jahr 1625 und wurde vom Abt David Gregorius Corner zusammengestellt. Unter den später veröffentlichten Büchern dieser Art befinden sich mehrere, die Lieder in deutscher Sprache enthalten, die vom Volk bei den wichtigsten kirchlichen Festen, bei Prozessionen, Wallfahrten und auch bei der Heiligen Messe gesungen werden sollten. Bei der letztgenannten Gelegenheit wurde manchmal nach der Transsubstantiation ein Hymnus eingeführt. Es war auch nicht ungewöhnlich, dass der Priester bei hohen Festen auf Latein sang und das Volk auf Deutsch antwortete. Der Musikstudent tut gut daran, sich mit den modernen Veröffentlichungen römisch-katholischer Lieder vertraut zu machen, wie zum Beispiel „Cantica Spiritualia“, Augsburg, 1825; „Kirchen und religiöse Lieder aus dem 12. bis 15. Jahrhundert" von J. Kehrein, Paderborn, 1853; die von Freiherr von Ditfurth gesammelten geistlichen Lieder, Leipzig, 1855, und andere.

Beispiele für kunstvolle Vokalkompositionen, mit oder ohne Instrumentalbegleitung, die im Allgemeinen von einem angestellten Chor und professionellen Musikern aufgeführt werden, würden in einem Kompendium wie dem oben vorgeschlagenen wahrscheinlich zu viel Platz einnehmen; dennoch könnten derartige Kompositionen zumindest teilweise aufgeführt werden. Besonders wichtig sind dabei jene der römisch-katholischen Kirche. Die beliebtesten Beispiele sollten hervorgehoben werden. Sie sind in vielen Fällen leicht erhältlich. Zwar sind die beliebtesten nicht unbedingt auch die besten; dennoch wäre es wünschenswert, den heutigen Volksgeschmack genau zu ermitteln.

Was die Choräle der lutherischen Kirche betrifft, wäre es notwendig, die Veränderungen nachzuverfolgen, die sie im Laufe der Zeit erfahren haben. Zu diesem Zweck wären die besten Choralbücher, die im 16. und 17. Jahrhundert in Deutschland veröffentlicht wurden, einer besonderen Aufmerksamkeit wert, wie zum Beispiel die von Spangenberg, 1545; Prætorius, 1604; Hassler, 1607; Schein, 1627; Schütz, 1628; Crüger, 1640 und anderen. Die Aufteilung Deutschlands in viele kleine Fürstentümer ist möglicherweise die Hauptursache für die enorme Anzahl veröffentlichter Liedersammlungen für den Gemeindegebrauch, da jeder kleine Herrscher etwas Exklusives in seinem Herrschaftsgebiet haben wollte, und das Volk mochte es auch. So gibt es kein Gesangbuch, das in der lutherischen Kirche Deutschlands allgemein angenommen wird, und viele Veröffentlichungen dieser Art sind nur schlechte Zusammenstellungen – zumindest was die Musik betrifft. Der edle Choral aus der Zeit Luthers hat durch Eingriffe in seine Harmonie und seinen rhythmischen Fluss allmählich viel von seiner ursprünglichen Würde und Ausdruckskraft eingebüßt. Er hat besonders unter den anstößigen Zwischenspielen gelitten, die die Organisten nicht nur zwischen den Versen, sondern auch nach jeder Zeile eingefügt haben und immer noch einfügen, die mit einer Pause in der Notenschrift endet. Diese Zwischenspiele, die nicht selten improvisierte Ergüsse des Organisten sind, bieten ihm möglicherweise die Gelegenheit, sein Können im Kontrapunkt und vielleicht auch seine manuelle Geschicklichkeit zu zeigen; aber aus diesem Grund sind sie in einem Choral umso fehl am Platz. Da sie jedoch eines der Merkmale bestimmter musikalischer Gemeindeaufführungen der heutigen Zeit darstellen, sollten in dem Werk einige Beispiele davon gegeben werden.

Ebenso sollte die Notation eines Chorals mit Generalbass nicht weggelassen werden. Eine beträchtliche Anzahl von Choralbüchern, die nur die Melodien mit Bass enthalten, wobei die von Tenor und Alt erzeugte Harmonie durch

Ziffern angegeben wird, wurden hauptsächlich für den Gebrauch von Organisten veröffentlicht, von denen natürlich vorausgesetzt werden kann, dass sie mit Generalbass vertraut sind. Im Jahr 1730 veröffentlichte Georg Philipp Telemann in Hamburg sein „Fast allgemeines Evangelisch-Musicalisches Lieder-Buch", das 433 Choräle enthält; die verschiedenen damals gebräuchlichen Lesarten derselben Melodie sind durch kleine Noten angegeben, und die Melodien haben einen Generalbass, mit einigen Anweisungen am Ende des Buches für unerfahrene Generalbassspieler.

Besonders die Choräle der Hussiten verdienen eine Untersuchung. Luther schätzte sie sehr und einige von ihnen wurden zur Zeit der Reformation von den Protestanten übernommen. Das bereits an anderer Stelle erwähnte Enchiridion, anno 1524 [77] enthält zwei aus dieser Quelle. Die frühesten veröffentlichten Sammlungen der Choräle der Hussiten, in denen die Poesie in tschechischer Sprache verfasst ist, sind: Jona Husa, Cantional, 1564; Girjka Streyce, Choräle mit Goudimels Harmonie, 1593; DK Karlsperka, Choräle, 1618. Bemerkenswert sind ebenfalls die Lieder der Hussiten, gesammelt und veröffentlicht von KJ Erben, Prag, 1847. Außerdem das Folgende in deutscher Sprache: Ein Choralbuch der Böhmischen und Mährischen Brüder, herausgegeben von Michael Weiss, 1531. Die dasselbe erweitert von Johann Horn, 1596. Ein Choralbuch der Herrnhuter Brüdergemeine, herausgegeben von Christian Gregor, 1784. Gregor, der sowohl Organist als auch Bischof in Herrnhut war, ist der Erfinder oder Urheber der eigentümlichen Konstruktion der Orgel überhaupt von seiner Sekte adoptiert, in der der Spieler so sitzt, dass er der Gemeinde zugewandt ist. Seine Veröffentlichung, die 467 Choräle mit bezifferten Bässen enthält, war das erste Werk dieser Art, das für die Herrnhuter Brüdergemeine gedruckt wurde, und bildete den musikalischen Teil ihres 1778 gedruckten Liederbuchs.

Wenn wir uns der geistlichen Poesie der reformierten Kirche in der Schweiz und in Frankreich zuwenden, finden wir eine berühmte Sammlung metrischer Psalmen in französischer Sprache, die auf Wunsch Calvins von Clément Marot und Théodore de Bèze geschrieben wurde. Dazu komponierten oder adaptierten Bourgeois 1547 und Goudimel 1565 Melodien. Einige Musikhistoriker behaupten, dass Bourgeois und Goudimel ihre Melodien aus einer deutschen Sammlung von Wilhelm Franck bezogen, die 1545 in Straßburg veröffentlicht wurde, so dass ihr Verdienst nur darin besteht, sie in vierstimmigen Satz gesetzt zu haben. Es wäre sicherlich wünschenswert, die Melodien ordnungsgemäß auf ihre ursprüngliche Quelle zurückführen zu können.

Mehrere dieser alten Choräle wurden nach und nach von verschiedenen Konfessionen in verschiedenen Ländern übernommen. Eine bereits erwähnte von G. Streyce im Jahr 1593 herausgegebene Sammlung mit

Gedichten in tschechischer Sprache entspricht genau einer im Jahr 1567 in Paris erschienenen französischen Ausgabe, die den Titel „Les CL" trägt. Pseaumes de David, mis en rime Francoise par Clément Marot et Théodore de Bèze", und in dem die Silben der Solmisation mit der Notation der Melodien abgedruckt sind. Auf Marots Poesie mit Goudimels Musik basiert auch das deutsche Cantional mit dem Titel „Psalter des königlichen Propheten David" von Ambrosius Lobwasser, Leipzig, 1574, eine Veröffentlichung, die in Deutschland, der Schweiz und Holland hohes Ansehen genoss und bis dahin ihre Popularität behielt das achtzehnte Jahrhundert.

Auch das italienische Choralbuch mit dem Titel „Sessanta Salmi di David, tradotti in rime volgari italiene, etc. De la stampa di Giovanni Battista", Pinerolo, 1566, enthält neben einer Reihe neuer Melodien einige, die offensichtlich aus dem Buch entlehnt wurden Französische Arbeit.

Auch die erste Ausgabe metrischer Psalmen mit Notenschrift für die Church of England von Sternhold und Hopkins, London, 1562, enthält mehrere Melodien, die von den Calvinisten und Lutheranern auf dem Kontinent stammen. Diese Ausgabe enthält lediglich die Melodien ohne harmonische Begleitung, nicht einmal einen Bass. Sie sollten, wie uns auf der Titelseite mitgeteilt wird, „in den Kirchen des Volkes gemeinsam vor und nach dem Abendgebet sowie vor und nach der Predigt gesungen werden, und darüber hinaus in Privathäusern zu ihrem göttlichen Trost und Trost beim Auflegen." abgesehen von allen gottlosen Liedern und Balladen, die nur dazu dienen, das Laster zu nähren und die Jugend zu verderben." In einer Ausgabe aus dem Jahr 1607 sind der Notenschrift die Silben der Solmisation beigefügt, wie wir sie in Marots Fassung mit Goudimels Musik finden. Dies war als Hilfe für unmusikalische Sänger gedacht; oder, wie der englische Verleger sagt, „dass du durch das Lesen dieser Briefe umso leichter zur Kenntnis des vollkommenen Solfayeng gelangen kannst, wodurch du die Psalmen umso schneller und einfacher singen kannst." Sogar die Tabulatur der Laute wird in Kombination mit der Notation in einem seltsamen englischen Buch mit dem Titel „Sacred Hymns" verwendet, das aus fünfzig ausgewählten Psalmen Davids und anderer besteht, paraphrastisch in englische Verse umgewandelt und von Robert Tailovr in fünf Teilen gesungen werden soll Stimmen, wie auch auf Viole und Laute oder Orpharion. Veröffentlicht für die Freude an der Ausübung des Mvsic zu seinen ursprünglichen Ehren, London, 1615.

Das „Chorale Book for England", herausgegeben von WS Bennett und O. Goldschmidt, London, 1865, enthält in einem Anhang einige Melodien englischer Komponisten des 17. und 18. Jahrhunderts; die große Mehrheit der Melodien, aus denen das Werk besteht, stammt aus den berühmten alten Choralbüchern der lutherischen Kirche. Es zeigt eher, wie die Gemeindemusik der Kirche von England nach Meinung der Verfasser sein sollte, als wie sie heute tatsächlich ist. Auf jeden Fall kann es nicht als eine Sammlung der beliebtesten Melodien der Mehrheit der Gemeinden angesehen werden. Die bevorzugten Melodien sind oft ohne Originalität, eher krankhaft-sentimental, nicht unähnlich modernen weltlichen Melodien niedriger Art. Die Sammlung der von einer Gemeinde verwendeten Melodien ist nicht selten eine Zusammenstellung des Organisten. Viele der Organisten sind nur oberflächliche Musiker, während die Geistlichen im Allgemeinen nichts über Musik wissen. Es werden Aufführungen komplizierter Kompositionen versucht, die die Fähigkeiten gut ausgebildeter Berufsmusiker auf die Probe stellen würden und an die die Gemeinden nicht einmal denken würden, wenn sie über musikalische Kenntnisse verfügten. Tatsächlich ist die einzige Vokalmusik, die eine Gemeinde auf erbauliche Weise aufführen kann, eine einfache Melodie in kleinem Umfang, wie die alten Choräle, die unisono gesungen werden – oder genauer gesagt, von männlichen und weiblichen Stimmen in Oktaven gesungen werden – während die Orgel im vierstimmigen Satz begleitet. Eine Melodie auch auf diese Weise gut auszuführen, ist schwieriger, als sich viele vorstellen; aber wenn es von der ganzen Gemeinde geschafft wird, ist die Wirkung sehr feierlich und eindrucksvoll. Der Fragesteller sollte natürlich die beliebtesten Sammlungen der Gegenwart untersuchen, wie „Hymns Ancient and Modern", „Church Hymns with Tunes", herausgegeben von A. Sullivan, veröffentlicht unter der Leitung des Tract Committee der Society for Promoting Christian Knowledge, und das umfassende „Hymnary", herausgegeben von J. Barnby. Darüber hinaus sollte die Präferenz berücksichtigt werden, die die verschiedenen Gemeinden der anglikanischen Kirche, wie etwa die Mitglieder der High Church, der Low Church und der Broad Church, bestimmten Arten von musikalischen Darbietungen einräumen.

Die Aufnahme weltlicher Melodien in die Hymnologie, die in der anglikanischen Kirche auch im heutigen Jahrhundert noch Befürworter findet, hat zur Veröffentlichung mehrerer merkwürdiger Sammlungen geistlicher Poesie geführt, die auf Melodien aus weltlichen Kompositionen von Haydn, Mozart, Beethoven und anderen berühmten Musikern gesetzt und oft schmerzhaft verzerrt wurden, um sie dem Versmaß anzupassen. Die Anpassung weltlicher Melodien für geistliche Lieder ist freilich kein neues Mittel. Unsere ehrenwerten Chorkomponisten und Förderer des Gemeindegesangs haben zur Zeit der Reformation darauf zurückgegriffen. Die alten weltlichen Lieder, aus denen einige der Choräle abgeleitet wurden, sind noch bekannt, und es scheint wahrscheinlich, dass mehrere Choräle, deren Ursprung unklar ist, ebenfalls dieser Quelle entstammen. Der weltliche Ursprung solcher alten Melodien tut ihrer Eignung für den Gottesdienst keinen Abbruch, da ihre weltlichen Vorgänger nicht mehr populär sind und es vor dreihundert Jahren auch keinen Unterschied zwischen dem Stil geistlicher und weltlicher Musik gab, wie es ihn heute gibt. Es ist etwas ganz anderes, eine moderne weltliche Melodie, deren weltlicher Text wohlbekannt ist, auf geistliche Texte anzuwenden.

Doch etwas Ähnliches taten die niederländischen Komponisten der Kirchenmusik schon lange bevor Chöre aus weltlichen Melodien konstruiert wurden. Diese Komponisten führten Melodien populärer Lieder in ihre Messen ein, um ihre Arbeit im Kontrapunkt für die Menge attraktiver zu machen.

Etwa Mitte des 16. Jahrhunderts wurden in Antwerpen einige bemerkenswerte metrische Versionen der Psalmen in niederländischer Sprache veröffentlicht. Alle Melodien dieser Psalmen, die in Notation angegeben sind, sind weltlichen niederländischen Volksliedern entnommen. Dies trifft auch auf Symon Cocks Veröffentlichung „Souter Liedekens ghemaect ter eeren Gods op alle die psalmen van David" aus dem Jahr 1540 zu. Das bedeutendste Werk dieser Art wurde jedoch von Tielman Susato herausgegeben. Es enthält wahrscheinlich die meisten weltlichen Melodien und Tanzlieder, die im 16. Jahrhundert in den Niederlanden populär waren. Tielman soll aus Soest stammen, einer Stadt in Westfalen, Deutschland, die von den Bürgern auf Lateinisch *Susatum genannt wurde* ; daher auch sein Adoptivname Susato. Sein Werk besteht aus sechs kleinen Bänden im länglichen Oktavformat, die insgesamt 245 Melodien enthalten. Der erste Band trägt den Titel: ‚Das erste Musikbuch mit vier Liedern wurde im XXVIII. komponiert von verschiedenen Komponisten, sehr lustig zum Singen und Spielen auf allen Musikinstrumenten. Gedruckt von Tielman Susato, mit freundlicher Genehmigung von Inden Cromhorn. Cum Gratia et Privilegio. Anno MCCCCCLI.' („Das erste Musikbuch in vier Teilen, das 28 schöne neue Lieder in unserer niederniederländischen Sprache enthält, komponiert von verschiedenen Komponisten, sehr angenehm zu singen und auf allen Arten von Musikinstrumenten zu spielen. Gedruckt in Antwerpen von Tielman Susato, der im Cromhorn gegenüber dem neuen Waagehaus wohnte, anno 1551.") Das Cromhorn (deutsch *Krummhorn* ; italienisch *Cormorne* ), ein altes Blasinstrument aus der Familie der Fagotte, wurde offensichtlich von Tielman Susato als Zeichen für sein Amt verwendet, genau wie wir vor einigen Jahrhunderten bei den englischen Musikalienhändlern das Zeichen der „Base Viol", der „Golden Viol" usw. finden. Band II enthält ebenfalls weltliche Lieder in vierstimmiger Harmonie. Band III. enthält eine Sammlung von Tanzmelodien, die auf der Titelseite „Basse dansen, Ronden, Allemaingien, Pauanen, Gaillarden" usw. heißt und zusammen mit den vorhergehenden im Jahr 1551 erschien. Die alten holländischen Tänze wurden im Allgemeinen getanzt oder getrampelt, und die Tänzer sangen gleichzeitig.

Band IV. trägt den Titel: „Sovter Liedekens, I. Het vierde musyck boexken mit dry Parthien, waer inne begrepen syn die Ierste XLI." Psalmen van Dauid, Gecomponeert von Jacobus Clement non papa, der Tenor altyt houdende die Stimme van Gemeyne bekende Lieder; Der Seher liebt es, unter den Göttern zu singen. Gedruckt in Tantwerpen von Tielman Susato, der sich für die Neuzeit auf dem Weg nach Cromhorn entschieden hat. Anno 1556.' („Sweet Songs, I. Das vierte Musikbuch, in drei Teilen, enthält die ersten 41 Psalmen Davids, komponiert von Jacobus Clement non papa, wobei der Tenor immer die Ausstrahlung allgemein bekannter Lieder hat; sehr angenehm zu singen Die Ehre Gottes. Gedruckt in Antwerpen, von Tielman Susato, der im Cromhorn gegenüber dem New Weighing House wohnte, anno 1556.") Die anderen Bände enthalten ebenfalls Psalmen mit weltlichen Melodien, die auf die gleiche Weise arrangiert sind. Clemens war ein gefeierter Musikkomponist, der seinen Namen mit dem Zusatz „ *non papa" versehen ließ* , um einer Verwechslung mit Papst Clemens VII. vorzubeugen. sein Zeitgenosse. Das weltliche Lied, aus dem die dreiteilige Musik aufgebaut ist, wird immer in der Überschrift durch die erste Zeile des weltlichen Liedes angegeben. Zum Beispiel: „Den eersten Psalm, *Beatus vir qui non* usw.; Nae the wyse, *Het was a clercxken that ginck ter school* .' („In die Luft: Er war ein kleiner Gelehrter, der zur Schule ging.") „Den XVIII. Psalm; Nae the wyse, *Ick had a ghestadich minneken* .' („In die Luft: Ich hatte einen stattlichen Schatz.")

Darüber hinaus wurde nicht nur weltliche Musik, sondern manchmal auch die Poesie eines populären weltlichen Liedes für geistliche Zwecke verändert. H. Knaust veröffentlichte im Jahr 1571 in Frankfurt: „Gassenhawer, Reuter vnd Berglidlin Christlich moraliter vnnd sittlich verendert" usw.

Keine Sekte war wahrscheinlich außergewöhnlicher in der Übernahme weltlicher Melodien als die Muggletonianer in England. Lodowicke Muggleton und John Reeve gründeten diese Sekte im Jahr 1651. Macaulay bemerkt in seiner Geschichte Englands (London, 1854, Bd. I, Kap. 2), dass erstere keineswegs schmeichelhaft ist. Er sagt: „Ein verrückter Schneider namens Lodowicke Muggleton wanderte von Topfhaus zu Topfhaus, kippte Bier und prangerte ewige Qualen gegen diejenigen an, die sich weigerten zu glauben, nach seiner Aussage, dass das Höchste Wesen nur sechs Fuß hoch war und dass die Sonne." war nur vier Meilen von der Erde entfernt. Im Jahr 1829 veröffentlichten Joseph und Isaac Frost in London „Divine Songs of the Muggletonians, in dankbarem Lob für den einzig wahren Gott, den Herrn Jesus Christus". Viele der Hymnen sind zu weltlichen Melodien geschrieben, wie zum Beispiel: „ *An einem plätschernden Bach an einem Mittsommerabend ;" Als ich mein ganzes Geld ausgab, das ich in den Kriegen verdient hatte ; – Amor, Gott der sanften Überredungen ; – Liebe Cloe, komm und gib mir süße*

*Küsse* ; usw. Die folgenden Anfänge einiger Hymnen werden ausreichen, um ihren Charakter zu zeigen:

Lied VI.

Glückliche Muggeltonianer, die nur
den wahren Glauben empfangen müssen; dem großen Muggelton und dem Vogt wurde immer wieder eine neue Offenbarung zuteil.

Lied IX.

Heil! Heil! Zwei große Propheten,
deren Botschaft sich auf den Zustand von Adams Nachkommen usw. bezieht.

Lied CXXXIII.

Ich glaube nur an Gott,
ebenso an Reeve und Muggleton usw.

In einem Werk, das die musikalischen Darbietungen der verschiedenen Konfessionen illustriert, dürfen auch die kleinen und exzentrischen Darbietungen nicht fehlen.

Was die protestantische Kirche der Skandinavier betrifft, können folgende Bemerkungen vielleicht als Leitfaden für die Forschung dienen: – Schiörring veröffentlichte im Jahr 1783 ein dänisches Choralbuch, von dem 1794 eine verbesserte Ausgabe mit bezifferten Bässen von PE Bach erschien . Ein Bericht über die alten schwedischen Psalmbücher von Swedberg und anderen findet sich in „Den Nya Swenska Psalmboken framställd uti Försök bis Swensk Psalmhistoria", Stockholm, 1845. Ein lutherisches Gesangbuch wurde gedruckt in Skalholt, Island, im Jahr 1594 und erlebte viele Auflagen.

In den baltischen Provinzen Russlands veröffentlichte JLE Punschel im Jahr 1839 in Dorpat ein Choralbuch mit 364 verschiedenen Melodien in vierstimmiger Harmonie. Eine zweite Auflage erschien 1843, eine dritte 1850. Der Titel lautet: „Evangelisches Choralbuch, zunächst in Bezug auf die deutschen, lettischen und estnischen Gesangbücher der russischen Ostsee-Provinzen, auf den Wunsch der Livländischen Provinzial-Synode bearbeitet und angefertigt." ' Das Vorwort enthält einige interessante Hinweise auf die alten Gesangbücher, die früher in Livland, Estland und Kurland verwendet wurden.

Die griechische Kirche Russlands bezog ihre Musik ursprünglich aus Griechenland. Die Darbietungen erfolgen ausschließlich mit Gesang, ohne Instrumentalbegleitung. Obwohl die ursprüngliche Musik im Laufe der Zeit mehrere Reformen erfahren hat, ist sie immer noch sehr antik, charakteristisch und schön. Unter den Werken, die über die Musik der griechischen Kirche geschrieben wurden, können die folgenden erwähnt werden, die für die meisten Musikforscher in Westeuropa leichter zugänglich sind als die in russischer Sprache verfassten Werke: Prinz N. Youssoupoff, veröffentlicht im Jahr 1862, in Paris, der erste Teil der „Histoire de la Musique en Russe", in dem es um „Musique sacrée, suivi d'un choix de morceaux de Chants d'Eglise anciens et modernes" geht. Chaviara und Randhartinger veröffentlichten 1859 in Wien eine vollständige Sammlung der liturgischen Lieder der griechischen Kirche mit den griechischen Worten. Ein weiteres Werk, eine „Einführung in die Theorie und Praxis der griechischen Kirchenmusik" von Chrysanthos, in griechischer Sprache verfasst, wurde 1821 in Paris gedruckt.

In Polen gibt es neben den üblichen Kompositionen der römisch-katholischen Kirche auch einige alte Bücher mit metrischen Psalmen mit Musik. Die bemerkenswerteste Veröffentlichung dieser Art stammt von Nicolas Gomolka aus dem Jahr 1580. Gomolka war ein berühmter polnischer Musiker, der selbst die in seine Muttersprache übersetzten Psalmen komponierte. Eine Auswahl davon wurde 1838 von Joseph Cichocki in Warschau veröffentlicht. Zu beachten ist auch ein auf Deutsch verfasstes Werk von Ephraim Oloff mit dem Titel „Liedergeschichte von Polnischen Kirchen-Gesängen usw.", Danzig, 1744, das Folgendes enthält ein Bericht über die alten polnischen Gesangbücher. Darüber hinaus veröffentlichte der Abbé Michel-Martin Mioduszewski 1838 in Krakau eine Sammlung alter und moderner Lieder, die in der römisch-katholischen Kirche Polens verwendet wurden. Zu diesem Werk sind in jüngerer Zeit Ergänzungen herausgegeben worden. Außerdem veröffentlichte er 1843 in Krakau eine Sammlung polnischer Weihnachtslieder mit den entsprechenden Melodien. An dieser Stelle sei angemerkt, dass Weihnachtslieder von hoher Antike und Originalität in mehreren europäischen Ländern zu finden sind. Interessante Sammlungen davon wurden in Frankreich und England veröffentlicht.

Wenn wir uns Amerika zuwenden, so stoßen wir in den Vereinigten Staaten auf eine bemerkenswerte Vielfalt von Gesangbüchern für verschiedene Sekten, von denen viele sowohl in musikalisch als auch in poetischer Hinsicht nur schlechte Zusammenstellungen sind. Eine kleine Abhandlung von George Hood mit dem Titel „Eine Geschichte der Musik in Neuengland mit biografischen Skizzen von Reformern und Psalmisten", Boston 1846, ist die älteste und bemerkenswerteste Veröffentlichung mit einem Bericht über die im 17. und 18. Jahrhundert in den Vereinigten Staaten beliebten Gesangbücher. Der Studierende sollte auch „Kirchenmusik in Amerika" zu Rate ziehen, da sie ihre Geschichte und ihre Besonderheiten in verschiedenen Epochen umfasst und flüchtige Bemerkungen zu ihrem legitimen Gebrauch und ihrem Missbrauch sowie Hinweise zu Schulen,

Komponisten, Lehrern und Gesellschaften enthält; von ND Gould, Boston, 1853. Es gibt auch einen ausführlichen Bericht über die amerikanische Psalmodie in JW Moores „Encyclopædia of Music", Boston, 1854. Das erste Psalmenbuch, das in Neuengland verwendet wurde, war eine kleine Ausgabe von Henry Ainsworths Version der Psalmen, die die Puritaner mitbrachten, als sie im Jahr 1620 in dieses Land kamen. Es wurde 1618 in England veröffentlicht und enthielt Melodien, die dem deutschen Choral ähnelten und ohne Harmonie über die Psalmen gedruckt waren. Die Notation war rautenförmig und ohne Takte. Das erste Buch mit metrischen Psalmen, das in Amerika veröffentlicht wurde, wurde von dreißig Geistlichen zusammengestellt und erschien im Jahr 1640 in Cambridge. Es war tatsächlich das erste Buch, das in den englischen Kolonien Amerikas gedruckt wurde. Es erlebte viele Ausgaben. G. Hood sagt: „Die Musikgeschichte Neuenglands in den ersten beiden Jahrhunderten ist ausschließlich die Geschichte der Psalmodie", und das erklärt, warum er seine oben erwähnte kleine Veröffentlichung eine „Geschichte der Musik" nennt, obwohl sie sich ausschließlich mit der Psalmodie befasst. Wenn jedoch eine Geschichte der Musik Amerikas geschrieben werden sollte, könnte sie mit einem Bericht über die geistliche und weltliche Musik der Ureinwohner beginnen, die zumindest in Mexiko, Mittelamerika und Peru lange vor der Ankunft der Puritaner einige Fortschritte gemacht hatte; und obwohl sie keinen Einfluss auf die Entwicklung der aus Europa nach Amerika eingeführten Musik hatte, ist sie eine Untersuchung durchaus wert, da sie mehrere interessante Fragen im Zusammenhang mit Ethnologie und Nationalmusik veranschaulicht. Wie in Süd- und Mittelamerika die Indianer bald nach der Entdeckung ihrer Länder von den römisch-katholischen Priestern mit Hilfe der Kirchenmusik angerufen wurden, so übersetzte auch in den Vereinigten Staaten der protestantische Missionar John Elliot die Psalmen in indianische Verse und ließ sie 1661 in Cambridge drucken. Die bekehrten Eingeborenen sangen sie mit großer Inbrunst. Tatsächlich wird berichtet, dass viele der Indianer hervorragende Sänger bei der Darbietung der europäischen Melodien waren, die ihnen die Missionare beigebracht hatten.

Unter den begeisterten Förderern des Gemeindegesangs in diesem Land im 18. Jahrhundert ist William Billings zu erwähnen, der 1770 in Boston „The New England Psalm-Singer, or American Chorister" veröffentlichte; enthält eine Reihe von Psalmmelodien, Hymnen und Kanons, in vier und fünf Teilen; noch nie veröffentlicht.' W. Billings, dessen Veröffentlichungen Berichten zufolge „eine neue Ära in der Geschichte der Psalmodie in den Kolonien eröffnet haben", war in seiner Jugend von Beruf Gerber und wusste nur wenig über Musiktheorie; Es war ihm auch egal, obwohl er geistliche Lieder komponierte, die für verschiedene Stimmen harmonisiert waren. Die Popularität, die seine Produktionen erlangten, verrät den unkultivierten Geschmack seiner damaligen Landsleute. In seiner Ansprache „An alle Musikschaffenden" sagt er: „Die Natur ist der beste Diktator; denn all die harten, trockenen, einstudierten Regeln, die jemals vorgeschrieben wurden, werden es keinem Menschen ermöglichen, eine Stimme zu bilden ... Für meinen Teil." , da ich nicht glaube, dass ich an irgendwelche Regeln für die Komposition gebunden bin, die von irgendjemandem vor mir aufgestellt wurden, und ich sollte auch nicht denken, dass jeder, der nach mir kam, irgendwie verpflichtet war, sich an sie zu halten, wenn ich vorgab, Regeln aufzustellen weiter, als sie für richtig halten sollten. Deshalb halte ich es tatsächlich für das Beste, dass jeder Komponist sein eigener Schnitzer ist. Und was die Wirkung der Musik seiner eigenen „Schnitzerei" betrifft, ruft er aus: „Sie hat mehr als das Zwanzigfache der Kraft der alten langsamen Melodien; jeder Teil strebt nach Meisterschaft und Sieg, das Publikum unterhält und erfreut, sein Geist überragend." Aufgeregt und extrem schwankend, mal lautstark für die eine, mal für die andere Stimme – mal der feierliche Tenor – mal hier – mal da – mal da Noch einmal. Oh, ekstatisch! Stürzt weiter, ihr Söhne der Harmonie!"

Um den gegenwärtigen Zustand der Kirchenmusik in den Vereinigten Staaten genau zu ermitteln, ist es ebenso notwendig, einige der geschmacklosen Hymnenveröffentlichungen zu untersuchen, wie die wertvollen Sammlungen. Die ersteren verdienen jedoch nur dann Aufmerksamkeit, wenn sie sehr populär sind oder wenn sie dazu neigen, die Eigenheiten bestimmter religiöser Sekten zu veranschaulichen. Der Charakter der folgenden Bücher wird durch ihre langen Titel ausreichend angedeutet:

„The Southern Harmony, and Musical Companion; enthält eine erlesene Sammlung von Melodien, Hymnen, Psalmen, Oden und Anthems, ausgewählt von den bedeutendsten Autoren der Vereinigten Staaten; zusammen mit fast einhundert neuen Melodien, die noch nie zuvor veröffentlicht wurden; passend zu den meisten Metren in Watts' Hymns and Psalms, Mercer's Cluster, Dossey's Choice, Dover Selection, Methodist Hymn Book und Baptist Harmony; und eine einfache Einführung in die Grundlagen der Musik und einfache Regeln für Anfänger. Von William Walker. Neue Ausgabe, gründlich überarbeitet und stark verbessert. Philadelphia, 1854."

„Das goldene Räuchergefäß; Ein musikalisches Opfer für die Sonntagsschulen oder Hosiannas der Kinder für den Sohn Davids; von WB Bradbury, Autor von „Golden Chain", „Golden Shower", „Oriola", „Jubilee", „Key-Note" usw. usw. New York, 1864."

„Chapel Gems for Sunday Schools, ausgewählt aus Snow Bird, Robin, Red Bird, Dove und Blue Bird, von GF Root und BR Hanby; und aus dem Linnet von FW Root und JR Murray. Mit zusätzlichen Stücken von DP Horton aus Brooklyn, NY, Chicago, 1868.'

Besonders hervorzuheben sind die Veröffentlichungen geistlicher Lieder für Kinder, die in der Schule gelehrt werden, da sie den Musikgeschmack des Volkes beeinflussen und die Popularität bestimmter Kirchenlieder sichern.

Darüber hinaus sind die Tänze der Shaker mit Beispielen der Lieder, zu denen sie aufgeführt werden, hervorzuheben. Heilige Tänze wurden von den Hebräern zur Zeit König Davids praktiziert und sind noch heute eine der Zeremonien, die von den römisch-katholischen Priestern in der Kathedrale von Sevilla, von den Derwischen der Mohammedaner und von mehreren heidnischen Nationen begangen werden. Es wäre wünschenswert, genau den Grund oder die biblische Berechtigung zu ermitteln, der christliche Sekten dazu veranlasst, ihre Praxis zu befürworten.

Eine interessante Sammlung von Negerliedern, meist geistlicher Art, mit dem Titel „Sklavenlieder der Vereinigten Staaten" wurde im Jahr 1867 in New York veröffentlicht. Die Lieder, die aus verschiedenen Distrikten der Vereinigten Staaten stammen, enthalten die Notenschrift mit den Texten und wurden von WF Allen, CP Ware und LM Garrison gesammelt. Diese interessante Veröffentlichung liefert uns einige Informationen über die religiösen Gesangsdarbietungen der amerikanischen Neger und die intensive Inbrunst, die die Gläubigen beim Singen zeigen. Darüber hinaus haben sie auch eine Art geistlichen Tanz, genannt „The Shout", der darin besteht, dass man sich nacheinander in einem Kreis herumdreht, mit einer ruckenden, ruckenden Bewegung, die den gesamten Schreienden aufwühlt, während sie im Chor ein „Spiritual" singen. Diese Darbietungen sind besonders bei den baptistischen Negern beliebt. Die Melodien, von denen einige Spuren afrikanischen Ursprungs aufweisen, sind äußerst interessant.

Die Negro Baptists in Richmond, Virginia, haben in ihrer Kirche einen Chor, der aus etwa vierzig Sängern besteht. Ein Engländer, der ihren Gottesdienst besuchte, berichtet: „Die Stimmen waren außerordentlich süß und verdienten das Lob, das ich ihnen zuteil werden hörte, durchaus. Die ausgewählte Hymne endete mit diesen Worten und Anweisungen:

„Gib uns die Hand der Freundschaft, bevor wir uns trennen.
Möge der Himmel sie nun in jedes Herz einbalsamieren!"

*( Steht auf und gebt einander die Hände. )*

„Daraufhin erhob sich die große Gemeinde – denn die Kirche war voll – und schüttelte einander die Hände." [78]

Aus den Berichten von Missionaren in verschiedenen Teilen der Welt geht hervor, dass sich die bekehrten Heiden nicht selten als hervorragende Psalmsänger erwiesen. Manchmal wurden ihre eigenen Melodien mit gutem Ergebnis an die heilige Poesie angepasst, die für sie in ihre Muttersprache übersetzt wurde. Dies wurde beispielsweise im „Hindustani Choral Book" oder „Swar Sangrah" getan; enthält die Melodien zu den Hymnen in der Gi't Sangrah, die in einheimischen Metren gehalten sind; zusammengestellt von John Parsons;' Benares, 1861. Dieses Buch enthält neunzig hinduistische Melodien, von denen die meisten offensichtlich weltlichen Ursprungs sind. Wir finden hier also ein Mittel, das in gewisser Weise dem ähnelt, was wir vor mehr als drei Jahrhunderten bei den Holländern beobachtet haben.

Auch hier wäre es zur Vervollständigung der Übersicht erforderlich, einige Exemplare der Kirchenmusik der christlichen Abessinier, Kopten, Armenier und anderer östlicher Sekten einzubeziehen, die über besondere Liturgien und Notationen ihrer heiligen Lieder oder Gesänge verfügen.

Der Wert der Sammlung könnte durch einen einleitenden Aufsatz über die sakralen Musikaufführungen nichtchristlicher Religionen noch gesteigert werden. Dabei bedürfen die synagogischen Lieder der Juden, die Gesänge der Mohammedaner und die musikalischen Darbietungen in den Tempeln der Buddhisten und Brahmanen besonderer Berücksichtigung; die Musik, die in den Zeremonien der heidnischen Religionen der am wenigsten zivilisierten Rassen verwendet wird, sollte jedoch berücksichtigt werden nicht unbemerkt bleiben.

ENDE VON BAND. ICH.

# Fußnoten

[1] *Siehe* „Musikalisch-Kritische Bibliothek", Band I., Gotha, 1778.

[2] Die Oper wurde um das Jahr 1660 aus Italien nach England eingeführt.

[3] „Anmerkungen und Fragen zur Anthropologie für Reisende und Bewohner unzivilisierter Länder. Verfasst von einem Komitee, das von der British Association for the Advancement of Science ernannt wurde. London, 1874."

[4] Das Buch enthält die Anmerkung: „Der Rat des Anthropologischen Instituts von Großbritannien und Irland freut sich über jede Mitteilung zu den in diesem Band enthaltenen Fragen. Mitteilungen sind an den Sekretär, 4, St. Martin's Place, Trafalgar Square, London zu richten." Es wird davon ausgegangen, dass eine bestimmte Anzahl von Exemplaren des Buches vom Komitee kostenlos an englische Konsularbeamte, Marineoffiziere, Missionare und andere Personen verteilt wird, die sie voraussichtlich gewinnbringend einsetzen können.

[5] Einige Berichte über die Instrumente in Eisenberg erschienen in der Wiener Zeitung "Die Presse" vom 27. November 1872.

[6] In England wurde die Zither früher *cittern* , *cithern* , *cythorn* , *citharen* usw. genannt.

[7] 'Notices of Japan'. The Chinese Repository, Band IX. Canton, 1840, S. 620.

[8] 'Deutsche Mythologie, von Jacob Grimm. Göttingen, 1854.' S. 860.

[9] Alt-isländische Volks-Balladen, übersetzt von PJ Willatzen. Bremen, 1865.' S. 83.

[10] „Skizzen über die Geschichte, Religion, Bildung und Sitten der Hindus", [von Q. Craufurd.] London, 1790. S. 153.

[11] 'The Oriental Collections, Vol. I. London, 1797.' S. 70.

[12] „Polynesian Researches", von William Ellis. London, 1829.' Bd. II., S. 415.

[13] „Geschichte des Indischen Archipels", von John Crawfurd. Edinburgh, 1820.' Bd. I., S. 304.

[14] „Ein Blick auf die Geschichte, Literatur und Religion der Hindus", von Rev. W. Ward. Madras, 1863.' S. 62.

[15] „Die Geschichte Grönlands", von David Crantz. London, 1767.' Bd. I., S. 233.

[16] „Tagebuch einer Expedition zur Erkundung des Nigerlaufs", von Richard und John Lander. New York, 1844.' Bd. I., S. 366.

[17] „Illustrationen von Japan, von M. Titsingh. London, 1822.' S. 201.

[18] „Sagenbuch der Lausitz, von Karl Haupt. Leipzig, 1862.' S. 124. Die beschreibende Musik der Wilden Jagd in Webers Oper „Der Freischütz" ist wohl den meisten Musikern in Erinnerung. Es stimmt bemerkenswert gut mit den Volkstraditionen überein.

[19] „Ein Blick auf die Geschichte, Literatur und Religion der Hindus", von Rev. W. Ward. Madras, 1863.' S. 160.

[20] „Stimmen des Russischen Volks, von P. v. Götze. Stuttgart, 1828.' S. 17.

[21] „Die Mythologie des Nordens, von KF Wiborg; aus dem Dänischen von A. v. Etzel. Berlin, 1847.' S. 147.

[22] „Volkslieder des Serben, übersetzt von Talvj." Leipzig, 1853.' Bd. II., S. 380.

[23] „Reisen in Südostasien", von Howard Malcolm. Boston, 1839.' Bd. ICH., S. 205.

[24] „Erste Schritte in Ostafrika, 1856, von Captain Burton, London." S. 142.

[25] „Ein Bericht über die Ureinwohner der Tonga-Inseln", von Mariner und Martin. London, 1818.' Bd. II., S. 131.

[26] „Isländische Legenden, gesammelt von Jón Arnason; übersetzt von Powell und Magnússon. London, 1866.' S. 631.

[27] „Stimmen des russischen Volks, von P. von Götze. Stuttgart, 1828.' S. 58.

[28] 'Briefe von Felix Mendelssohn Bartholdy. Leipzig, 1863. Bd. ii., S. 440.

[29] „Deutsche Sagen, herausgegeben von den Brüdern Grimm." Berlin, 1816.' Bd. I., S. 355.

[30] Sagen, Märchen und Lieder der Herzogthümer Schleswig, Holstein und Lauenburg, herausgegeben von Karl Müllenhoff. Kiel, 1845.' Pp. 116, 118.

[31] „Norddeutsche Sagen, Märchen und Gebräuche, herausgegeben von Kuhn und Schwartz. Leipzig, 1848.' S. 4.

[32] „Die Sprichwörter der Polen, von C. Wurzbach. Wien, 1852.' S. 135.

[33] „Allemannisches Kinderlied und Kinderspiel aus der Schweiz; gesammelt von EL Rochholz. Leipzig, 1857.' S. 58.

[34] Niedersächsische Sagen und Märchen, gesammelt von Schaumbach und Müller. Göttingen, 1855.' S. 57.

[35] Niederländische Sagen, herausgegeben von JW Wolf. Leipzig, 1843.' S. 562.

[36] „Island, seine Szenen und Sagen", von Sabine Baring-Gould. London, 1863.' S. 194.

[37] ‚Hinterlassene Schriften von CM von Weber. Zweite Ausgabe, Leipzig, 1850.' Bd. II., S. 14.

[38] 'Geschichte der Oper in Berlin', von L. Schneider. Berlin, 1850, S. 240.

[39] Universal-Lexicon der Tonkunst. Stuttgardt, 1835.'

[40] Rochlitz schrieb dies im Jahre 1828. Siehe Allgemeine musikalische Zeitung, Jahrgang XXX, S. 489.

[41] Louis Spohrs Selbstbiographie. Kassel, 1861.' Bd. II., S. 404.

[42] Ein Sommernachtstraum, I. Akt, 2. Szene.

[43] Der Tenor (italienisch *Viola di braccio* ) heißt auf Deutsch *Bratsche* , hier verfälscht zu *Prätschel* .

[44] Ein Groschen entspricht etwa einem englischen Penny.

[45] „Das englische Drama und die Bühne unter den Tudor- und Stuart-Prinzen, 1543-1664, illustriert durch eine Reihe von Dokumenten, Abhandlungen und Gedichten. Gedruckt für die Roxburgh Library, London, 1869." S. 22.

[46] „Auszüge aus den Registern der Stationers' Company mit Werken, die zwischen 1570 und 1587 zur Veröffentlichung eingereicht wurden; mit Anmerkungen und Abbildungen von J. Payne Collier." Band II., London, 1849. Gedruckt für die Shakespeare Society. S. 142.

[47] „Das englische Drama und die englische Bühne unter den Prinzen Tudor und Stuart; London, 1869.' S. 50.

[48] „Geschichte der Oper und des Königlichen Opernhauses in Berlin, von L. Schneider; Berlin, 1852.' Anhang, S. 15.

[49] „Geschichte der Oper usw., in Berlin, von L. Schneider; Berlin, 1852.' Anhang, S. 25.

[50] „Shakespeare in Deutschland, von Albert Cohn, London, 1865." P. lxxviii.

[51] „Shakespeare in Deutschland, von Albert Cohn; London, 1865.' S. xxvii.

[52] „Zur Geschichte der Musik und des Theaters am Hofe zu Dresden, von Moritz Fürstenau; Dresden, 1861.' Bd. I., S. 70.

[53] Zur Geschichte der Musik und des Theaters am Hofe zu Dresden, von Moritz Fürstenau; Dresden, 1861.' Bd. I., S. 96.

[54] „Shakespeare in Deutschland", von Albert Cohn; London, 1865. S. lxxxiv.

[55] Shakespeare in Deutschland, S. lxi.

[56] „Shakespeare in Deutschland", S. xxix.

[57] 'England aus der Sicht von Ausländern in den Tagen von Elisabeth und Jakob I.', von WB Rye; London, 1865,' S. cvi.

[58] 'A General History of Music' von C. Burney; London, 1789. Band III, S. 136.

[59] Hawkins's 'History of Music'. London, 1776. Band III, S. 319.

[60] „England aus der Sicht von Ausländern zur Zeit Elisabeths und Jakobs I." Von WB Rye; London, 1865.' S. 3.

[61] 'CW Ritter von Gluck, von Anton Schmid; Leipzig, 1854.' S. 29.

[62] „Geschichte des Theaters und der Musik in Kassel", von W. Lynker; Kassel, 1865. S. 243.

[63] „The English Drama and Stage, under the Tudor and Stuart Princes, 1543-1664, illustriert durch eine Reihe von Dokumenten, Abhandlungen und Gedichten." Gedruckt für die Roxburgh Library, London, 1869.' S. 263.

[64] Kiwi oder Apteryx; auch Wingless Emu genannt. Dieser Vogel wird im Fackellicht gefangen.

[65] „Polynesische Mythologie" von Sir George Gray; London, 1855.' S. 292.

[66] Fast wörtlich aus „The Popular Superstitions and Festive Amusements of the Highlanders of Scotland" von W. Grant Stewart, London, 1851.

[67] Sagen, Märchen, Schwänke und Gebräuche aus Stadt und Stift Hildesheim, gesammelt von Seifart; Göttingen, 1854.' Seite 30.

[68] 'Sagen, Märchen und Lieder der Herzogthümer Schleswig, Holstein und Lauenburg, herausgegeben von Karl Müllenhoff; Kiel, 1845.' S. 189, 300, 310.

[69] „The White Wife, with other Stories"; gesammelt von Cuthbert Bede; London, 1865; S. 220. „A Collection of Ancient Piobaireachd" von Angus Mackay; Edinburgh, 1838.

[70] Kinder und Hausmärchen, gesammelt durch die Brüder Grimm; Göttingen, 1856. Bd. III. S. 192.

[71] Isländische Volkssagen der Gegenwart, gesammelt von Konrad Maurer; Leipzig, 1860, S. 277.

[72] Deutsche Mythologie, von Jacob Grimm;' Göttingen, 1854. Bd. Schutzklasse IP 461.

[73] „Märchenlegenden und Traditionen aus dem Süden Irlands. Von T. Crofton Croker." London, 1862; S. 215.

[74] Niederländische Sagen, herausgegeben von JW Wolf; Leipzig, 1843, S. 611.

[75] Niederländische Sagen, herausgegeben von JW Wolf; Leipzig, 1843, S. 617.

[76] Beitrag zur deutschen Mythologie von F. Panzer; München, 1848, S. 184.

[77] Oben, S. 15 .

[78] „Eine Urlaubstour in den Vereinigten Staaten und Kanada" von CR Weld; London, 1855, S. 295.